Ethnoliterarische Lesebücher Die drei Bände – ›Die edlen Wilden‹ (Bd. 3071), ›Exoten durchschauen Europa‹ (Bd. 3072), ›Europamüdigkeit und Verwilderungswünsche‹ (Bd. 3073) – handeln von der Faszination, die die Europäer seit den Anfängen des Kolonialismus allem Exotischen entgegenbringen. Jeder Band befaßt sich mit einem Aspekt des jahrhundertealten europäischen Versuchs, fremde Kulturen wahrzunehmen und sich ihrer zu bemächtigen – durch Gewalt einerseits, mittels Verklärung, Projektion und Flucht andererseits.

Über dieses Buch Parallel zur Versklavung und Ausrottung sogenannter primitiver Völker entwickelte sich bei den Europäern die Vorstellung von den edlen Wilden. Sie seien weder seelenlos noch barbarisch, wie gemeinhin angenommen, sondern auf bewundernswerte Weise gutherzig, arglos, ehrlich, empfindsam, opferwillig, liebevoll und immer wieder auch schön. Diese Vorstellung findet in der europäischen Literatur in einer Vielzahl rührender Geschichten Ausdruck. Genau besehen handelt es sich bei dieser Literatur um einen erbaulichen Wiedergutmachungsversuch und zugleich um eine neue Form der Nutznießung der Wilden, die im Zeichen rührseliger Anteilnahme zu ästhetischer und auch zu erotischer Beute werden.

Der Herausgeber Gerd Stein, 1941 geboren, lebt in Berlin und ist an der Freien Universität als Hochschulassistent und zugleich an einem Gymnasium als Deutschlehrer tätig. Abgesehen von verschiedenen literaturwissenschaftlichen und fachdidaktischen Aufsätzen veröffentlichte er eine Abhandlung über Hugo Ball (›Die Inflation der Sprache‹), arbeitete an einem vierbändigen Lesebuch für den Literaturunterricht der Sekundarstufe I mit (westermann texte deutsch) und gibt im Fischer Taschenbuch Verlag die Lesebuchreihe ›Kulturfiguren und Sozialcharaktere des 19. und 20. Jahrhunderts‹ (Bd. 1–5) heraus. Bisher erschienen: ›Bohemien – Tramp – Sponti‹ (Bd. 5035).

Gerd Stein (Hrsg.)

Die edlen Wilden

Die Verklärung
von Indianern, Negern und
Südseeinsulanern
auf dem Hintergrund
der kolonialen Greuel.
Vom 16. bis zum 20. Jahrhundert

Ethnoliterarische Lesebücher
Band 1

Fischer Taschenbuch Verlag

Lektorat: Heide Kobert

Originalausgabe
Veröffentlicht im Fischer Taschenbuch Verlag GmbH,
Frankfurt am Main, November 1984

Umschlaggestaltung: Jan Buchholz und Reni Hinsch
Satz: Fotosatz Otto Gutfreund, Darmstadt
Druck und Bindung: Clausen & Bosse, Leck
Printed in Germany
1280-ISBN-3-596-23071-3

Inhalt

Vorwort 9

Indianer

BARTOLOMÉ DE LAS CASAS
Die greuliche Tyrannei der Spanier in den indianischen Ländern (1552) 29

MICHEL DE MONTAIGNE
Von den Menschenfressern (1580) 37

RICHARD LIGON
Yarico (1657) 44

RICHARD STEELE
Die Geschichte von Inkle und Yarico (1711) 45

CHRISTIAN FÜRCHTEGOTT GELLERT
Inkle und Yariko (1748) 51

CHRISTIAN FRIEDRICH DANIEL SCHUBART
Der sterbende Indianer an seinen Sohn (1774) 54

LUDWIG TIECK
Alla-Moddin (1797) 55

FRIEDRICH SCHILLER
Nadowessische Totenklage (1797) 75

JOHANN GOTTFRIED SEUME
Der Wilde (1800) 77

FRANÇOIS-RENÉ DE CHATEAUBRIAND
Atala (1801) 81

ADELBERT VON CHAMISSO
Der Stein der Mutter oder der Guahiba-Indianerin (1828) . . 114

NIKOLAUS LENAU
Die drei Indianer (1834) 118

KARL MAY
Winnetou IV (1910) 120

Neger

APHRA BEHN
Oroonoko oder die Geschichte des königlichen Sklaven (1688) . . . 131

KARL VON ECKARTSHAUSEN
Isogin und Celia, eine Geschichte von einem unsrer schwarzen Brüder aus Afrika, von einem Mohren (1787) . . . 157

JOHANN GOTTFRIED HERDER
Die Frucht am Baume (1797) . . . 171
Die rechte Hand (1797) . . . 173
Zimeo (1797) . . . 174

FERDINAND FREILIGRATH
Der Mohrenfürst (1833) . . . 179

GOTTFRIED KELLER
Don Correa und Zambo-Maria (1881) . . . 182

RICHARD HÜLSENBECK
Afrika in Sicht (1928) . . . 189

YVAN GOLL
Johann Ohneland an seinen schwarzen Bruder (1936) . . . 192

Südseeinsulaner

PHILIBERT COMMERSON
Tahiti (1769) . . . 197

LOUIS-ANTOINE DE BOUGAINVILLE
Tahiti und Aoturu (1771) . . . 202

Tagebuch einer Entdeckungsreise
Der häßliche Omai (1781) . . . 214

Omais Erzählungen (1792) . . . 219

Interessante und rührende Geschichte des Prinzen Li-Bu (1792) . . . 225

OSTINDISCHE HANDELSGESELLSCHAFT
Inschrift des Grabsteins für Li-Bu (1785) . . . 230

GEORGE KEATE
Nachrichten von den Pelew-Inseln (1788) . . . 231

FRIEDRICH WILHELM ZACHARIAE
Tayti oder Die glückliche Insel (1778) . . . 239

GEORG FORSTER
Die Tänzerin Teinamai von Raietea (1784) . . . 254

HERMAN MELVILLE
Die schöne Nymphe Fayaway (1846) 257
WILLIAM SOMERSET MAUGHAM
Der Teich (1921). 260
ERICH SCHEUERMANN
Vollblut aus edlem Stamme (1929) 267

Anmerkungen und Quellenangaben zu den Texten
und Abbildungen 268
Ergänzendes Literaturverzeichnis 277

Vorwort

Die europäische Vorstellung vom edlen Wilden ist ein Wiedergutmachungsversuch, der die Verunglimpfung und Greueltaten begleitete, denen die Indianer, Neger und Südseeindulaner ausgesetzt waren, seit die Weißen sie entdeckt hatten. In der Vorstellung vom edlen Wilden findet die schöne Beteuerung Gestalt, daß es auch unter den Wilden wahre Menschen gäbe oder daß sich gar *alle* Wilden im Gnadenstand der allgemeinen Gotteskindschaft befänden. Dieses menschenfreundliche Zugeständnis drückt sich in der europäischen Literatur in einer Vielzahl rührender Geschichten von unschuldigen, arglosen, friedfertigen, hilfsbereiten, opferwilligen, liebevollen und immer wieder auch schönen Wilden aus. Die gerechteren Gemüter Europas, die die kolonialistische Schmach auf sich lasten fühlten, nahmen sich in solchem Lesestoff der mißhandelten Kreaturen an und entfachten eine moralische Bewegung, der man sicherlich nicht jegliche positive Wirkung – etwa im Zusammenhang mit der Abschaffung der Sklaverei oder ganz generell mit verschiedensten Rehabilitierungsversuchen – absprechen kann. Von solchen erbaulichen Bemühungen handelt dieses Lesebuch.
Zugleich aber – und das ist fraglos interessanter – hat das Bild vom edlen Wilden eine fatale Funktion, denn unaufkündbar ist es der ungeheuren Arroganz der Weißen gegenüber den Wilden verbunden. Wenn die Wilden »auch« Menschen sind, wie es bereits 1536 in einer päpstlichen Bulle sinnigerweise festgestellt wird, da Tiere ja kaum missioniert werden können, dann gibt es weiterhin gleichwohl zwei Sorgen von Menschen, nämlich Menschen und Auch-Menschen, und es bleibt prekär, der letzteren Spielart anzugehören. Trotz aller Gutwilligkeit verliert die eigens zugestandene Menschlichkeit nicht ihren gönnerhaften und damit herrschaftlichen Charakter. Ungleich krasser zeigt sich allerdings der Herrschaftszusammenhang,

wenn nur wenigen auserwählten Wilden das Prädikat, edel zu sein, zugesprochen wird. Der Substanz und der Struktur nach wird es sich bei solchen singulären Ehrenbezeigungen um nichts anderes handeln, als wenn sich heutzutage ein Altnazi auf sublime Weise damit brüstet, seinerzeit durchaus auch *hochanständige* Juden gekannt zu haben. Und tatsächlich hört sich der Schutzherrenton, mit dem mancher Fürsprecher in den vergangenen Jahrhunderten gute Worte für die edlen Wilden einlegte, wie die paternalistische Begleitmusik zu einem parallel verlaufenden Völkermord an.[1] Überhaupt scheint in allem Engagement für die edlen Wilden eine abgründige Melodie mitzuschwingen. Unter anderem macht sie sich in der Rührseligkeit bemerkbar, mit der das europäische Publikum sich seiner eigenen schönen Empfindungen angesichts des weltweiten exotischen Dramas vergewisserte. Viele Klagelieder über die Qual und die Tötung unschuldiger Wilder sind Zeugnisse des Selbstmitleids und kaum der Trauer. Auf den Theater-, Opern- und Operettenbühnen, die seit dem 18. Jahrhundert die Figur des edlen Wilden in ihrem ganzen Kolorit und ihrer mindestens unterschwelligen Kuriosität immer umd immer wieder zeigten, setzt sich in aller Zuwendung eine ästhetische Variante der Ausbeutung fort, die damit angefangen hatte, daß die Weißen die Wilden nicht nur sahen oder kennenlernten, sondern eben entdeckten – ein begriffslogisch unumkehrbarer Vorgang, der von den Eingeborenen aus buchstäblich nicht denkbar ist. Die fundamentale Beuteperspektive des Entdeckers, der alles, was er erblickt, schon im voraus seinen Besitzansprüchen unterzogen hat, steht prägend am Ursprung der Begegnung, und das Bild vom edlen Wilden zollt ihr reichlich Tribut. Insofern will dieses erbauliche Lesebuch nichts anderes machen als alte Wunden aufreißen und die kleine Erkenntnis am Leben halten, daß die Europäer kraft ihrer barbarischen Geschichte Monster sind.

Der edle Wilde ist eine Funktion des Kolonialismus. Als die damalige technologische Revolution im Zeichen von Kompaß, optischen Instrumenten, Chronometern, Land- und Seekarten, hydraulischen Maschinen, Eisenschmelzen, Metallmischungen und Feuerwaffen den zivilisatorischen Prozeß nicht nur regional, sondern erstmals in der Geschichte der Menschheit weltweit bestimmte[2], entstand die Figur des edlen Wilden. Entfernte Vorläufer – etwa die Gestalt des holdseligen arkadischen Schäfers in der griechischen Literatur oder die römische Vorstellung von den robusten und unbekümmert-natürlichen Germanen – sind zwar auch Ausdruck eines gewissen zivilisatorischen Unbehagens, stellen aber nicht wie der edle Wilde ein Glanz- und Abziehbild dar, dessen ganzer Schmelz der realen Opfersituation der todbedrohten wilden Völker entspringt. Kein Wunder, daß da auch die erotischen Bedürfnisse des europäischen Publikums durchschlugen. Mit Wonne nahm man sich so mancher edlen Wilden an, und seit den ersten Berichten über Tahiti wurde im globalen Maßstab die Südsee zum mehr oder minder imaginären Eros-Center der Weißen. Faktisch beruhte das Hohelied von den glückseligen Liebesinseln sowohl auf der seemännischen Nutznießung der polynesischen Prostitution als auch auf einer erbarmungswürdig falschen Darstellung des Geschlechtslebens der Wilden. Die paradiesische Entfaltung der Sexualität ist ein Mythos, der bis hin zu Margaret Meads Samoa-Büchern[3] auf Stippvisiten, mangelhaften Sprachkenntnissen und Wunschbildern basiert. In Wirklichkeit ist der betörende Liebreiz der Südsee der Jammer der Weißen.

Indianer

Während die Südseeinsulaner erst ab dem Ende des 18. Jahrhunderts – nämlich im Gefolge der Tahiti-Beschreibungen des Bougainville und des James Cook – als edle Wilde dargestellt wurden und diesen Typus dann auf Anhieb in reinster Form repräsentierten, hatten die Indianer zuvor schon fast drei Jahrhunderte lang für dieses Bild Modell gestanden. Kolumbus, der 1492 die in der Karibik entdeckten Indianer in ihrer Nacktheit, Furchtsamkeit und Schönheit nicht ohne Wohlwollen wahrnahm, wurde angesichts der verkörperten Wehrlosigkeit keineswegs nur gnädig und hochherzig gestimmt, sondern ebensosehr in seinen Verwertungsabsichten bestärkt. Huld und Habgier verschmolzen. Noch an Bord der Karavelle schrieb er an den Verwalter der königlichen Privatschatulle:
»Da nun unser Herr und Erlöser unserem erlauchtesten Königspaar und ihren Königreichen diesen Sieg beschert hat, der ihnen bis in späte Jahrhunderte Ruhm und Glanz verleihen wird, muß die ganze Christenheit frohlocken und mit großen

Feierlichkeiten und Andachten der Heiligen Dreifaltigkeit dafür Dank sagen, daß die Bekehrung so vieler Völker zu unserem Glauben dem Christentum neuen Aufschwung geben wird – ganz zu schweigen vom materiellen Wohlstand, den dies alles im Gefolge haben wird. Denn nicht nur Spanien, sondern die ganze Christenheit wird daraus mannigfachen Nutzen ziehen.«[4]

Wie diese Nutzung in den folgenden Jahrzehnten verlief, hat der Priester Las Casas miterlebt und in einem unfaßbaren Bericht (S. 29) an den Pranger gestellt. Er beschrieb die wahrhaft »greuliche Tyrannei« der Spanier in ihren Kolonien und sah in den Indianern einfältige, anspruchslose, gehorsame »Schäflein«. Wie Opferlämmer präsentierte er diejenigen, für die er Schutz und Mitleid einklagte – ein abgründiger Zusammenhang. Bis zu seinem Lebensende bot er alle Kraft auf, um das Völkermorden zu beenden. Letztlich hatte er wenig Erfolg, obwohl er zwischenzeitlich den König zu einer schonenderen Gesetzgebung bewegen konnte.

Die bestialische Behandlung der Indianer fand um so freieren Lauf, je drastischer deren eigene Unmenschlichkeit behauptet werden konnte. Während im Abendland die kannibalistischen Gelüste in jahrtausendelanger Arbeit erfolgreich unter Kontrolle gebracht worden waren – sei es durch Tabuisierung, indem Homer die Menschenfresserei z. B. den einäugigen Monstren zuwies, sei es durch Sublimierung, indem etwa im Abendmahl der Leib des Herrn gegessen wird –, ertappte man die Indianer gleichsam auf frischer Tat und hatte somit ein handfestes Argument für ihren Ausschluß aus der Menschengemeinde. Um einer humaneren Betrachtungsweise den Weg zu ebnen, setzte Montaigne an diesem zentralen Punkt an und wagte es, das Absolute zu relativieren: In Europa passiere Schlimmeres. Sein Essay »Von den Menschenfressern« (S. 37) ist ein Markstein in der Geschichte der Rehabilitierung der Wilden, denn mit ihm trat neben die ergreifende Fürsprache des Las Casas, die mit einem systematischen Christianisierungsprogramm identisch ist, ein abgeklärtes Plädoyer, das die Relativität der Kulturen ins Bewußtsein rückte, ohne dabei auf einen universellen Humanitätsanspruch zu verzichten, denn Montaigne billigte weder den Kannibalismus, noch entschuldigte er die Barbarei der Europäer. Diese beiden grundlegenden Positionen bleiben in den verschiedenen späteren

Ausgestaltungen des Bildes vom edlen Wilden erhalten. Der Missionsgedanke des Las Casas erfüllt sich noch in den verklärtesten aller Indianergestalten, in der Atala des Chateaubriand (S. 81) und auch in Winnetou, denn die dröhnende Resonanz ihres Todes ist nicht zuletzt dem Christentum geschuldet, zu dem die beiden übergetreten waren. Die antimissionarische Position des Montaigne zeigt sich unter anderem in Tiecks Alla-Moddin (S. 55), der sich die »Pfaffen« vom Leibe zu halten weiß, oder auch in der abweisenden Bilanz des Seume-Gedichts (S. 77):

> Seht, ihr fremden, klugen, weißen Leute,
> Seht, wir Wilden sind doch bess're Menschen!

In ihren Berichten und Reflexionen nahmen sich Las Casas und Montaigne stets der Gesamtheit der Indianer an. In der schönen Literatur aber werden dem Leser fast ausschließlich Einzelschicksale ans Herz gelegt. Am Beispiel der Yariko, einer der ersten berühmteren weiblichen edlen Wilden, sollen nun noch einige bemerkenswerte Dinge erwähnt werden. Der ziemlich unbekannte historische Grundlagentext von Ligon, der hier erstmals in deutscher Übersetzung vorgelegt wird (S. 44), wurde 1711 von Steele (S. 45) übernommen und für die Moralische Wochenschrift »The Spectator« so geändert, daß eine bühnenreife Kolportage entstand: Inkle, ein profitbewußter englischer Kaufmannssohn, geht in der Karibik mit etlichen anderen Seeleuten von Land, um Nahrungsmittel zu beschaffen. Viele fallen den mordenden Indianern zum Opfer, Yariko aber verliebt sich in Inkle und verbirgt ihn an einem sicheren Ort. Dann kommt ein Schiff, nimmt die beiden auf, und bei der erstbesten Gelegenheit verkauft Inkle seine Geliebte auf dem Sklavenmarkt. Als sie ihn anfleht und ihm offenbart, daß sie von ihm schwanger sei, bleibt er ungerührt und erhöht geistesgegenwärtig den Kaufpreis für sie. Innerhalb der folgenden 100 Jahre wurde dieser melodramatische Stoff mehr als vierzigmal bearbeitet – in Form von Gedichten, Briefen, Novellen, Dramen, Singspielen, Ballettstücken, Opern und Pantomimen.[5] Auch der junge Goethe wollte sich daran versuchen, ließ aber dann doch die Finger davon.[6] Im deutschsprachigen Bereich ist vor allem das Yariko-Gedicht von Gellert (S. 51) weiten Kreisen bekannt geworden. Wie bei Steele fallen bei ihm Yarikos Stammesbrüder grundlos und hinterhältig über die arglosen Engländer her, genau wie bei Steele »springt« dann die schöne Yariko aus dem Gebüsch »hervor«, und in biedermännischer Begehrlichkeit prägt Gellert den Vers: »Die Indianerin war liebenswert gebaut.« Damit hatte das Publikum alles, wonach es sich sehnen konnte: warmherzige Anteilnahme am Schicksal der schönen Yariko, Abscheu vor der kaufmännischen Kälte des üblen Inkle und außerdem noch den Grusel vor den Horden der Wilden. Das sentimental-philanthropische Programm der europäischen Aufklärung war insoweit erfüllt – aber es wurde noch überboten. Karl von Eckartshausen schickt in seinem Rührstück »Fernando und Yariko« den Sohn eines spanischen Admirals als Retter zur bereits verkauften Yariko, und Fernando, dieser wahre Menschenfreund, verliebt sich in sie, bleibt bei ihr, kehrt Europa für immer den Rücken und singt am Ende:

Vergessen wollen wir die Sorgen,
Uns lieben und stets glücklich sein,
Und nie soll uns ein schwarzer Morgen
Verderben oder Unglück dreun.
Europa soll auf Edelsteine
Und Goldstaub immer pochend sein –
Wir wollen uns, entfernt vom Scheine,
Der Unschuld unserer Sitten freun.[7]

So löst sich Yarikos Qual in der seichten Utopie eines europamüden Abendländers. Über den Reiz, das Lager zu wechseln und zu den edlen Wilden zu ziehen, soll hier jedoch nicht gesprochen werden, denn diesem naheliegenden Wunsch ist der 3. Band, »Europamüdigkeit und Verwilderungswünsche«, der ETHNOLITERARISCHEN LESEBÜCHER gewidmet.
Ein anderes, heute als das einzig typisch empfundene Bild vom edlen Indianer, nämlich der überaus ehrenhafte und todesbereite Kämpfer, setzte sich relativ spät, vollends erst im 19. Jahrhundert im Zuge der Mythenbildungen des Wilden Westens durch. Es aktualisiert die antik-stoischen Züge, die in der Geistesart des Moctezuma und allgemein der Azteken gesehen worden waren, und mischt sie mit einer nahezu rabiaten Kampfbegierde. Da diese heroische Variante des Indianerbildes hinlänglich bekannt ist, sind hier nur seine Vorläufer in der deutschen Literatur anhand von vier Gedichten von Schubart, Schiller, Chamisso und Lenau einbezogen

worden. Und am Ende steht ein Auszug eines Romans, der 1910 in der Erstausgabe »Winnetou IV« hieß. In diesem Spätwerk des Karl May verliert sich die Problematik des edlen Wilden in Mystifikationen, die – zweimal gelesen – auch eingefleischte Karl-May-Freunde erschrecken lassen müßten.

Neger

So grausig das Schicksal der Indianer war, die Neger hatten seit jeher einen schlechteren Stand. Wenn z. B. der Schweizer Bodmer in seinem kleinen Versepos »Inkel und Yariko« (1756) die beiden Hauptgestalten gemäß dem normalen Handlungsverlauf das rettende Schiff besteigen läßt, treffen sie dort Neger, die als Sklaven verkauft werden sollen:

> Leute, die von dem Kopf zum Fuß ganz schwarz sind, die Nase
> Platt gedrücket, so daß sie niemand bedauert, und man zweifelt,
> Ob in der rußigen Wohnung auch eine Seele sich findet.[8]

1681 brachte Rochefort die berüchtigte Formulierung zustande: »Die Neger sind sehr gute Menschen, aber man muß sie schlecht behandeln, sonst werden sie frech. Der Indianer dagegen muß anständig behandelt werden, sonst erhängt er sich.«[9]

Am deutlichsten aber wird der Diskriminierungsvorsprung der Neger gegenüber den Indianern bei Las Casas, der 1520 den Indianern zuliebe empfahl, man möge in Amerika doch anstelle der roten bessergeeignete schwarze Sklaven benutzen. Später erkannte er die Unchristlichkeit seiner Worte und schrieb über sich selbst: »Der Priester Las Casas hat als erster dazu geraten, daß man Afrikaner nach Westindien einführe. Er wußte nicht, was er tat. Als er vernahm, daß die Portugiesen wider alle Rechtlichkeit in Afrika Menschen fingen und sie zu Sklaven machten, bereute er bitter seine Worte.«[10] Gleichwohl wurden 15 bis 20 Millionen Schwarze in den folgenden Jahrhunderten aus Afrika verschleppt und nach Amerika verkauft.

Es scheint so, als hätten die Weißen die Last dieses welthistorischen Verbrechens nur dadurch halbwegs verkraften oder verdrängen können, daß sie in den Schwarzen, wo immer es ging, die minderwertigsten Wesen sahen. Der Zweifel, ob die Neger überhaupt eine Seele hätten, mag da schon seinen strategischen Stellenwert haben. Während die Exponenten anderer Völker und Rassen normalerweise nicht überproportional verunglimpft werden, erscheinen die Negerhäuptlinge in der Literatur des 19. Jahrhunderts ganz überwiegend als hinterhältige oder tölpelhafte, als unnötig grausame und blutrünstige Schlächternaturen[11], fast so wie Mérimée seinen Tamango ausgestaltete, nämlich als fetten Negerpotentaten, der in der Not seinem Feind die Gurgel durchbeißt und, den Mund noch voller Blut, den Triumphschrei ausstößt.[12]

Um so schwieriger war es, das kompensatorische Bild des edlen Wilden in die Welt der Schwarzen zu projizieren und zugleich Resonanz beim europäischen Publikum zu finden. Aphra Behn gelang dieses Kunststück bereits 1688 mit ihrem »Oroonoko«-Roman (S. 131). Oroonoko allerdings ist ein Prinz, der sich in der römischen Geschichte auskennt, der sich im unverdienten Sklavenstand »Cäsar« nennen läßt, der zur »großen« Liebe fähig ist und im übrigen keine platte Nase hat. Kaum unterscheidet er sich von den damals typischen galanten Romanhelden.

Noch weniger vermag es Karl von Eckartshausen, in seinem unglaublich komischen Drama »Isogin und Celia, eine Geschichte von einem unserer schwarzen Brüder aus Afrika, von einem Mohren« (S. 157) den Eindruck einer gewissen Authentizität zu vermitteln, zumal es ihm in Anlehnung an die philosophischen Positionen der Aufklärung um pure Natur und reine Menschlichkeit geht: Der von einer Bärin gesäugte schwarze Isogin liebt die ebenfalls fern von aller Zivilisation aufgewachsene weiße Celia. Beide werden nach Spanien verbracht. Er kommt auf die Galeeren, sie an den Hof des Don Carlos. Und weil alle Menschen Brüder sind, machen am Ende Isogin, Celia und Don Carlos zu dritt eine Landkommune auf.

Herders »Negeridyllen« (S. 171) zeigen sich dem Humanitätsproblem eher gewachsen. Er reklamiert die Würde der Schwarzen vermittels ihrer Leidensgeschichte und zeigt sie nicht wie Aphra Behn in bühnenhaften Posen oder wie Karl von Eckartshausen in abstrakter Kreatürlichkeit, sondern als konkrete Opfer, deren aktiver und passiver Handlungsspielraum begrenzt ist. Herders Gedichte sind darüber hinaus Bestandteile seiner geschichtsphilosophischen und politischen

Reflexionen; die »Negeridyllen« sind abgedruckt innerhalb der »Briefe zur Beförderung der Humanität«.
Mit dem Welterfolg von »Onkel Toms Hütte« prägte Harriet Beecher-Stowe 1851 ein neues Negerbild. Trotz aller Kritik an den Sklavenhaltern war die Botschaft ihres Buches ein Ohrenschmaus für die Weißen, da den Schwarzen im wesentlichen eine weiche und kindliche Mentalität und die Fähigkeit zu unermeßlicher Güte zugesprochen wurde. Die Hoffnung auf ein besseres Los sollten die Sklaven zwar nicht aufgeben, aber doch mit großer Geduld und unerschütterlichem Gottvertrauen verknüpfen. Kein Wunder, daß selbstbewußte Schwarze sich beleidigt fühlen, wenn sie in jovialer Art mit dem Gütezeichen »Uncle Tom« tituliert werden.
Eine weitere Metamorphose des Negerbildes ereignete sich zu Beginn des 20. Jahrhunderts, als der europäische Expressionismus nach dem Ausdruck neuer Lebendigkeit suchte und im Neger die Verkörperung höchster Vitalität erspähte. Marinetti veröffentlichte 1910 seinen futuristischen »afrikanischen Roman« mit der Titelfigur Mafarka. Den Inhalt skizziert er folgendermaßen: »Ich habe hier den eindrucksvollen Aufstieg eines afrikanischen Helden beschrieben, der sich durch Draufgängertum und Durchtriebenheit auszeichnet. Seinen ungestümen Willen, zu leben und in der Schlacht und in Abenteuern aller Art die Oberhand zu behalten, hat er offenbart.« Marinetti schuf als Nietzsche-Anhänger mit seinem Mafarka einen Neger-Zarathustra, der neo-pathetisch das »gefährliche Leben« liebt – und Mussolini zollte Beifall. Nicht weit entfernt von Mafarka steht Edgar Manning, der Held von Philippe Soupaults Roman »Der Neger« (1927). Er »altert nicht«, erwartet »nichts von der Zukunft, weil er seine unverbrauchte Vergangenheit kennt«, lernt »die anderen zu entbehren«, spielt mit sich selbst und fürchtet »weder Tod noch eine Verletzung«. Er ist Jazzdrummer, Rauschgiftschmuggler, Mädchenhändler. In Barcelona ermordet er eine Dirne – sie hieß Europa.
Aus dem Umkreis des expressionistischen Negerbildes, das den Schwarzen als lebensspendenden Heilsbringer und, wie es in Claire Golls Roman »Der Neger Jupiter raubt Europa« heißt, als »feinnervigen Edelneger«[13] erscheinen läßt, sind zwei Texte in dieses Lesebuch einbezogen worden: Von Richard Hülsenbeck ein Auszug aus dem romanhaften Reisebe-

richt »Afrika in Sicht« (S. 189), in dem er seiner Furcht Ausdruck gibt, daß »im entscheidenden Momente unsere Frauen zu den Negern übergehen«, und von Yvan Goll das Gedicht »Johann Ohneland an seinen schwarzen Bruder« (S. 192), das mit einer vielleicht nicht ganz geglückten Farbmetapher die Weißen in den Patienten- und die Schwarzen in den Therapeutenstand versetzt:

Du bist der Arzt, der dieser armen Erde fehlt,
Um sie zu heilen von der Todesbleiche.

Südseeinsulaner

Die Südsee geriet erst jüngeren Datums in das Blickfeld der Europäer, aber das alte Schema, mit dem man sich zuvor schon andere fremde Länder erschlossen hatte, wurde von neuem befolgt: Beflügelt von paradiesischen Vorstellungen – die in der Antike bereits erwähnten »glückseligen Inseln«, auf denen auserwählten Helden ewiges Leben in voller Körperlichkeit möglich war, oder die im Alten Testament erwähnten reichen Gegenden, von denen König Salomon Gold und Edelsteine mit Schiffen herbeischaffen ließ, oder den Südkontinent, der aus globalen Gleichgewichtsgründen existieren mußte, galt es zu finden – okkupierte man die Inseln der Südsee und fand nach kolonialer Logik entweder Barbaren oder besonders gutartige Leute. Die seit dem Mittelalter im europäischen Geistesleben fest verankerte Vorstellung vom »Wilden Mann« kam in den neuen Ländern entweder in ihrer ganzen ursprünglichen Negativität zur Geltung, so daß dann Barbaren vor Augen standen, oder sie wurde einfach mit umgekehrtem Vorzeichen versehen, so daß die guten und edlen Wilden erschienen. Der furchterregende »Wilde Mann« des Mittelalters war nackt, verbrachte sein Leben im Walde, kannte nicht den wahren Gott, entzog sich jeder Regierungsgewalt, besaß kein Eigentum und lebte in sexueller Zügellosigkeit; die Frauen galten als so begierig, daß sie sogar den biederen Bürgersmann zu sich in den Wald lockten und ihn dort verführten.[14] Verständlicherweise konnte sich dieses Schreckbild ohne jegliche substantielle Veränderung in ein Glücksbild verwandeln. Während die negative Vorstellung des Wilden in der Südsee vor allem in Melanesien an den Mann

gebracht wurde, verband sich die positive Vorstellung vor allem mit den Polynesiern, insbesondere mit den weiblichen. Die Bereitwilligkeit tahitischer Frauen, sich mit den Seemännern einzulassen, sorgte für ein euphorisches Echo, obwohl eigentlich nicht zu übersehen war, daß mit den wechselnden Liebschaften stets auch Nägel, Messer, Tücher oder andere begehrte Gegenstände den Besitzer wechselten. Georg Forster, der mit James Cook 1773 auf Tahiti landete, sprach zwar von den »neuen Mätressen«[15], verglich sie mit den »Huren Europas«[16] und bemerkte, daß die betreffenden »Weibsleute vom niedrigsten Stande«[17] waren, aber die häßliche Erkenntnis von der Prostitution konnte die entfachten Glücksgefühle nicht beeinträchtigen. Der Mythos von der freien Liebe war unaufhaltsam. Bougainville, der bereits 1768 auf Tahiti war, nannte diese Insel, weil Aphrodite den Kult der Liebe auf Kythera ins Leben gerufen haben soll, La Nouvelle Cythère.
So waren die Nachrichten über Tahiti bereits aus erster Hand hochgradig erotisiert. Und nichts lag näher, als daß die »Berichte«, die darauf aufbauten und somit aus zweiter Hand kamen, die Tendenz verstärkten. Friedrich Wilhelm Zachariae bezog den Stoff und die Fakten für sein umfangreiches Poem »Tayti oder Die glückliche Insel« (S. 239ff.) ausdrücklich und ausschließlich aus Bougainvilles Reisebericht, der nur einige Jahre zuvor 1771 erschienen war. Am Beispiel einer kleinen Szene ist die Anreicherung, die Zachariae seinen »Zitaten« zukommen läßt, unschwer als das Produkt des erhitzten voyeuristischen Interesses eines Daheimgebliebenen zu erkennen. Bougainville beschrieb die Abschiedsszene zwischen Aoturu – einem Tahitianer, der mit nach Europa fuhr – und dessen »Braut« folgendermaßen:

> Es befand sich ein junges, artiges Mädchen darunter, der unser Insulaner beim Abschied 3 Perlen, die er in den Ohren hatte, schenkte; er riß sich mit einem Kuß aus den Armen des weinenden Mädchens, seiner Braut oder seiner Liebsten, und stieg an Bord.

Mehr gab es nicht zu berichten. Zachariae nannte das Mädchen Opoa und schmückte die Szene entsprechend seinen Wunschvorstellungen aus:

> Ereti sprachs, als mit zerstreutem Haar
> Und wildem Blick der Insel Schönste sich

Zu Aoturu dränget; um den Hals
Ihm zärtlich fällt, und so mit Tränen ruft:
Wohin, mein Aotutu, reißet dich
Dein feindliches Geschick? Willst du der Wut
Der Wellen dich, der Weißen Falschheit dich
Vertraun? O welchen Wunsch ließ unerfüllt
Dein Mutterland? Was sucht, was hoffet noch
Dein brausend Herz? Was willst du sehn, so nicht
Dein Blick schon schöner sah? Komm in den Arm
Der Liebenden zurück! Opoa ruft
Zurück dich in den liebevollen Arm!
So strömte sanft ihr qualenvolles Herz
In Klagen aus. Mit starrem, trübem Blick
Betrachtete sie Aoturu. Kaum bemerkt
Opoa neuen Strahl von Hoffnungen,
Als unvermerkt sie mit der schönen Hand
Die letzte Hülle von den Hüften strich
Und nackend, wie im Bade Venus steht,
Mit jeder Schönheit Siegesreiz geschmückt
Vor Aoturu trat. Blaß und bestürzt
Warf der betroffene Jüngling wild sein Aug
Auf ihre Reize. Zwischen Lieb und Furcht
Wankt sein Entschluß. Jedoch der Flammentrieb
Nach Ruhm, nach andern Welten entfacht aufs neu
Die wagenden Gedanken auf. Bewegt
Riß er zwei stolze Perlen aus dem Ohr,
Gab sie der Weinenden mit einem Kuß
Und sagte zitternd: Edles Mädchen, laß
Mich diese Fremdlinge begleiten! Laß
Mich, deiner würdiger, mit größerm Geist,
Mit weiterm Herzen wiederkehren! Dein
Bleib ich auf ewig. Mein bleibt ewig auch
Opoa! Weine nicht und laß mich fliehn!
Er wand aus ihrem holden Arm sich los . . .

Ansonsten wurden die Frauen der Südsee noch ein Quentchen krasser als die europäischen zu reinsten Naturwesen stilisiert, sei es im mythologischen oder sei es im rassistischen Jargon: Melville bezeichnete sie als »Nymphen« (S. 257), Maugham als »Najaden« (S. 260), Scheurmann als »Vollblut mit geblähten Nüstern« (S. 266). Die Hochschätzung dieser Wilden erfolgte, zumal es um den Eros ging, nicht mehr *trotz*, sondern *wegen* ihrer Wildheit. Rechtzeitig hatte Rousseau – 1754 war seine »Abhandlung von dem Ursprung der Ungleichheit unter den Menschen« erschienen – für diesen glücklichen Paradigmenwechsel gesorgt.

Auch völkerrechtlich hatte sich der Status der Wilden geändert. Während die von Kolumbus entführten Kariben oder die von Magellan verschleppten Patagonier oder die von Cortez geraubten Azteken – jeweils als Schaustücke auf die iberische Halbinsel gebracht – durchaus als Eigentum ihrer Entdecker galten[18], konnten am Ende des 18. Jahrhunderts Aufenthalte von Wilden in Europa nur dann allgemeine Billigung finden, wenn sie auf freiwilliger Basis stattfanden. In mehreren Texten dieses Lesebuchs geht es um drei solcher Besuche: Bougainville brachte 1769 Aoturu von Tahiti nach Paris; nach etlichen Monaten trat Aoturu die Rückreise an und starb auf See an Blattern. James Cook kam 1775 mit dem Tahitianer Omai in London an; nach fast zwei Jahren fuhr Omai mitsamt einer Drehorgel, einer Elektrisiermaschine, einer Ritterrüstung und etlichen Pistolen auf seine Heimatinsel zurück und starb dort nach weiteren drei Jahren. Henry Wilson nahm 1784 von den Pelew-Inseln den »Prinzen« Li-Bu mit nach London; dort starb Li-Bu am Ende des Jahres an Blattern. Als interkulturelle Begegnungsversuche – sofern sie je als solche gedacht waren – sind diese Missionen offenbar gescheitert. Da niemand weiß, was in diesen drei Botschaftern wirklich vor sich ging, bleibt nur zu betrachten, wie sich Europa ihrer annahm. Das soll am Beispiel des Li-Bu geschehen.

1783 strandete Henry Wilson mit seinem Paketschiff, das im Auftrag der englischen Ostindischen Handelsgesellschaft im Stillen Ozean segelte, an den mikronesischen Palau-Inseln, die alsbald in Deutschland in der englischen Schreibweise als Pelew-Inseln bekannt wurden. Die Pelewaner waren freundlich gesonnen und halfen, das Wrack wieder seetüchtig zu machen. Nach drei Monaten konnten die Engländer wieder losfahren, nahmen Li-Bu, einen Sohn des »Königs« Abba-Thulle, mit und kamen im Juli 1784 in London an. Li-Bu, etwa 19 Jahre alt, wurde in englischer Landessitte gekleidet. Sein Haar trug er, wie in Pelew üblich, in einer großen, runden Locke. Man schickte ihn in ein Erziehungsinstitut nach Rotherhithe, einem Londoner Vorort. Ansonsten hatte er vor

allem mit dem Ehepaar Wilson, mit dem Schriftsteller George Keate und mit den Direktoren der Ostindischen Handelsgesellschaft Kontakt. Man fand ihn lebhaft und zugleich gefällig, zumal er seine »Zufriedenheit mit allem, was ihn umgab«, bezeugte, indem er z. B. folgende Worte fand: »Alles sehr schön. Schön Land, schöne Straße, schöne Kutsche, und Haus über Haus bis in Himmel.«[19] Im Dezember starb er an Blattern. Die Ostindische Handelsgesellschaft errichtete dem »unverdorbenen Sohn der Natur« in Rotherhithe einen Grabstein mit einer huldigenden Inschrift (S. 230). Unmittelbar vor der Abreise von den Pelew-Inseln hatte Abba-Thulle den Kapitän Wilson noch gefragt, wieviel Zeit wohl hingehen möchte, bis sein Sohn wieder nach Pelew zurückkäme. »Der Kapitän erwiderte, es könnten dreißig Monde, vielleicht auch sechsunddreißig darüber verfließen. Abba-Thulle zog aus seinem Handkorb eine Schnur, machte dreißig Knoten, ließ einen langen Zwischenraum, machte dann wieder sechs Knoten hinein und legte die Schnur sorgfältig beiseite.«[20]
Diese in der Tat »Interessante und rührende Geschichte des Prinzen Li-Bu« wurde jahrzehntelang in zahlreichen Auflagen und Versionen dem europäischen Publikum zu Gemüte geführt, eigens auch unter pädagogischem Aspekt, denn eine deutsche Ausgabe von 1792 empfahl sich auf der Titelseite als »Ein Weihnachtsgeschenk für die Jugend«[21]. Die unmittelbare Fortsetzung der Geschichte des Li-Bu blieb in Europa allerdings ziemlich unbekannt, zumal sie erst mit einiger Verzögerung 1803 bzw. 1805 erschien und sich höchstens als ein Geschenk zum Buß- und Bettag geeignet hätte: 1790 schickte die Ostindische Handelsgesellschaft ein zweites Schiff zu den Pelew-Inseln, um, wie es hieß, »dem König Abba-Thulle den Tod seines Sohnes Li-Bu zu melden und um ihm die Dankbarkeit der Gesellschaft – für die der Mannschaft eines ihrer Schiffe erwiesene Liebe –, Freundschaft und Wohltaten zu bezeugen.«[22] Abba-Thulle soll, nachdem er sich mit der Todesnachricht abgefunden hatte, über die englischen Geschenke außer sich vor Freude gewesen sein, und er bedauerte, daß er keinerlei Gegengeschenke bieten konnte. Dann machten die Engländer mit dem Schiff ein Manöver und schossen auch mit den Kanonen. Daraufhin ging der Kapitän zu Abba-Thulle und rühmte dessen Land, das »so reichlich mit Quellen und fließendem Wasser versehen sei und einen so fruchtbaren und

für jede Kultur tauglichen Boden habe; darauf sagte der König, seine Insel sollte künftig das Land der Engländer sein und schenkte ihnen also das Land. Hierauf wurde die englische Flagge auf der Landspitze aufgepflanzt, und die Soldaten marschierten darunter hin. Nachher wurde auch der Grundstein zu einem englischen Fort gelegt.«[23]

Abbildungen

Da es schade wäre, wenn die Abbildungen allzu flüchtig angeschaut würden, seien zum Schluß noch verschiedene Bemerkungen zu den Porträts einiger Südseeinsulaner gemacht. Offenbar handelt es sich weniger um eine möglichst naturalistische als um eine stilisierte und idealisierte Wiedergabe bestimmter Physiognomien. Die abgebildeten Südseeinsulaner wurden ästhetischen Normen unterworfen, die zumeist den antikisierenden Schönheitsvorstellungen der europäischen Künstler entsprangen. Arthur W. Devis, der mit Henry Wilson auf den Pelew-Inseln war, zeichnete allerdings in einer schon vorromantischen Manier. Sein Abba-Thulle (S. 234) vermittelt den Eindruck empfindsamster, fast schwärmerischer Geistigkeit – als hätte er gerade den Messias des Klopstock gelesen. Da innerhalb weniger Jahre mehrere Verlage in England, Frankreich und Deutschland das betreffende illustrierte Buch des George Keate, nämlich die »Nachrichten von den Pelew-Inseln« herausbrachten, war eine gleich große Anzahl von Kupferstechern am Werk, die es jeweils »gravierend« veränderten. Das Antlitz des Abba-Thulle blieb zwar in allen diesen Ausgaben dem ersterschienenen Kupferstich erstaunlich ähnlich und wurde deswegen hier nur einmal abgebildet, aber Ludee, eine der fünf Frauen des polygamen Abba-Thulle, entwickelte sich in England innerhalb eines Jahres von einem eher exotischen Püppchen – unter anderem sorgt die scharfe Konturengebung des ersten Stiches für diesen Eindruck (S. 236) – zu einer fraulicheren und personhafteren Gestalt (S. 237), denn England wollte auch ihr gegenüber Dankbarkeit bezeugen. Der deutsche Kupferstecher gab ihr dagegen einen relativ stumpfen Ausdruck, und zugleich wurde die Bildunterschrift verändert: Aus »einer der Frauen des Abba-Thulle« – wie es korrekterweise in der englischen Aus-

gabe heißt – wurde in Deutschland die familiengerechtere »Gemahlin des Königs« (S. 237).
Normalerweise wird es müßig sein, den Grad der Ähnlichkeit zwischen dem ursprünglichen Modell und dem entstandenen Porträt ermessen zu wollen. Abgesehen davon, daß seinerzeit die Möglichkeiten der Photographie nicht existierten, sind zumeist nicht einmal mehr die ersten Skizzen oder Originalzeichnungen, die den Kupferstichen zugrunde lagen, vorhanden. In zwei Fällen konnten die Kupferstiche jedoch mit den Originalzeichnungen konfrontiert werden, und der Vergleich spricht Bände (S. 250; S. 254). Beredt sind auch diejenigen Figuren, die im Text deutlich anders als im Bild dargestellt worden sind, so daß man rätseln darf, was es zum Beispiel mit der attestierten Häßlichkeit des Omai auf sich hatte (S. 216, 217 u. 220). Verschiedenste Stilisierungsabsichten sind allerdings auch ohne derlei Vergleiche durch eine immanente Betrachtungsweise aufzuspüren, denn wie immer z. B. der »Mann von Hawaii« (S. 212) in Wirklichkeit oder auf ersten Zeichnungen ausgesehen haben mag, es dürfte keinen Zweifel daran geben, daß für diesen Kupferstich zwar ein Mann Modell, die Antike aber Pate gestanden hat. Li-Bu, der Sohn des Abba-Thulle, wurde erst 15 Monate nach seinem Tod von der Tochter des George Keate aus dem Gedächtnis gezeichnet, so daß die Realitätshaltigkeit bezweifelt werden kann, nicht aber die Unterschiedlichkeit der Stilisierungsabsichten, die in dem englischen und dem deutschen Kupferstich zutage treten (S. 227). Schließlich sei anhand des Titelbildes dieses Bandes auf eine weitere Art vagen Wirklichkeitsbezugs verwiesen. Ein Bericht über die 3. Südseereise des James Cook (1776–1780) war bereits 1781 druckfertig, aber die zahlreichen Zeichnungen des Expeditionsbegleiters John Webber lagerten noch in den Werkstätten mehrerer berühmter Kupferstecher. Die aufwendige Herstellung des großformatigen Bilderatlas' sollte erst 1784 abgeschlossen sein. So ließ ein Londoner Verleger, um für die Buchausgabe des Jahres 1781 wenigstens einen Blickfang mit einem Frontispiz zu haben, einen anonymen Stich anfertigen, der nun nicht auf Webbers Zeichnungen oder auf hautnahen Schilderungen, sondern nur auf folgender Textstelle des Berichts fußen konnte: »Gestalt und Farbe (der Unalashka-Indianer) wich wenig oder nichts von den Einwohnern im Georgen Sunde ab. Sie hatten aber einen Einschnitt

zwischen dem Kinne und der Unterlippe, wodurch sie ihre Zunge stecken konnten. Wenn man hierzu noch die Zieraten von Kupfer und Blech nimmt, welche sie in ihren Ohren und Nasen trugen, so kann man sich keine groteskeren Figuren denken, als sie vorstellten. Demungeachtet betrugen sie sich höflich gegen uns.«[24] Die kaum erwartete freundliche Zuwendung abstruser Gestalten wurde nun voller Phantasie ins Bild gesetzt[25], und so entstand ein wahres Bild des edlen Wilden.

Indianer

BARTOLOMÉ DE LAS CASAS

Die greuliche Tyrannei der Spanier in den indianischen Ländern

(1552)

Die Länder, die man gemeinhin Indien nennt, sind erstmals bekannt geworden im Jahr unseres Heils 1492. Schon ein Jahr später, also vor 49 Jahren, begannen die Spanier, sich dort niederzulassen. Das erste Land, in dem sie sich einrichteten, ist die große und fruchtbare Insel Hispaniola (Haiti) gewesen, deren Umfang 600 Meilen beträgt. Es gibt darüber hinaus zahllose weitere Inseln in diesem Revier, die allesamt sehr volkreich sind. Das fußfeste und harte Land beginnt 250 Meilen von dieser Insel entfernt und erstreckt sich dort auf mehr als 10000 Meilen. Täglich entdeckt man neues Land, auf dem es von Menschen wie in einem Ameisenhaufen wimmelt. Es scheint so, als habe Gott die meisten Menschen dieser Welt in den Ländern zusammengebracht, die hier bis zum Jahre 1541 entdeckt worden sind.

Es hat aber Gott diese unzähligen Leute von Natur gar einfältig erschaffen, ohne Betrug, List und Bosheit, sehr gehorsam und treu sowohl gegenüber ihren ursprünglichen Herren als auch gegenüber den Spaniern, denen sie sehr untertänig dienen: geduldig, friedlich, ohne Zanken, ohne Haß und Widerwillen, ohne Neid und Empörung, ohne Widersetzlichkeit und ohne Lust, sich zu rächen. Sie sind von Natur aus sehr zart und ertragen keine schwere Arbeit oder Überlast. Sie sterben sehr schnell, falls eine Seuche oder Krankheit sie ereilt. Es ist außer Zweifel, daß sogar Fürstensöhne und Herrenkinder, die bei uns in aller Wollust aufgezogen werden, mehr ausstehen und aushalten können als die Kinder dieser Leute, obwohl sie doch Feldarbeit machen müssen.

Es sind sehr arme Leute, die wenig besitzen und auch nicht viel irdische Güter begehren. So sind sie nicht stolz und nicht übermütig. Der eine trachtet nicht nach dem Besitz des anderen, und sie begehren auch kein fremdes Gut. Ihre Speise ist so beschaffen, daß ich glaube, die heiligen Väter in der Wüste werden kaum so knapp und gering gelebt haben. Sie gehen normalerweise nackt und bloß, allein die Scham bedecken sie. Wenn sie sich aber bekleiden, dann mit einem Mantel aus Baumwolle, geschnitten aus anderthalb oder zwei Ellen Tuch. Sie schlafen auf Decken, von Schilf geflochten. Die es aber besser haben, schlafen wie in einem gestrickten Netz, das an vier Seilen aufgespannt und hier »Hamacas« genannt wird. Sie sind von geschwinder Vernunft, verstehen schnell und sind gelehrig. Sie erfassen alle gute Lehr', auch in dem heiligen katholischen Glauben. Sie lassen sich in allen Tugenden gut unterweisen, zumal sie solches leicht begreifen und sich viel

Wilde, jedoch nicht kannibalistische
Indianer auf Haiti (1554)

weniger sperrig zeigen als andere Leute in der Welt. Sofern sie einmal angefangen haben, lassen sie auch nicht nach, alles, was zu dem Glauben gehört, zu erfassen. Sie sind inbrünstig, begierig und hitzig, alles zu begreifen. In den Übungen des Gottesdienstes und auch im Genießen der Sakramente sind sie so emsig, daß wahrhaftig die Priester Geduld haben müssen, um ihnen Genüge zu tun. Um es kurz zu sagen: Ich habe viele Spanier getroffen, die solche gute Natur nicht genug loben

konnten. Wenn es nur die ganze und wahre Erkenntnis Gottes hätte, gäbe es sicherlich kein glückseligeres Volk auf Erden.
Zu diesen zarten Schäflein, die von ihrem Schöpfer mit so reichen Gaben begnadet wurden, kamen – wie gesagt – die Spanier und verhielten sich, sobald sie deren nur ansichtig geworden, wie reißende Wölfe, wie ausgemergelte Löwen oder grausame Tiger. Sie haben nun 40 Jahre lang in diesen Ländern nichts anderes getan und begehren auch nichts anderes zu tun, als solche Schäflein zu erwürgen, zu zerreißen, zu ängstigen, zu plagen, zu martern und auf allerlei tyrannische Art und Weise auszurotten, wie es noch niemals gesehen, gelesen oder gehört worden ist und wovon hernach noch erzählt werden soll. Es ist so weit gekommen, daß von drei Millionen Seelen, die allein auf der Insel Hispanola (Haiti) gelebt und auch von mir zum Teil gesehen worden sind, jetzt nicht einmal 200 Seelen übriggeblieben sind.
Die Insel Cuba, die so lang ist wie der Weg von Valladolid bis nach Rom, liegt öde und verwüstet da. Die Insel Sankt Johann (Puerto Rico) und die Insel Jamaica, beide sehr groß, fruchtbar und schön, sind ebenfalls verheert worden, desgleichen zahllose weitere Inseln, deren geringste immerhin noch fruchtbarer ist als der Königliche Lustgarten von Sevilla. Überhaupt gibt es keine gesünderen Länder auf der Welt. Alle sind sie nun verderbt und verwüstet. Auf diesen Inseln lebten mehr als 500 000 Seelen. Jetzt aber ist dort keine einzige lebendige Kreatur mehr zu finden, die dort auch geboren worden wäre. Zum Teil sind sie umgebracht worden, zum Teil weggeführt auf die Insel Hispanola, um im Goldbergwerk zu arbeiten, wo die Eingeborenen aber auch aufgerieben worden sind. Als ein Schiff nach drei Jahren diese Inseln aufsuchte, um nach der großen Weinlese die übriggebliebenen Trauben zu sammeln – ein guter Christ, der außerordentlich lieb und erbarmungsvoll war, wollte die restlichen Leute bekehren –, wurden nicht mehr als elf Personen angetroffen, wie ich selbst gesehen habe.
Mehr als dreißig weitere Inseln in der Nähe von Sankt Johann (Puerto Rico) sind ebenfalls stark zerstört worden. Diese Inseln haben zusammen mehr als 2000 Meilen Land und sind wüst und öde gemacht worden.
Was das Festland angeht, so können wir davon ausgehen, daß unsere lieben Spanier durch ihre Wüterei und ihre verfluchten

Taten mehr als zehn Königreiche, die jeweils größer als Spanien und Portugal zusammen sind, verwüstet haben. Noch heute liegen sie verlassen und unbebaut da, obwohl sie zuvor voller Leute gewesen waren. Die wahre Rechnung ist, daß in diesen vierzig Jahren durch der Spanier teuflisches Wesen ungerechter- und tyrannischerweise mehr als zwölf Millionen Seelen von Manns- und Weibsbildern und auch von Kindern ausgerottet worden sind. Ich glaube, daß es auch noch in der Wahrheit wäre und daß ich nicht ſehlgchen würde, wenn ich gleich 15 Millionen Seelen angäbe.

Die Spanier haben zwei Wege beschritten, um diese armen und elenden Leute auszurotten. Der eine ist der schändliche, ungerechte, blutige und tyrannische verfluchte Krieg. Der andere besteht darin, daß sie alle die umgebracht haben, die sie für fähig hielten, dermal einst sich an die zuvor gehabte Freiheit wieder zu erinnern und danach zu trachten, der von den Spaniern angelegten Marter zu entfliehen, vor allem also die edlen und großmütigen Personen. In ihren Kriegen lassen die Spanier nur das Weibsvolk und die Kinder am Leben, aber anschließend drücken sie auch diese mit der großen und schweren Last der Dienstbarkeit, die kein Mensch und auch kein Vieh aushalten kann und letztlich auch zum Tode führt. Alle anderen, fast unzähligen Methoden, die Leute auszurotten, können einem dieser beiden Hauptwege der teuflischen Tyrannei zugeordnet werden.

Die Ursache, weswegen die Spanier die Leute ausrotten, besteht einzig und allein darin, daß all ihr Tun und Trachten darauf ausgerichtet ist, Gold zu bekommen, damit sie in kurzer Zeit reich werden und sich emporschwingen in einen Stand, der ihnen gar nicht gebührt. Um es mit einem Wort zu sagen: Die Ursache ist ihr Geiz und ihr Hochmut, und damit sind sie so unmäßig ausgestattet, wie es in der Welt nicht seinesgleichen gibt. Dem kommt entgegen, daß die indianischen Länder so voll und reich sind und die nackten, wehrlosen Bewohner demütig, geduldig, einfältig und leicht unter die spanische Gewalt zu bringen sind.

Ich muß die Wahrheit bekennen und das sagen, was ich die ganze Zeit über, die ich in diesen Ländern habe sein müssen, gesehen habe. Den Spaniern sind diese bemitleidenswerten Leute völlig gleichgültig. Ich kann nicht einmal sagen, daß sie sie so gering schätzen wie unvernünftige Tiere – wollte Gott, daß sie die Indianer nicht schlechter als ihr Vieh behandelten! –, nein, sie achten sie geringer als den Kot auf den Gassen und kümmern sich entsprechend um das Leben und die Seelen dieser elenden Menschen. So sind viele Millionen von ihnen erwürgt und getötet worden und starben ohne den wahren Glauben und ohne Sakramente dahin. Und es ist die Wahrheit, die selbst die Tyrannen zugeben müssen, daß die Indianer im ganzen Indien die Spanier niemals beleidigt haben, sondern behandelt haben, als wären sie vom Himmel gekommen, bis sie schließlich von den Spaniern bedrängt, beraubt, erwürgt, überwältigt, gemartert und aufs äußerste geplagt wurden. (. . .)

Von dem Land Nicaragua

Im Jahre 1523 zog eine christliche Räuberhorde auch über das Land Nicaragua her. Man kann die Fruchtbarkeit, das gute Klima und die Einwohner gar nicht genug rühmen. Auch ist es wunderbar zu sehen, wie volkreich es gewesen ist. Es gab so viele Früchte, daß sich Ortschaften über drei oder vier Meilen erstreckten und dicht bevölkert waren.

Dieses Land ist eben und flach und hat kein Gebirge, in dem man sich ansiedeln wollte. Weil es ein gutes und lustiges Land ist, haben es die Einwohner nicht verlassen und die große Verfolgung ausgestanden und alles – soweit es ihnen möglich war – von den Spaniern ertragen. Es ist von Natur aus ein friedliches und einfältiges Volk.

Dann begann der Anführer dieser Horde, wie er es auch in anderen Ländern getan hatte, sie zu plagen, zu morden und so viel Jammer zu stiften, daß es nicht möglich ist, daß ein einziger Mensch alles aufzählen könnte.

Er hat in dieses Land, das größer als die Grafschaft Roussilon ist, 50 Reiter geschickt, die alle umbrachten und niemanden schonten, weder alt noch jung, weder Mann noch Weib, und zwar deswegen, weil sie nicht so schnell kamen, wie er es verlangte, oder weil sie nicht so viel Getreide brachten, wie er begehrte, oder weil sie nicht so viel Indianer schickten, wie er haben wollte. Da das Land flach ist, hat niemand seinem teuflischen Zorn und seinen Pferden entkommen können. Er schickte seine Spanier aus, um zu strafen, was dasselbe ist wie rauben, und er gestattete, daß diese Räuber so viel, wie sie nur wollten, von den friedlich lebenden Indianern fingen, um sie zu ihrem Dienst – anstatt der Tiere – zu gebrauchen. Sie schmiedeten sie an Ketten und Halseisen, damit sie die Last, welche ihnen aufgeladen wurde, nicht abwürfen. Weil ein jeder über achtzig Pfund schwer tragen mußte, hat es sich mehrmals begeben, daß von viertausend Indianern nicht mehr als sechs wieder lebendig heimkamen. Als zarte, weiche, nicht an Arbeit gewöhnte Leute fielen sie auf dem Wege hin und starben. Wenn sie müde waren und wegen der Last, die sie trugen, nicht mehr fort konnten, oder wenn sie von Hunger und Durst kraftlos wurden, dann durften die Aufseher nicht ihre Ketten aufschließen, sondern hieben, damit es um so schneller weiter ginge, den armen Indianern die Köpfe über dem Halseisen ab, so daß der Kopf auf die eine Seite und der Körper auf die andere Seite fiel. Man wird sich fragen, was für Gedanken die anderen gehabt haben, als es so zuging. Wenn für solche Reisen gerüstet wurde, hoben die Indianer an zu seufzen und zu weinen, denn sie sahen wohl, daß niemand wiederkam, und klagten jammervoll und erbarmungswürdig: Ach, das sind die Wege, auf denen wir den Christen dienen sollen. Wenn wir zuvor arbeiteten und es uns sauer werden ließen und auch weite Strecken zurücklegten, so kamen wir doch nach etlicher Zeit wieder heim zu unseren Weibern und Kindern, aber jetzt müssen wir fort und haben keine Hoffnung, daß wir wieder heimkommen und sie wiedersehen und bei ihnen bleiben.

Als es einmal den Tyrannen gefiel, denen von seinen Leuten, die in Ungnade gefallen waren, ihre Indianer zu nehmen, und denen zu geben, denen er gewogen war, hat diese neue Aufteilung zur Folge gehabt, daß die Indianer ein ganzes Jahr lang nichts aussäen konnten. Weil es dann an Brot mangelte, nahmen die Spanier den armen Indianern ihren Mais weg, und es mußten mehr als 30000 Seelen Hungers sterben. Es hat sich zugetragen, daß ein Weib vor Hunger rasend wurde und ihren eigenen Sohn umbrachte, um ihn zu essen.

Alle Städte und Ortschaften, die die Spanier unter ihre Gewalt brachten, waren schöne, wohl zugerichtete Gärten gewesen, bis sich die Spanier der ihnen anbefohlenen Stätten annahmen. Sie ließen sich ernähren und verbrauchten damit die spärlichen Güter und Einkommen der Indianer. Sie nahmen auch das noch, was die Indianer für sich brauchten. In ihren eigenen Häusern mußten die Indianer untertänig sein. Männer, Frauen und Kinder wurden Tag und Nacht zu Diensten gezwungen. Alle mußten arbeiten, auch die Kinder, sobald sie nur laufen konnten. Man legte ihnen aber so schwere Arbeit auf, daß sie nicht durchhalten konnten. Sie laugen und pressen die Indianer aus, und mit den Überlebenden machen sie es weiter und lassen ihnen nichts, weder Häuser noch sonst etwas.

Sie haben sich in Nicaragua noch tyrannischer und grausamer gezeigt als auf der Insel Hispanola (Haiti). Absichtlich haben sie eine überaus große Menge geschunden und dazu beigetragen, daß sie um so eher starben, indem sie Bretter und anderes Zeug neun Meilen weit bis zum Hafen tragen mußten. Auch schickten sie Leute ins Bergland, um Wachs und Honig zu holen, die aber dann zumeist von den Tigern zerrissen wurden. Selbst schwangere Weiber und Sechswöchnerinnen mußten schwere Lasten tragen.

Das schlimmste Übel aber – so verheerend wie die Pest – bestand darin, daß der Gouverneur den Spaniern erlaubte, von den Anführern der Indianer leibeigene Knechte oder Sklaven zu fordern. Und das geschah alle vier oder fünf Monate einmal, oder aber wie es den Obersten beliebte. Sie forderten jeweils 50 Sklaven, und wenn es nicht geschah, drohten sie, daß sie sie lebendig verbrennen oder von Hunden zerreißen lassen wurden. Da aber die Indianer gewöhnlich keine Sklaven halten und ein Anführer oder Cacique höchstens drei oder vier hat, wählten sie zunächst von ihren Untertanen die Waisen aus, um hernach jedem, der zwei Kinder hatte, eines und jedem, der drei Kinder hatte, deren zwei abzuverlangen. Auf diese Weise mußten die Caciquen die von dem Tyrannen geforderte Anzahl zusammenklauben, nicht ohne jämmerliches Wehklagen, Heulen und Weinen des Volks, das seine Kinder sehr lieb hat.

Weil das nun oft geschah, haben die Spanier vom Jahr 1523 bis zum Jahr 1533 dieses ganze Königreich beinahe völlig entvölkert, denn sechs oder sieben Jahre kamen unentwegt sechs Schiffe, welche eine große Anzahl dieser Indianer aufluden und hernach in Panama und in Peru verkauften, wo sie denn alle gestorben sind. Es ist tausendfältig bekannt, daß Indianer nicht lange überleben, wenn man sie aus ihrem Vaterland reißt. Überdies gibt man ihnen wenig und nicht regelmäßig zu

essen, während man ihnen von der Arbeit gar nichts erläßt, denn man kaufte sie nur der Arbeit wegen.
Auf solche Art haben sie aus diesem Lande mehr als 500000 Seelen geführt und verkauft, obwohl sie alle so frei geboren waren wie ich und du. Und durch den teuflischen Krieg, den die Spanier gegen sie geführt haben, und durch die greuliche Dienstbarkeit, die ihnen aufgezwungen worden ist, haben sie wohl 50 oder 60000 Menschen umgebracht und bringen ihrer täglich noch mehr um. Dieses Morden und Würgen dauert nun schon 14 Jahre. Es mögen zur Zeit in diesem ganzen Land Nicaragua etwa noch 4 oder 5000 Menschen übrig und am Leben sein, und täglich kommen weitere durch die Sklavenarbeit und anderes um, und das in einem Land, das – wie oben gesagt – eines der volkreichsten der ganzen Welt gewesen war.

MICHEL DE MONTAIGNE

Von den Menschenfressern

(1580)

Ich habe lange Zeit her einen Menschen bei mir gehabt, der sich zehn bis zwölf Jahre in der andern Welt aufgehalten hat, welche zu unsrer Zeit entdeckt worden ist; an dem Orte, wo Villegaignon landete[1] und dem er den Namen Südlands-Frankreich gab. Diese Entdeckung eines sehr großen Strich Landes scheint von äußerster Wichtigkeit zu sein. Ich weiß nicht, ob ich dafür stehen möchte, daß man in der Zukunft nicht noch andre machen werde, weil sich in diesem Stück so viel größre Männer als wir geirrt haben. (...)

Nun finde ich aber, um wieder auf meine Materie einzulenken, daß nach dem, was mir berichtet ist, man bei der Nation nichts Wildes oder Barbarisches antrifft und weiter nichts daran ist, als daß jedermann dasjenige barbarisch nennt, was nicht Sitte in seiner eigenen Heimat ist; wie wir dann wirklich auch keinen andern Maßstab für Wahrheit und Vernunft haben als Beispiele und Ideen von den Meinungen und Gewohnheiten, die wir täglich um uns herum hören und sehen: da ist beständig die vollkommne Religion, die beste Staatsverfassung, der vernünftigste und höchst edle Sittenzustand aller Dinge. Die Menschen in der neuen Welt sind wild, in eben dem Verhältnisse, wie wir die Früchte wild nennen, welche die Natur von selbst und nach ihrem eigenen Fortschritte hervorgebracht hat, unterdessen es im Grunde diejenigen eigentlich sind, die wir durch unsre Künstelei verstellt und aus der gewöhnlichen Ordnung herausgerissen haben, welche wir so nennen sollten. In jenen sind die wahren und natürlichen Kräfte und Eigenschaften lebendiger und wirksamer als in denen, welche wir herabgesetzt haben, um sie dem Vergnügen unsres verweichelten Geschmacks genießbarer zu machen.

Und gleichwohl findet sich in vielen ungekünstelten Früchten jenes Landes ein sehr feiner Geschmack, selbst für unsern Gaumen, trotz den Früchten, die wir mit vieler Sorgfalt erzie-

len. Es ist nicht billig, daß die Kunst die Ehre über unsre große und mächtige Mutter Natur davontrage. Wir haben durch unsre Erfindungen die Schönheit und den Reichtum ihrer Werke dergestalt überladen, daß sie ganz unter der Last erliegt. Wir sehen aber dagegen auch, daß allenthalben, wo sie in ihrer Reinheit glänzt, unsre eiteln und törichten Pfuschereien gar mächtig von ihr beschämt werden. (...)
Alle unsre Kräfte reichen nicht einmal hin, das Nest eines kleinen Vögeleins nachzumachen, weder in Ansehung seines Baues, noch seiner Schönheit, noch der Eigentümlichkeit seines Gebrauchs. Nicht einmal das Gewebe einer verächtlichen Spinne können wir nachmachen! Alle Dinge, sagt Plato, werden entweder durch die Natur oder das Glück oder die Kunst hervorgebracht. Die größten und schönsten durch eins von den beiden ersten, die geringeren und unvollkommneren durch die letzte. Diese Völker scheinen mir also nur insofern barbarisch, als sie noch sehr wenig Bildung von menschlichem Witze empfangen haben und noch sehr nahe an die Unbefangenheit des rohen Urstandes der Natur grenzen. Sie befolgen noch die natürlichen Gesetze und sind durch die unsrigen noch wenig verderbt; sondern in solcher Reinheit, daß mich es zuweilen unwillig macht, daß ihre Kenntnis nicht früher zu uns gelangt sei, zu einer Zeit, da noch Menschen lebten, die besser darüber zu urteilen gewußt hätten als wir.
Es tut mir leid, daß Lycurg und Plato keine Kenntnis davon hatten; denn mich deucht, daß dasjenige, was wir durch die Erfahrung von jenen Völkern wissen, nicht nur alle Malereien übertreffe, womit die Dichtkunst das goldne Zeitalter ausgeschmückt hat, nebst allen den Erfindungen, um einen glücklichen Zustand der Menschheit zu erdichten; sondern selbst die spekulativen Begriffe der Philosophie und sogar ihre Wünsche. Die Philosophen haben sich keinen so reinen und so einfachen Natursinn vorstellen können als wir aus der Erfahrung ersehen, und haben nicht glauben können, daß unsre Gesellschaft mit so wenig menschlicher Kunst und Flickwerk bestehen könne. Es ist eine Nation, würde ich zu Plato sagen, unter der es keine Hoffnung zum Handelsgewinn gibt, keine Bekanntschaft mit der Gelehrsamkeit; keine Lehre von den Zahlen; keinen Namen für bürgerliche Obrigkeit oder für Häupter des Staats; keine eingeführte Knechtschaft; keinen Reichtum und keine Armut; keine Kontrakte; keine Erbfolge;

Albert Eckhout: Tarairiu-Frau (1641)

keine Teilung; keine andere Beschäftigung als der Muße; kein Verhältnis der Verwandtschaft als der allgemeinen; keine Kleider; keinen Ackerbau; kein Metall; keinen Gebrauch des Weins oder des Korns. Selbst solche Worte, welche Lügen andeuten, oder Verrat, Falschheit, Geiz, Mißgunst, Verleumdung, Verzeihung, sind bei ihnen unerhört. Wie weit entfernt von dieser Vollkommenheit würde er die Republik finden, welche er, nach seiner Einbildung, entwarf. (...)

Übrigens leben sie in einer sehr angenehmen Gegend des Landes unter einem sehr gemäßigten Himmelsstriche, so daß, wie mir meine Zeugen gesagt haben, es sehr selten ist, bei ihnen einen kranken Menschen zu sehen; und haben sie mich versichert, keinen vor Alter zitternden, triefäugigen, zahnlosen oder gebückt gehenden Menschen gesehen zu haben. (...)

Statt des Brotes essen sie ein gewisses weißes Gewächs, ungefähr dem mit Zucker eingemachten Koriander ähnlich. Ich habe davon versucht: sein Geschmack ist zwar süß, aber ein wenig libberhaft.

Der ganze Tag wird mit Tanzen zugebracht. Die Jüngsten gehen mit Pfeil und Bogen auf die Jagd. Ein Teil der Weiber macht sich damit zu schaffen, das Getränk zu erwärmen, worin ihre Hauptpflicht besteht. Unter den ältesten Männern ist immer einer, der des Morgens, vor dem Essen, der ganzen Gemeinde in der Scheuer vorpredigt, indem er von einem Ende bis zum andern umhergeht und eine und dieselbe Sache oft wiederholt, so lange, bis er ganz herum ist (denn es sind Gebäude, welche wohl hundert Fuß in der Länge haben). Er legt ihnen nur zwei Pflichten vor: die Tapferkeit gegen die Feinde und die Freundschaft gegen ihre Weiber. Er unterläßt niemals den Hauptsatz oft zu wiederholen, daß man den Weibern diese Liebe schuldig sei, weil solche ihnen ihren Trank schmackhaft zubereiten und lauwarm erhalten. Man sieht an manchen Orten, und unter andern auch bei mir, die Formen ihrer Betten, ihrer Schwerter, ihrer hölzernen Armbänder, womit sie im Gefecht die Faust decken, und große, an einem Ende ausgehöhlte Rohrstäbe, durch deren Ton sie bei ihren Tänzen Takt halten. Sie sind durchaus glatt geschoren, und nehmen sich den Bart viel reiner ab als wir, obgleich ihre Schermesser nur von Holz oder Stein gemacht sind. Sie halten die Seele für unsterblich, und daß diejenigen, welche die

Gunst der Götter erworben haben, in die Gegend des Himmels versetzt werden, wo die Sonne aufgeht, die Verfluchten aber in die Gegend des Niedergangs. (...)
Jene Völker haben ihre Kriege mit den Nationen, die hinter den Gebirgen, tiefer hin im festen Lande, wohnen; gegen diese ziehen sie aus, ganz nackt, und ohne alle andre Waffen als Bogen und Pfeile oder Schwerter von Holz, die an einem Ende zugespitzt sind wie das Eisen an unsern Spießen.
Man erstaunt über die Hartnäckigkeit in ihren Gefechten, die sich niemals ohne Blut und Mord endigen. Denn von Furcht und Flucht haben sie keinen Begriff. Ein jeder trägt zum Siegeszeichen den Kopf des Feindes, den er getötet hat, und befestigt solchen am Eingange seiner Wohnung. Nachdem sie eine ziemliche Zeit lang ihren Gefangenen sehr gut behandelt und ihm alle Bequemlichkeit verschafft haben, die sie nur ersinnen können, beruft derjenige, in dessen Gewalt er ist, eine große Versammlung von seinen Bekannten zusammen. Er bindet an den einen Arm des Gefangenen einen Strick, an dessen anderm Ende er ihn festhält, aber so weit von sich entfernt, daß er von ihm nichts befürchten dürfe und gibt dem liebsten unter seinen Freunden den andern Arm auf dieselbige Art zu halten: und diese beiden richten ihn in Gegenwart der ganzen Versammlung mit ihren Schwertern hin. Ist das geschehen, so rösten sie ihn und essen ihn in Gemeinschaft und schicken ihren abwesenden Freunden davon ihre Portionen. Dies tun sie nicht, wie man denkt, aus Hunger, wie wohl ehedem die Scythen, sondern es geschieht, um eine heftige Rache anzudeuten. (...)
Es tut mir nicht leid, daß wir die barbarischen Greuel bemerken, die bei einem solchen Verfahren verübt werden, wohl aber ärgert es mich, daß, da wir so richtig über ihre Fehler urteilen, wir über die unsrigen so blind sind. Ich denke, es sei weit ärgere Barbarei dabei, einen Menschen lebendig zu fressen als tot zu fressen; einen Körper durch Qualen und Martern zu zerfleischen, der noch alle seine Gefühle hat, ihn bei langsamem Feuer zu braten, durch Hunde und Schweine zerreißen lassen (wie wir dergleichen nicht etwa bloß gelesen, sondern noch erst kürzlich gesehen haben, und das dazu nicht etwa unter alten Erbfeinden, sondern unter Nachbarn und Bürgern eines und desselben Staates; und was das ärgste ist, unter dem Vorwande der Religion und der Rechtgläubigkeit!)

als ihn zu braten und zu verzehren, wenn er des Lebens beraubt ist.

Chrysippus und Zenon, Stifter der stoischen Sekte, haben allerdings gemeint, es sei nichts Böses dabei, wenn man sich des Fleisches toter Menschen zu allerlei Notdurft bediene und auch zur Nahrung gebrauche, wie unsre Vorfahren in der Stadt Alexia taten, als sie von Cäsar belagert war, da sie sich entschlossen, die Hungersnot während der Belagerung durch die Leiber der Alten, der Weiber und andrer Personen auszuhalten, die zur Wehr nicht zu gebrauchen waren.

Und die Ärzte scheuen sich nicht, solches für unsre Gesundheit zu allerlei Gebrauch anzuwenden, und verordnen davon innerlich und äußerlich: aber eine so verruchte Meinung ist doch noch niemals erhört, welche Verräterei, Meineid, Tyrannei und Grausamkeit rechtfertige, welches unsere gemeinsten Fehler sind. Wir mögen also jene Völker wohl, in Rücksicht auf die Vorschriften der Vernunft, Barbaren nennen, aber keineswegs in Rücksicht auf uns selbst, da wir sie in allen Arten von Barbarei übertreffen.

Ihr Krieg ist edel und großmütig, ist ebensosehr zu entschuldigen und enthält ebensoviel Schönes als diese Krankheit des Menschengeschlechts nur zulassen kann. Er entsteht bei ihnen aus keiner anderen Ursache, als aus Begierde tapfer zu sein. Sie führen keine Kriege, um neue Länder zu erobern, denn sie genießen noch der natürlichen Fruchtbarkeit des Landes, welche ihnen, ohne Arbeit, alles in solchem Überfluß darreicht, daß ihnen an Erweiterung ihrer Grenzen gar nichts gelegen ist. Sie stehen auf dem glücklichen Punkte, wo sie nichts weiter begehren als was die Natur unumgänglich erfordert; alles, was darüber hinausgeht, halten sie für unnütz. Unter sich nennen sich alle, die ungefähr von gleichem Alter sind, Brüder. Kinder heißt man die jüngern, und die ältesten sind Väter aller übrigen. Diese hinterlassen ihre freien Besitzungen der ganzen Gemeinde zur Erbschaft, ohne andern Rechtsanspruch als den, welchen die Natur ihren Geschöpfen erteilt, indem sie solche zur Welt bringt. Wenn ihre Nachbarn über die Gebirge kommen, um sie anzufallen, und sie über solche den Sieg davontragen, so ist der Überwinderpreis der Ruhm und der Vorzug, daß sie an Kraft und Tapferkeit Meister geblieben sind. Denn mit den Gütern der Besiegten haben sie weiter nichts zu schaffen, die Überwundenen kehren heim in ihr

Land, wo sie keinen Mangel an den Dingen haben, deren sie bedürfen, auch keinen Mangel an der großen Glückseligkeit, ihrer gemächlichen Lage mit Zufriedenheit zu genießen. Die Sieger machen es ebenso. Von ihren Gefangenen fordern sie kein andres Lösegeld als das Geständnis, daß sie überwunden sind: aber in einem ganzen Jahrhundert findet man nicht einen, der nicht lieber den Tod erlitte als durch Mienen oder Worte der Größe seines unüberwindlichen Mutes das geringste zu vergeben. Man hat welche darunter gesehen, welche sich lieber haben töten und fressen lassen wollen als nur die kleinste Bitte um Verschonung zu tun.

RICHARD LIGON

Yarico

(1657)

Wir hielten auf unserer Niederlassung eine Indianerin als Sklavin, die von außerordentlich schöner Gestalt und Farbe war, denn sie hatte eine leuchtend rötlich-braune Haut und zierliche Brüste mit purpurnen Warzen. Sie lebte mit anderen Frauen im Indianerhaus, zu dem auch die christliche Dienerschaft Zutritt hatte. Mit einem dieser christlichen Angestellten ließ sie sich ein und wurde schwanger. Als dann die Zeit der Entbindung nahte, wollte sie ihre Wehen nicht in Gegenwart der Männer bekommen und verzog sich in einen Wald. Dort gebar sie am Rande eines Teiches, wusch ihr Kind und hüllte es in Lappen, die sie sich von den Christen erbettelt hatte. Drei Stunden später kam sie wieder zurück, und in ihren Armen trug sie einen kräftigen Jungen – fröhlich und munter.
Diese Indianerin stammte vom Festland. Vor Jahren lebte sie dort am offenen Meer. Eines Tages aber legte ein englisches Schiff in einer Bucht an und schickte einige Männer an Land, weil Trinkwasser und Lebensmittel gebraucht wurden. Die Indianer ließen sie weit ins Innere eindringen, schnitten ihnen dann den Rückweg ab, fielen über sie her und jagten sie in einen Wald. Einige wurden gefangen genommen, andere getötet. Ein junger Mann, der ganz allein umherstreifte, wurde jedoch von der besagten Indianerin angetroffen. Auf den ersten Blick verliebte sie sich in ihn und verbarg ihn vor ihren eigenen Landsleuten in einer Höhle. Sie versorgte ihn, bis sie es wagen konnten, zur Küste vorzudringen, wo das Schiff vor Anker lag und auf die Rückkehr seiner Leute wartete. Sie wurden bemerkt, und es kam ein Boot, das sie aufnahm. Als das Schiff schließlich nach Barbados segelte, vergaß der junge Mann die Güte und Zuneigung der armen Indianerin, obwohl sie ihr Leben für seine Rettung riskiert hatte. Er verkaufte sie, die so frei geboren war wie er, als Sklavin. Und so hatte die arme Yarico wegen ihrer Liebe die Freiheit verloren.

RICHARD STEELE

Die Geschichte von Inkle und Yarico

(1711)

Arietta wird von allen Personen beiderlei Geschlechts besucht, die irgendeinen Anspruch auf Witz und Artigkeit haben. Sie ist in derjenigen Zeit ihres Lebens, welche weder mit den Torheiten der Jugend noch mit den Schwachheiten des Alters angesteckt ist. Und sie weiß in ihrem Umgange die Munterkeit und die Vorsichtigkeit so wohl zu vermischen, daß sie sowohl den Alten als den Jungen gefällt. Ihre Aufführung ist sehr ungezwungen, ohne daß sie ihr im mindesten schimpflich sein sollte. Weil sie selbst von verliebten und ehrsüchtigen Anfällen frei ist, so unterhalten sie die Personen, welche sie besuchen, mit eigenen, sehr offenherzigen Nachrichten – mögen sie nun deren Leidenschaften oder den Eigennutz betreffen. Ich besuchte sie diesen Nachmittag, denn die Ehre ihrer Bekanntschaft habe ich dem Herrn Will Honeycomb zu danken, der es mir bei ihr ausgebeten hat, daß ich als ein höflicher und friedfertiger Mensch zuweilen in ihre Versammlungen kommen dürfte. Ich fand nur eine einzige Person bei ihr: einen allgemeinen Plauderer, welcher bei meinem Eintritt aufstand und nach einer sehr gering bezeigten Höflichkeit sich wieder niedersetzte. Hierauf wandte er sich zu Arietta und fuhr in seinem Gespräche fort, welches, wie ich merkte, von der alten Materie – von der Beständigkeit in der Liebe – handelte. Er hob mit großer Fertigkeit an, alles zu wiederholen, was er sein Lebtag davon gesagt hatte, und bestärkte seine Sätze neben dem Zierrat eines nichtsbedeutenden Lachens und Gebärdens auch noch durch die Aufführung vieler Stellen aus Komödien und Liederchen, die auf die Untreue der Schönen oder auf die allgemeine Leichtsinnigkeit des weiblichen Geschlechts abzielten. Mich dünkt, er bestrebte sich in diesem Geschwätze außerordentlich ins Auge zu fallen, teils, um mir mein Stillschweigen dadurch zu verdeutlichen, teils, um sich selbst vor einem Frauenzimmer von Ariettas Geschmack und Verstand

hervorzutun. Oftmals wollte sie ihm ins Wort fallen, allein sie konnte eher keine Gelegenheit dazu finden, als bis das Geschwätz von selbst aufhörte, welches doch nicht eher geschah, als bis er die vortreffliche Geschichte von der Matrone von Ephesus[1] auch noch aufgewärmet und zerlästert hatte.
Es schien, daß Arietta diese Art des Scherzes als eine Beschimpfung ihres Geschlechts ansah, wie ich denn allezeit bemerkt habe, daß das Frauenzimmer durch solche allgemeinen Beschimpfungen des weiblichen Geschlechts viel empfindlicher berührt wird als wir Männer durch die Schande, die man unsereinem nachsagt. Ob dies daher kommt, daß sie auf die Ehre zärtlicher achthaben als wir oder ob es seine anderen Ursachen hat, das kann ich nicht sagen.
Nachdem sie sich nun von ihrem ernsthaften Zorne ein wenig erholt hatte, antwortete sie ihm folgendermaßen:
Mein Herr, wenn ich erwäge, wie sehr neu all die Sachen sind, die sie von dieser Materie gesagt haben, und daß die Geschichte, welche sie uns zu erzählen die Güte gehabt haben, noch kaum zweitausend Jahre alt ist, so muß ich es allerdings für ein Zeichen von Verwegenheit halten, Ihnen zu widersprechen. Ihre angeführten Stellen aber erinnern mich an die Fabel vom Löwen und dem Manne. Der Mann, welcher mit diesem edlen Tiere spazierenging, zeigte ihm – nach einer Prahlerei von der menschlichen Oberherrschaft – das Gemälde eines Menschen, der einen Löwen erschlug. Hierauf antwortete der Löwe sehr passend: Es gibt keine Maler unter uns Löwen; sonst würden wir mehr als hundert Menschen aufweisen, die von Löwen erwürget worden sind – gegenüber einem einzigen Löwen, den ein Mensch erschlagen hätte. Die Männer sind Schriftsteller und können uns Weiber in ihren Werken so unartig vorstellen, wie sie wollen, während wir unfähig sind, ihnen die Beschimpfungen wieder zu vergelten. Sie haben in Ihrer Rede zwei- oder dreimal angemerkt, daß die Verstellung der ganze Grund unserer Erziehung und daß die Geschicklichkeit, unsere Leidenschaften zu verbergen, ein wesentliches Stück der guten Aufführung sei. Diese und dergleichen Betrachtungen gehen durch die Schriften aller Zeiten. Schriftsteller, die aufgrund der Verachtung eines einzigen Frauenzimmers Anklagen wider das ganze Geschlecht hervorbringen, hinterlassen damit nur Denkmäler ihrer eigenen Rachgier. Ich zweifle nicht, daß der berühmte Petronius, welcher die lustige Beschuldigung von

der Schwachheit der Matrone von Ephesus erfunden hat, nicht auch ein solcher Schriftsteller gewesen ist. Allein, wenn wir diesen Streit unter den beiden Geschlechtern, der zu aller Zeit – solange es Männer und Weiber gegeben hat – eine Materie des Zankes und der Spötterei gewesen ist, recht erwägen wollen, so müssen wir die Taten eines ganzen Volkes vornehmen, und zwar eines solchen, welches weder Ehrgeiz noch Fähigkeit genug besitzt, seine Erzählungen durch die Schönheiten der Einbildungskraft auszuschmücken. Ich vertrieb mir neulich die Zeit mit Ligons Nachrichten von Barbados[2] und will Ihnen, mein Herr, zur Wiedervergeltung Ihres wohlabgefaßten Märchens aus diesem ehrlichen Reisebericht die Historie von Inkle und der Yarico, welche auf der fünfundfünfzigsten Seite steht, so gut sie mir gegenwärtig ist, erzählen.

Herr Thomas Inkle von London, ungefähr zwanzig Jahre alt, begab sich am 16. Juni 1647 auf ein gutes Schiff, Achilles genannt, welches nach Westindien segeln sollte, um sein Glück im Handel und in der Kaufmannschaft zu versuchen. Unser Herumschweifer war der dritte Sohn eines angesehenen Bürgers, welcher eine besondere Sorgfalt angewendet hatte, dem Gemüt seines Sohnes die frühzeitige Liebe zum Gewinn einzuflößen, indem er ihn zu einem vollkommenen Rechenmeister machte. Er brachte ihm einen deutlichen Begriff von Gewinn und Verlust bei und kam durch die somit erwirkte Voreingenommenheit zugunsten des eigenen Nutzens den natürlichen Anfällen der Leidenschaften seines Sohnes zuvor. Abgesehen von dieser Gemütsart war der junge Inkle von Person sehr angenehm, rot von Gesicht und stark von Gliedern. Sein lockiges Haar lag ganz ungezwungen auf seinen Schultern. Es geschah nun wahrend dieser Reise, daß das Schiff Achilles, als es Lebensmittel holen wollte, von einem Ungewitter in den Meerbusen eines festen Landes von Amerika geworfen wurde. Der junge Mensch, welcher der Held meiner Geschichte ist, kam bei dieser Gelegenheit mit anderen an Land. Bei ihrer Landung wurden sie von einem Indianerstamm beobachtet, der sich vor ihnen in einem kleinen Wald versteckte. Die Engländer gingen unbedachtsamerweise eine große Strecke vom Ufer in das Land hinein, wurden aber von den Einwohnern aufgefangen und größtenteils erschlagen. Unser junger Herumstreifer entfloh mit anderen in einen Wald. Indem er nun in einen entlegenen und stillen Ort des Holzes kam, warf

J. M. Moreau le Jeune: Inkle verkauft Yariko
(Stich von N. de Launay, 1780)

er sich ganz ermüdet und atemlos an einem kleinen Hügel nieder, als eben ein indianisches Mädchen aus einem Gebüsche hinter ihm hervorsprang. Nach dem ersten Erstaunen schienen sie beide einander zu gefallen. War der Europäer von den Gliedmaßen, von der Gesichtsbildung und von der wilden Anmut dieser nackenden Amerikanerin bezaubert, so verliebte sie sich nicht weniger in die Kleidung, Farbe und Gestalt unseres Europäers, der von Haupt zu Fuße bedeckt war. Die Indianerin verliebte sich sogleich in ihn und war folglich um seine Erhaltung besorgt. Deswegen führte sie ihn zu einer Höhle, wo sie ihm eine herrliche Erfrischung von Früchten gab, und leitete ihn zu einem Flusse, um seinen Durst zu löschen. Mitten unter diesen guten Dienstleistungen spielte sie zuweilen mit seinen Haaren und schien über den Unterschied ihrer Farbe gegenüber der Farbe ihrer Finger vergnügt zu sein. Bald öffnete sie ihm die Brust, bald lachte sie ihn an, wenn er sie zumachte. Sie schien eine Person von Stand zu sein, denn sie kam alle Tage in einer anderen Kleidung zu ihm, die aus den schönsten Fischschalen und gläsernen Knöpfchen bestand. Sie brachte ihm auch sehr viel Beute, die ihr ihre anderen Liebhaber gebracht hatten, so daß seine Höhle mit allerlei Tierhäuten und vielen bunten Vogelfedern, die in der Gegend zu finden sind, reichlich ausgezieret war. Damit ihm nun sein Gefängnis um so erträglicher würde, führte sie ihn bei der Abenddämmerung oder bei Mondenschein zu einem unbewohnten Wäldchen und einsamen Orte, um ihm zu zeigen, wie er daselbst sicher liegen und bei den Wasserfällen und dem Gesange der Nachtigallen schlafen könnte. Ihr Amt war – aus Furcht vor ihren Landsleuten –, ihn in ihren Armen zu halten und zu bewachen und bei einiger Gefahr ihn zu wecken. Auf diese Art brachten die Verliebten ihre Zeit zu, bis sie von sich selbst eine gewisse Sprache erlernt hatten, in der der Reisende seiner Liebsten zu verstehen gab, wie glücklich er sein würde, sie in seiner Heimat zu besitzen, wo er sie mit Seidenzeug – wie seine Weste war – kleiden und in Häusern, die von Pferden gezogen wurden, tragen lassen wollte, damit sie vor dem Winde und dem Wetter sicher wäre. Abgesehen von dem Genusse dieser Sachen versprach er ihr die Befreiung von der Furcht und dem Schrecken, welche sie dort plagten. In diesem zärtlichen Umgange lebten unsere Liebenden viele Monate, bis Yarico, die ihr Liebhaber unterrichtet hatte, an der Küste

ein Schiff entdeckte. Diesem gab sie ein Zeichen und begleitete ihn in der Nacht mit der größten Freude und Zufriedenheit zu dem Schiffsvolke von seinen Landsleuten, die dann nach Barbados segelten.
Wenn ein Schiff vom hohen Meere an dieser Insel ankommt, so scheint es, als wenn alle Kolonisten ans Ufer kämen, denn da ist sogleich ein Markt von Indianern und von Sklaven, wie es bei uns von Pferden oder Ochsen zu sein pflegt. Kurz, Herr Thomas Inkle war kaum auf englischen Boden gekommen, als er ernstlich über seinen Zeitverlust nachdachte und überschlug, wieviel Tage er die Interessen seines Geldes verloren hätte – wie lang er bei der Yarico gewesen wäre. Diese Überlegung machte den jungen Mann sehr tiefsinnig, und er dachte hin und her, was für einen Bericht er seinen Freunden von seiner Reise geben sollte. Schließlich wurde der vorsichtige und sparsame junge Mensch durch seine Betrachtungen bewogen, die Yarico an einen Kaufmann von Barbados zu verkaufen, obwohl ihm das arme junge Weib, um ihn zum Erbarmen zu bewegen, berichtete, daß sie von ihm schwanger wäre. Dieser Nachricht bediente er sich, sie dem Käufer um so höher zu veranschlagen.
Diese Erzählung, die mir ein wahres Gegenbild zu der Matrone von Ephesus zu sein scheint, rührte mich dermaßen, daß ich das Zimmer mit tränenden Augen verließ, und ich bin gewiß, daß ein Frauenzimmer, das so vernünftig ist wie Arietta, dieses für einen größeren Beifall hält als alle Schmeicheleien, die ich ihr hätte machen können.

CHRISTIAN FÜRCHTEGOTT GELLERT

Inkle und Yariko

(1748)

Die Liebe zum Gewinst, die uns zuerst gelehrt,
Wie man auf leichtem Holz durch wilde Fluten fährt,
Die uns beherzt gemacht, das liebste Gut, das Leben,
Der ungewissen See auf Brettern preiszugeben:
Die Liebe zum Gewinst, der deutliche Begriff
Von Vorteil und Verlust, trieb Inklen auf ein Schiff.
Er opferte der See die Kräfte seiner Jugend;
Denn Handeln war sein Witz, und Rechnen seine Tugend.

Ihn lockt das reiche Land, das wir durchs Schwert bekehrt,
Das wir das Christentum und unsern Geiz gelehrt.
Er sieht Amerika; doch nah' an diesem Lande
Zerreißt der Sturm sein Schiff. Zwar glückt es ihm,
am Strande
Dem Tode zu entgehn; allein der Wilden Schar
Fiel auf die Briten los, und wer entkommen war,
Den fraß ihr hungrig Schwert. Nur Inkle soll noch leben;
Die Flucht in einen Wald muß ihm Beschirmung geben.
Vom Laufen atemlos, wirft mit verwirrtem Sinn
Der Brite sich zuletzt bei einem Baume hin,
Umringt mit naher Furcht und ungewissem Grämen,
Ob Hunger oder Schwert ihm wird das Leben nehmen.

Ein plötzliches Geräusch erschreckt sein schüchtern Ohr.
Ein wildes Mädchen springt aus dem Gebüsch hervor
Und sieht mit schnellem Blick den Europäer liegen.
Sie stutzt. Was wird sie tun? bestürzt zurücke fliegen?
O nein! so streng und deutsch sind wilde Schönen nicht.
Sie sieht den Fremdling an; sein rund und weiß Gesicht,
Sein Kleid, sein lockicht Haar, die Anmut seiner Blicke
Gefällt der Schönen wohl, hält sie mit Lust zurücke.

Auch Inklen nimmt dies Kind bei wilder Anmut ein.
Unwissend in der Kunst, durch Zwang verstellt zu sein,
Verrät sie durch den Blick die Regung ihrer Triebe:
Ihr Auge sprach von Gunst und bat um Gegenliebe.
Die Indianerin war liebenswert gebaut.
Durch Mienen red't dies Paar, durch Mienen wird's
vertraut.
Sie winkt ihm mit der Hand, er folget ihrem Schritte;
Mit Früchten speist sie ihn in einer kleinen Hütte
Und zeigt ihm einen Quell, vom Durst sich zu befrein.
Durch Lächeln rät sie ihm, getrost und froh zu sein.
Sie sah ihn zehnmal an und spielt' an seinen Haaren
Und schien verwundernsvoll, daß sie so lockicht waren.

So oft der Morgen kömmt, so macht Yariko
Durch neuen Unterhalt den lieben Fremdling froh
Und zeigt durch Zärtlichkeit mit jedem neuen Tage,
Was für ein treues Herz in einer Wilden schlage!
Sie bringt ihm manch Geschenk und schmückt sein
kleines Haus
Mit mancher bunten Haut, mit bunten Federn aus;
Und eine neue Tracht von schönen Muschelschalen
Muß, wenn sie ihn besucht, um ihre Schultern prahlen.
Zur Nachtzeit führt sie ihn zu einem Wasserfall,
Und unter dem Geräusch und Philomelens Schall[1]
Schläft unser Fremdling ein. Aus zärtlichem Erbarmen
Bewacht sie jede Nacht den Freund in ihren Armen.
Wird in Europa wohl ein Herz so edel sein?

Die Liebe flößt dem Paar bald eine Mundart ein.
Sie unterreden sich durch selbst erfundne Töne:
Kurz, er versteht sein Kind, und ihn versteht die Schöne.
Oft sagt ihr Inkle vor, was seine Vaterstadt
Für süße Lebensart, für Kostbarkeiten hat.
Er wünscht, sie neben sich in London einst zu sehen;
Sie hört's und zürnet schon, daß es noch nicht geschehen.
»Dort«, spricht er, »kleid' ich dich«, und zeiget auf sein Kleid,
»In lauter bunten Zeug von größrer Kostbarkeit;
In Häusern, halb von Glas, bespannt mit raschen Pferden
Sollst du in dieser Stadt bequem getragen werden.«

Vor Freuden weint dies Kind und sieht, indem sie weint,
Schon nach der offnen See, ob noch kein Schiff erscheint.
Es glückt ihr, was sie wünscht, in kurzem zu entdecken;
Sie sieht ein Schiff am Strand und läuft mit frohem Schrecken,
Sucht ihren Fremdling auf, vergißt ihr Vaterland
Aus Treue gegen ihn und eilt an seiner Hand
So freudig in die See, als ob das Schiff im Meere,
In das sie steigen will, ein Haus in London wäre.

Das Schiff setzt seinen Lauf mit gutem Winde fort
Und fliegt nach Barbados; doch dieses war der Ort,
Wo Inkle ganz bestürzt sein Schicksal überdachte,
Als schnell in seiner Brust der Kaufmannsgeist erwachte.
Er kam mit leerer Hand aus Indien zurück;
Dies war für seinen Geiz ein trauriges Geschick.
»So hab' ich«, fing er an, »um arm zurückzukommen,
Die fürchterliche See mit Müh' und Angst durch-
schwommen?«
Er stillt in kurzer Zeit den Hunger nach Gewinn
Und führt Yariko zum Sklavenhändler hin.
Hier wird die Dankbarkeit in Tyrannei verwandelt,
Und die, die ihn erhielt, zur Sklaverei verhandelt.

Sie fällt ihm um den Hals, sie fällt vor ihm aufs Knie,
Sie fleht, sie weint, sie schreit. Nichts! er verkaufet sie.
»Mich, die ich schwanger bin, mich!« fährt sie fort zu klagen,
Bewegt ihn dies? Ach ja! Sie höher anzuschlagen.
Noch drei Pfund Sterling mehr! Hier, spricht der Brite froh,
Hier, Kaufmann, ist das Weib, sie heißt Yariko!

*

O Inkle! du Barbar, dem keiner gleich gewesen,
O möchte deinen Schimpf ein jeder Weltteil lesen!
Die größte Redlichkeit, die allergrößte Treu'
Belohnst du, Bösewicht! noch gar mit Sklaverei?
Ein Mädchen, das für dich ihr eigen Leben wagte,
Das dich dem Tod entriß und ihrem Volk entsagte,
Mit dir das Meer durchstrich und bei der Glieder Reiz
Das beste Herz besaß, verhandelst du aus Geiz?
Sei stolz! Kein Bösewicht bringt dich um deinen Namen;
Nie wird es möglich sein, dein Laster nachzuahmen.

CHRISTIAN FRIEDRICH DANIEL SCHUBART

Der sterbende Indianer an seinen Sohn

(1774)

Ich sterbe, Sohn! Nimm diesen Kranz;
Von Christenhaaren flocht' ich ihn;
Statt Diamanten spielen drin
Erschlagner Christen Zähne. Sohn,
Ich sterbe arm; der Christen Geiz
Ließ mir dies Stroh, worauf ich sterbe,
Und dort den Bogen – Ha, den Pfeil,
Der fliegt und singt und trifft und tötet!
O Sohn, sieh deinen Vater an
Und schwöre, mir ihm gleich zu sein!
Sei kalt und keck und frei und gut,
Und hasse den, der seinen Gott
Entehrt! Dort unter jenem Baum
Ist ein Altar, dort bete an!
Des Kokosbaumes Wipfel säuselt
Dein Flehn zum Vater der Natur
Dem Himmel vor! Ich sterbe gern;
Nun wirft kein Sturm den Fischerkahn
Auf hohen Wogen hin und her.
Ein ew'ger Frühling blühet dort.
Mein Weib, ach, deine Mutter reicht
Auf goldner Schal' mir Ananas.
Aus Christenschädeln trink' ich dort
Der Götter Wein! O Sachuset,
Der große Kapak winkt mir schon!
Leg' deine Hand auf meine Brust,
Und schwöre mir! Begrabe mich,
Wo deine Mutter liegt! Leb' wohl!

LUDWIG TIECK

Alla-Moddin

(1797)

Personen

ALONZO, Statthalter auf Manilla
ALLA-MODDIN, gefangner König der Suhlu-Inseln
AMELNI, seine Gattin
LINI, sein Sohn, Knabe von acht Jahren
SEBASTIANO, ein Jesuit
OMAL, Befehlshaber Alla-Moddins
GUSMANN, ein Spanier
EIN FREMDER
PEDRO, ein Offizier Alonzos
LORENZO, der Kerkermeister
GONSALVO, ein Offizier Gusmanns
BEDIENTER Alonzos
SCHADDIN } Suhluaner
RUNWAL } Suhluaner
Andre Einwohner der Suhlu-Inseln
Spanier

Die Szene ist auf Manilla, einer spanischen Besitzung in Ost-Indien.

Großer gewölbter Gefängnissaal ohne Fenster; in der Mitte hängt eine Lampe, die einen schwachen dämmernden Schein verbreitet. Im Hintergrunde sieht man eine Art von Verschlägen mit Ruhebetten für die Gefangenen. An den Seiten steinerne Bänke.

Erste Szene

ALLA-MODDIN, AMELNI, LINI

Amelni liegt, mit dem Kopf auf eine steinerne Bank gelehnt, und schläft. Alla-Moddin steht im Vordergrunde und blickt seufzend nach dem matten Schein der Lampe; Lini beschäftigt sich mit einem kleinen Vogel, der in einem Käfig an einer Mauer des Gefängnisses hängt.

LINI Nun, du kleiner gefiederter Freund, wie geht es dir? – Du hast mir heute noch kein Lied gesungen. – Möchtest wohl gern weiche Safranblätter essen; aber was hilft's, wenn ich es auch dem rauhen, unfreundlichen Mann sage, er bringt dir doch keine! – Oder grämst du dich, weil du gern frei sein möchtest? – Bin ich doch auch hier eingesperrt. – Es ist so dunkel, ich kann nicht einmal sehn, ob du traurig bist; unser kleiner Mond scheint heut so finster.

ALLA-MODDIN *In Gedanken verloren, für sich seufzend* Ach! Amelni!

LINI Sie schläft dort auf dem steinernen Bette. – Soll ich sie wecken?

ALLA-MODDIN Sie schläft? – O laß sie schlafen!

LINI Vater – –

ALLA-MODDIN Was willst du, mein Sohn?

LINI Mein Vogel will heut durchaus nicht singen, kannst du mir nicht die Zeit vertreiben? Ich weiß nicht, seit wir hier sind, komm' ich mir schon so alt vor. Die Tage der Europäer sind weit länger als die auf dem sonnigen Suhlu. – Was soll ich tun?

ALLA-MODDIN Schlaf! Wohl dem, den der weiche Schlaf mit seinen zarten Armen umfängt, bei seiner Ankunft treten die grauen Sorgen zurück, dann läuft die Woge der Zeit schneller vorüber. – Schlaf!

LINI Das ist es eben, ich kann nicht schlafen, und doch wünsch' ich zu schlafen, wenn ich wache. Wenn ich mich auf mein Bett hinlege und nach der dämmernden Lampe hinblicke, dann ist mir oft, als müßt' ich durchaus irgend etwas tun, ein heller Schein geht durch meine Seele – ich springe auf – ach! und dann steht die kalte, kalte Mauer vor mir.

ALLA-MODDIN *Für sich, ihn traurig anblickend* Des Knaben Geist erwacht, – und ich!

LINI So wie ich nur die Augen zumache und einschlummre, lachen mir sogleich die grünen Fluren Suhlus entgegen. Ich hüpfe umher und pflücke mir purpurrote Blümchen, fahre auf meinem kleinen Kahn über den hellen See und tauche mit dem bunten Ruder lachend die schwimmenden Lotosblätter unter, ich sehe alle meine kleinen Freunde wieder, alle freuen sich, wir springen umher – und dann wach' ich auf. Ach! dann möchte mir hier im finstern Hause die Wehmut das Herz zerreißen. Dann ist mir, als hätt' ich mich in einen schwarzen Wald verirrt und könnte mich nicht wieder nach Hause finden, und darum mag ich gar nicht gern schlafen.

ALLA-MODDIN Armer Lini!

LINI Manchmal bin ich wieder, ohne selbst zu wissen warum, auf ein paar kleine Augenblicke so froh – so froh – Du kannst gar nicht glauben, wie sehr. Meine Brust wird so leicht, und ein schöner Sonnenschein glänzt freundlich neben mir. Und, nicht wahr, Vater, die grausamen Spanier können uns auch nicht immer hier eingesperrt halten? Ich werde Suhlu einmal wiedersehn, ich werde meinen kleinen Garten wiedersehn. O, wie will ich dann voll Freude jeden alten bekannten Baum umschlingen, bei jeder Blume will ich mich hinlegen und sie küssen. Ich denke immer, lieber Vater, ich sehe doch noch einmal meinen lieben kleinen Palmbaum wieder, der grade so alt ist als ich.

ALLA-MODDIN *Trocknet sich die Augen* Ich hoffe es.

LINI Ach nein, du hoffst es nicht, dann würdest du fröhlicher sein, ich verstehe dich recht gut. Was kümmert es den Alonzo, ob der kleine Lini gern einmal wieder in seinem Garten spazierenginge, was kümmert es ihn, ob der Vater weint und die liebe Mutter da auf dem harten Stein schläft?

ALLA-MODDIN Ach Amelni! *Er geht zu seiner schlafenden Gattin.* Wie lieblich schmiegst du dich ruhend an den drückenden Stein! – Schön, wie eine silberne Blüte, die der Wind auf einen Fels hintrug. – Du, sonst so glücklich, ruhst hier auf diesem Stein? – Doch, auch jetzt bist du glücklich, denn du schläfst! Auf goldenen Wolken schweben die Seligkeiten des Himmels um dich her, denn du lächelst so süß, und dein Lächeln erhellt diesen Kerker wie die Frühlingssonne den unbelaubten Wald. – O holder Schlaf! Warum fliehst du von meinen betränten Augen? Laß mich wenigstens von Freiheit träumen! So sanft schläfst du hier auf diesem harten Stein? Hart und unfreundlich wie Alonzo! – Ob ich dich wecke? – Nein, so holde Träume würden dich nicht wieder anlächeln. Ist es nicht genug, daß der Gram mein Herz zerreißt, soll auch das deinige bluten? – *Er setzt sich in eine Ecke des Gefängnisses.* Ach, Valmont! – Gedenkst du noch deines Versprechens? – Omal! – Alle meine Freunde haben mich verlassen, zurückgelassen eine Beute dem Kummer. – *Er lehnt den Kopf an die Mauer und sitzt in Gedanken verloren.*

LINI *Indes zu seinem Vogel zurückgekehrt* Sieh, hier schenke ich dir mein letztes Stückchen Zucker. – Mein letztes, hörst du wohl? – Dafür mußt du mir aber auch ein Liedchen singen! – Nun? *Der Vogel fängt an leise zu singen.* Schön! Schön! *Er nimmt eine kleine Laute und begleitet damit den Gesang des Vogels.* Wie der kleine Stolze mit den Tönen der Laute wetteifert!

ALLA-MODDIN Jetzt hat er vergessen, daß er unglücklich ist – o, ihr seligen Kinderjahre.

LINI Ich danke dir für dein Lied. – Dafür will ich dir auch eins von meinen Liedern singen. – *Er spielt und singt leise, nach und nach wird sein Gesang lauter und munterer.*

Der Frühling kommt!
Die Wolken fliehn,
der Himmel glänzt!
  Der Frühling kommt!
und Regenbogen
sind seines Wagens
gleitende Räder.
  Blumengekränzt
in Sonnenstrahlen
schwebt unter säuselnden Winden
nieder der Gott.
Tausend Blumen bekränzen sein Haupt,
tausend Blumen umflechten
sein blaues Gewand.
  Er lächelt –
aus goldenen Locken,
vom blauen Gewande
fließen zur Erde die Blumen hinab.

Es blüht die Flur,
es grünt der Hain,
und jeder Zweig
tönt süßen Genuß
dem Frühlingsgotte. –
Wonnegesang!
Wonnegesang!
Rauscht durch den Palmenhain!
Durch die blühenden Bäume
säuselt der West,
mit den Blüten scherzend.
Viele der Blüten,
viele der Blumen
sinken zur Erde. –
Wenn Mondschein sie küßt,
wenn Tau sie tränkt,
Mondschein des Frühlings,
Frühlingstau, –
entschweben ihnen
mit leisem Fluge
schöne blaue Schmetterlinge.
In den Blüten der rauschenden Bäume,
unter Blumen der duftenden Wiese
flattern und schwärmen sie
hier und dort.
Sie suchen die Schwestern,
sie suchen die Brüder,
in Blüten und Blumen
und küssen sie alle.
Haben sie die Zwillingskinder aufgefunden,
nisten sie sich in dem väterlichen Baum ein,
bergen sich in Blüten oder Blumen,
an der süßen Wiederkennung sterbend. –

AMELNI *erwachend* Wo bin ich? – Ach Alla-Moddin! – Ein schöner Traum täuschte mich – ich strecke meine Arme nach dem Glück' aus, und der schwarze Jammer tritt meiner Umarmung entgegen.

ALLA-MODDIN Du träumtest schön, denn du lächeltest so süß im Schlafe. Mein ganzes voriges Glück stand bei deinem Lächeln in seinem hellsten Glanze wieder vor mir.

AMELNI Ach! Ich träumte von unsrer Freiheit. – Wir saßen

beide im Vollgenuß des neuen Freiheitsgefühls an jenem silbernen Bach in Suhlu, wo ich dich zuerst sahe. Bienen summten freudig um uns her im warmen Sonnenstrahl, die Palmen rauschten uns ihr frohes Willkommen entgegen; wir saßen stumm da, Hand in Hand, und betrachteten mit Entzücken die roten Blümchen, die sich über den Bach bogen und in seinem Spiegel betrachteten. Aus der Ferne tönten durch den Duft der blühenden Bäume die Chöre der Jünglinge und Mädchen, die das Frühlingsfest sangen; Vögel jauchzten aus neigenden Wipfeln in den Chorgesang, wir schwiegen – und weinten! – Ach, es war ein schöner Tag, an dem wir einst wonneberauscht neben jenem Bach saßen! – Gedenkst du noch dieses Tages?

ALLA-MODDIN Ob ich seiner gedenke? – Es war der erste, an welchem ich dich meine Gattin nannte. – Jene goldnen Tage liegen weit hinter uns, tief unten in einem blumenvollen Tale; wir aber wandeln verirrt über nackte Felsen und werden dies Tal nie wieder sehn. – Ewig sei der Tag verwünscht, an dem ich Manilla zuerst erblickte!

AMELNI Drücke dein Haupt nicht so schwermütig gegen die Mauern, laß der Hoffnung Raum. Kein Mensch kann vor seinem Tode sagen: Ich war zum Unglück verdammt. Wir fahren im Boot des Lebens bald an blühenden Wiesen, bald an kahlen Felsenwänden vorüber.

ALLA-MODDIN Die Krone ist von meinem Haupte in den Staub gefallen. Hier steht der König und zählt die Steine der Mauer! – O! –

AMELNI Ich erschrecke vor dir! – Du wirst immer düsterer. Sonst gingst du umher, sprachest mit mir, erinnertest dich der frohen Vergangenheit und sahst getröstet in den Spiegel der Hoffnung, du spieltest auf der Laute und sangest Lieder vom schönen Suhlu: aber jetzt! – Du seufzest den Tag hinweg, und wenn die Nacht kömmt, wünschest du den Tag. Immer sitzest du dort an die Wand gelehnt, dein Auge starrt auf einen Punkt, und dein Geist schwebt in Suhlu umher. – O teurer Gatte! Wenn du hier im fremden Lande zum ewigen Schlaf hinsänkest, fern von deinen Freunden und Verwandten, hier, wo über deinem Grabe Jünglinge und Mädchen keinen Grabgesang sängen – auch mich würde der Gram töten. –

ALLA-MODDIN Ich ruhe an dieser Stelle, um die freie Luft des

Atahualpa und seine Familie (1826)

Himmels einzuatmen. Sieh, die Zeit und der Sturmwind oder ein Erdbeben haben hier eine Kluft in die Mauer gerissen. – Ich höre aus der Ferne das dumpfe Rauschen der See und denke an Valmont und Omal. Hier stehe ich und blicke mit starrem Auge über das sonnenbeglänzte Meer hin, meine kranke Einbildung schafft aus Schiffern am Ufer meinen Omal; wenn ein Schiff vorbeisegelt, so glaub' ich, es eile zu meiner Rettung herbei, ach! und schon hundertmal färbte der blasse Schein des Abends jene Wogen, und ebenso oft ward mein banges Erwarten, meine Sehnsucht getäuscht. Sieh, dort hinter jenen grauen Wogen muß Suhlu liegen, ach, säh' ich doch sein fernes Ufer dämmern!

LINI Wo? – O laß mich sehen, Vater! – Ach, endlich seh' ich doch einmal wieder Sonnenschein! – Sieh, welchen glänzenden Mantel die Sonne auf das Meer deckt, tausend leuchtende kleine Sonnen tauchen aus den nassen Wogen empor. – O, wie wohl ist mir wieder! Ach, mir ist, als könnt' ich das ferne Ufer sehn, als trüge der Wind, der mich mit sanftem Fittich schlägt, den Duft meines Gartens, als könnte ich den Schaum entdecken, den die Wogen mühsam an das Ufer zusammentragen. –

AMELNI O sieh! – Wie dort der blaue Himmel sich aus den schwarzen Wolken hervorgießt! – O ja, wir werden wieder glücklich! Gewiß! Die Götter Suhlus leben noch, sie umspannen den Himmel und halten Suhlu in ihrer Hand, sie werden deiner gedenken. Sieh, ein Regenbogen fließt durch das Gewölk, das schönste Bild der Hoffnung!

ALLA-MODDIN Der Hoffende greift nach einem Schatten, der ihn hiehin und dorthin leitet. –

AMELNI Deine Amelni lebt ja noch.

ALLA-MODDIN Ja sie lebt – hier im Grabe. – O wär' ich allein hier, unbemerkt sollte mein Schmerz mich hier zerstören, aber du – so oft ich dich ansehe, heben schwere Seufzer meine Brust, jede deiner Tränen, jeder deiner Seufzer fällt schwer auf meine Seele. –

AMELNI Was ist dir, Geliebter?

ALLA-MODDIN Daß er uns verließ, daß er uns Freiheit versprach! Schon seit einem Jahr harren wir mit Sehnsucht seiner Rückkehr, harren seiner mit eben der ängstigenden Ungeduld, mit der ein dem Schiffbruch Entronnener jeden Morgen weinend in das Meer hinaussieht, ob nicht endlich ein Schiff erschienen, ihn in sein geliebtes Vaterland zu führen.

AMELNI Er versprach uns so gewisse Hülfe.

ALLA-MODDIN Er war so gerührt, und doch hat er sein Versprechen vergessen.

LINI *Hat sich indes zu ihnen gesetzt und aufmerksam zugehört* Meinst du, Vater, daß er uns wirklich vergessen hätte?

ALLA-MODDIN Gewiß.

LINI Das kann ich dir doch nicht glauben.

ALLA-MODDIN Warum nicht?

LINI Weißt du nicht mehr, wie er abreiste? – Er hob mich vom Boden auf, nahm mich in seine Arme und küßte mich so herzlich, daß ich dem Manne gleich so gut ward, daß ich weinen mußte. Er küßte mich und sagte: Nun, Lini, bald wirst du wieder auf Suhlu sein! – In eben dem Augenblick ging die Tür des Hauses auf, und ich sah ganz tief, ganz tief in der Ferne zum erstenmal wieder einen grünen Baum. Das macht, daß ich das alles nicht wieder vergessen habe. Warum hätt' er mich wohl geküßt, wenn er nicht wirklich mein Freund wäre und sein Versprechen halten wollte?

ALLA-MODDIN Ach, armer Knabe, du weißt nicht, daß diese heilige Sitte in Europa nicht so geehrt wird wie bei uns. – Der Europäer küßt seinen Freund auch und stößt ihm in der Umarmung den Dolch in den Rücken. –

LINI Nein Vater! Dann ist Valmont gewiß kein Europäer. – Er liebt mich wirklich.

ALLA-MODDIN Woher weißt du es so zuverlässig?

LINI Hat er mir denn nicht den schönen Vogel da geschenkt? – Warum hätte er das getan? Ich konnte ihm ja dafür nichts wieder schenken. – Und so oft nun mein Vogel singt, so oft denk' ich an Valmont und Suhlu, und wie er mich küßte und sagte: Nun, Lini, bald wirst du auf Suhlu sein. – Auch Omal, so oft ich ihn fragte: Kommen wir nicht bald nach Suhlu? sagte jedesmal: Bald wird der Fremde dich dahin abholen.

ALLA-MODDIN Und doch hat er selbst seine Ankunft nicht erwartet, – Ach Omal! – Ich nannte dich meinen edlen Freund, und doch – *Er versinkt in tiefes Nachdenken.*

LINI Ja Vater, auf Omal bin ich auch recht böse, von ihm will ich mich gewiß nicht wieder auf den Strom fahren lassen, er soll mir keinen einzigen Kranz wieder flechten.

AMELNI Warum denn?

LINI Sieh nur, liebe Mutter, hätte er uns alle nicht mitnehmen können, als er fortging? Oder wenn das nicht möglich war, so hätte er auch hier bleiben müssen, er hätte mir noch manchmal die Zeit vertrieben, er spielte gern mit mir. – Und dann hat er auch gelogen.

AMELNI Wann?

LINI Du weißt ja, er riß eine Menge Steine aus der Mauer und sprang hinab. – Einmal konnt' ich in der Nacht gar nicht einschlafen, da hör' ich ein Poltern und finde Omal, der die Steine aushebt. Ich mußte ihm versprechen, dem lieben Vater nichts davon zu sagen, weil er es ihm selbst sagen wollte. Ich schwieg auch, denn ich hatt' es ihm versprochen. Bei Tage war er immer bei uns, und das Fenster, das er sich gemacht hatte, war nicht da, des Nachts machte er es immer größer, und nach ein paar Tagen war er fort.

ALLA-MODDIN Was hülf' es mir, wenn auch er den stummen Wänden klagte? Er hätte zuviel gewagt, uns alle zu retten. – Aber ich wäre nicht ohne dich entflohen, Omal.

AMELNI Die Schlösser rauschen, es kömmt jemand zu uns!

ALLA-MODDIN Ich wünsche, wir blieben ewig hier ungestört. Widrig sind mir die Blicke neugieriger Fremder, und jene Pfaffen hasse ich, die täglich meinen Geist bestürmen.

Zweite Szene

VORIGE, EIN FREMDER

FREMDER *Tritt in einem Mantel und in spanischer Tracht herein. Er verbeugt sich ständig gegen Alla-Moddin, sieht ihn scharf an und unterdrückt einen Seufzer, er grüßt Amelni und Lini, geht dann auf Alla-Moddin zu und reicht ihm freundschaftlich die Hand. Mit niedergesenktem Blick erwidert Alla-Moddin die Begrüßung kalt und fremd.* Du bist Alla-Moddin?

ALLA-MODDIN *Wird bei dem Ton der Stimme aufmerksam* Der unglückliche Alla-Moddin, der sich jedem Blicke neugieriger Fremder bloßstellen muß. – Nein, sieh mich nicht so mitleidig an; dann fühl' ich mein Elend am stärksten, wenn ein durchreisender Fremder, der aus Neugier auch den gefangenen König sehen will, mich mit seinem Mitleid quält. – Setz dich nieder! *Amelni setzt sich im Hintergrunde auf ein Ruhebett, Lini auf eine steinerne Bank auf der andern Seite und klimpert auf seiner Laute.*

FREMDER Wie menschenfeindlich hat dich dein Unglück gemacht! – Glaube mir, nicht Neugier, wahre Teilnahme führte mich in diesen Kerker.

ALLA-MODDIN Teilnahme?

FREMDER Du mußt es mir glauben, daß Teilnahme eines Freundes mich zu dir brachte, daß ich über dein Schicksal Tränen vergoß.

ALLA-MODDIN Nun wohl, ich will dir glauben, um den Ton deiner Stimme willen; ach, sie erinnert mich an so manche selige verfloßne Stunde, sie erinnert mich an meine Freunde, die mich verlassen haben; denn, indem ich dich sprechen höre, ist es, als stände mein Freund Valmont vor mir. Hell dämmert jene Stunde in meiner Seele auf, als wir durch eine Umarmung das heilige Band der Freundschaft knüpften, als er hier vor mir stand und seine Hand in die meinige legte und mir Befreiung verhieß. – Dein Gesicht – Dein Auge – Du bist Valmont selbst! –

FREMDER Ich?

ALLA-MODDIN Bist sein Bruder – doch nein, wie kömmst du zu dieser Tracht meiner Feinde – er war kein Mitglied dieses Volks, das mich elend gemacht hat – mein Freund glänzt hell in meiner Seele – aber du bist es nicht. –

FREMDER Und könnt' ich es nicht werden? –

ALLA-MODDIN Durch deine Gegenwart – kehrt Heiterkeit in meine Seele zurück – nun wohl, wer meinem Valmont gleicht, bei dem ist nichts zu wagen. Aber du bist ein Spanier, wer wagt nicht bei der Freundschaft eines Spaniers? – Nein, nein, ich will betrogen sein, wenn du betrügen kannst – o, wie will ich dann die Welt recht herzlich hassen, ein Schutzort wird mir dieser Kerker scheinen.

FREMDER *gerührt* Vertraue mir.

ALLA-MODDIN Ach, schon viele Europäer sahen mich hier im Elende, bedauerten mich, nannten sich meine Freunde – und verließen und vergaßen mich. – Unter allen meinen Freunden fliegen nur zweien meine Seufzer nach.

FREMDER Wem?

ALLA-MODDIN Valmont und Omal.

FREMDER Omal? War er nicht mit dir im Kerker?

ALLA-MODDIN Er war.

FREMDER Wo ist er jetzt?

ALLA-MODDIN Vielleicht tot, vielleicht lebend, stets glücklicher als ich. Er stieß eine Öffnung in die Mauer und entfloh.

FREMDER Und Valmont?

ALLA-MODDIN Er war ein edler Mann, den ich wie meine Seele liebe, wenngleich vom Schicksal unsre junge Freundschaft nach wenigen Tagen wieder zerrissen ward. – Auf einer Reise nach Frankreich, seinem Vaterlande, kam er zu mir auf Suhlu, ich kannte ihn nur kurze Zeit, als ich ihn liebgewann – wir fuhren einst auf einem kleinen Nachen beim Schein des Abends auf dem See, das Boot schlug um, er sank – daß ich ihn rettete, verband unsre Seelen noch inniger. – Je länger ich in dein offnes Auge sehe, jemehr wächst mein Zutrauen zu dir, und darum erzähl' ich dir meine Geschichte, wie ich noch nie tat. – Bald darauf rief die Pflicht Valmont von Suhlu aus meinen Armen – und ich unternahm, wie ich schon oft getan hatte, eine Reise zu den Besitzungen der Europäer, meine Gattin, mein Sohn und Omal, mein Freund, begleiteten mich. – Ach, zur unglücklichen Stunde setzt' ich den Fuß in das Schiff, denn es trug mich in den Kerker. – Ich reiste hierher, nach Manilla, um manche Künste und Erfindungen von den klügern Europäern nach Suhlu hinüberzubringen, um dadurch das Glück und die Sicherheit meines Volkes zu vermehren.

FREMDER Und?

ALLA-MODDIN Der Statthalter schien mein Freund, er und eine Menge Jesuiten umlagerten mich täglich und schienen um meine Freundschaft zu wetteifern – o warum traut' ich aber diesen Schlangen? – Kannt' ich nicht die Bosheit der Europäer? – Man wollte mich bereden, Christ zu werden. Ich weigerte mich: Man suchte mich dahin zu bringen, den Jesuiten den Eintritt in Suhlu zu erlauben. Auch dieses versagt' ich. – Nun fiel plötzlich wie ein Morgennebel die erheuchelte Freundschaft; in ihrer wahren Gestalt standen die Spanier vor mir. – Ein Kerker verschloß mich und das, was mir auf dieser Welt am liebsten ist.

FREMDER Schändlich!

ALLA-MODDIN Um einen Vorwand, diese Tat zu rechtfertigen,

war man nicht lange verlegen, so widersinnig er auch sein mochte. Man behauptete, ich sei hierhergekommen, die Lage des Landes und der Festung auszukundschaften, dann mit meinen schwachen, wehrlosen Indianern zu landen – und Manilla zu erobern! – Dieser Anklage wegen seufz' ich nun schon zwei Jahr in diesem Kerker, mein Volk ist ohne König, Suhlu steht verlassen, offen der Verräterei jedes Boshaften. – Nach einem Jahre erschien Valmont in meinem Kerker, er hatte von meinem Unglück gehört, es rührte ihn bis zu Tränen, mit Freundeshandschlag versprach er mir Rettung, Freiheit, und schon dreihundert Tage flossen indessen in das graue Meer der Zeit hinab, – und er kehrt nicht wieder.

FREMDER Aber er wird wiederkehren, vertraue ihm. Kannst du wissen was ihn zurück hält? – Er kömmt gewiß, denn Valmont hält, was er versprach.

LINI *Indes herbeigekommen und den Fremden aufmerksam betrachtend* Nicht wahr, lieber fremder Mann, Valmont kömmt gewiß wieder?

FREMDER Gewiß. Liebst du ihn?

LINI Ja, und er liebt mich auch. Sieh, den kleinen niedlichen Vogel dort hat er mir geschenkt. –

FREMDER Willst du nicht auch mein Freund werden?

LINI Ach, ich wollte wohl, wenn ich nur könnte. Du bist aber ein Spanier, und ein Spanier kann unmöglich mein Freund sein.

FREMDER Wenn ich dir nun sage, daß Valmont auch mein Freund ist?

LINI Dann will ich mir wenigstens Mühe geben.

ALLA-MODDIN Wie sagtest du? Valmont sei dein Freund? –

FREMDER Mein vertrautester. Ich lernte ihn vor einigen Jahren in Frankreich kennen, und als ich eben jetzt von Spanien abreisen wollte, sah' ich ihn dort.

ALLA-MODDIN Komm' oft zu mir in meine düstere Wohnung. Deine Freundschaft wird mich wieder etwas mit dem Schicksal versöhnen. Du sollst mir jene verhaßten Stunden ersetzen, die Sebastiano mir raubt.

FREMDER Sebastiano?

ALLA-MODDIN Er ist ein Jesuit, den der Statthalter täglich abschickt, mich zum Übertritt zum Christentum zu überreden und den Jesuiten zu erlauben, auch in Suhlu ihre Lehre auszubreiten. – So ist meine Zeit zwischen trauriger Einsamkeit und verhaßten Gesprächen geteilt, von diesem Boshaften bestürmt. (...)

Elfte Szene

VORIGE, DIE INDIANER

Man hört einen wilden Schlachtgesang, von vielen Instrumenten begleitet, der nach und nach immer näher kömmt, bis die Indianer endlich unten auf der Ebne erscheinen. Alla-Moddin steht indes nachdenkend; Gusmann zweifelhaft in der Ferne; Sebastiano versucht es mehrmals mit Alonzo zu sprechen, der ihm aber immer ausweicht.

Brause daher im wilden Getön
wie Meeressturm gegen Klippenmauern,
wie des furchtbaren Donners Gang
durch des Himmels unendlichen Raum,
Schlachtgesang! –
Im Blutgewande
mit der Vernichtung lodernden Fackel
naht die Rache. –
Schwert an Schwert,
Brust gegen Brust
schwimmen wir kühn den Strom hindurch,
der uns mit tausend Strudeln entgegen kämpft!
Todesgeröchel,
Wutgebrüll
sind des schwarzen Krieges
furchtbare Wagenlenker. –
Zur Rache! Zum Siege!
Laßt den Blitz um unsre Locken flattern,
den Donner wild um unsre Häupter schelten,
wir brechen kühnen Muts durch Tod und Gefahr!
Wie Wogen spalten sich die Schrecken
vor des Tapfern Brust,
wie Sturmwind fliegen sie mit scharfen Klauen
nach dem Nacken des feigen Frevlers.
Zur Rache! Zur Rache! Wie schließende Flammen
stürzt den Schändlichen

vertilgend entgegen!
Fahrt triumphierend
auf ihres Blutes purpurroten Wogen
nach Suhlu zurück. –

GUSMANN Sebastiano, gehn Sie zu den Frevlern hinab, und fragen Sie sie in meinem Namen, was sie verlangen? *Sebastiano geht ab, der Gesang fährt fort.*

Ha! schon fliegt mit fürchterlichem Klang
Vernichtung durch die Luft daher!
An ihren Schwingen hängen Todesseuchen,
von jeder Feder tropft vergiftet Blut. –
Die Götter sitzen im furchtbaren Rat
und werfen stumm die schwarzen Würfel,
sie winken den bleichen Dienern
der Verzweiflung mit dem knirschenden Zahn,
der Todesangst mit den starren Augen,
sie kommen mit wilden Gebärden, –
wen werden sie als ihre Beute greifen?

SEBASTIANO *Ist zu ihnen heruntergekommen. Omal geht ihm entgegen.* Wer seid ihr, die ihr mit diesem drohenden Gesang die Luft erschüttert? Was ist euer Verlangen? – Der Befehlshaber dieser Festung sendet mich zu Euch. –

OMAL Ha! Das ist der schändliche Priester, der täglich unsern edlen König marterte.

RUNWAL *Stürzt wild hervor und sticht mit seiner Lanze Sebastiano nieder* Dieser ? – So nimm den Lohn dafür. –

OMAL Runwal! Schäme dich, grauer Krieger, er war ja wehrlos. –

RUNWAL *Steht einen Augenblick nachdenkend, dann wirft er unwillig seine Lanze hin.* O – ich habe wie ein Knabe gehandelt, ich darf diese entehrte Lanze in keiner Schlacht mehr führen. –

ALLA-MODDIN *Ist indes mehr hervorgetreten, er ruft laut und mit ernster Stimme.* Omal!

OMAL *Blickt empor, im wildesten Ausbruch der Freude* Ha! Suhluaner! Suhluaner! Da steht er! – Alla-Moddin! *Alle werfen sich nieder; ein ungestümes Freudengeschrei verwirrt durcheinander.*

ALLA-MODDIN Suhluaner, soll ich mich freuen oder trauern, daß ich euch wiedersehe? – Wie oft hab' ich im Kerker nach dem Augenblick eines biedern Landsmannes geschmachtet.

Ihr streckt mir jauchzend Eure Hände entgegen, aber sie sind mit Blut befleckt, ich kann mich nicht freuen.

OMAL O Alla-Moddin – wir kommen mit der Rache, mit der Freiheit, du sollst wieder der unsrige werden.

ALLA-MODDIN Ihr irrt meine Freunde, meine Unschuld ist erkannt, soeben bin ich freigesprochen[1], und ihr werft von neuem einen schweren und gerechten Verdacht auf mich. – O, führe deine Scharen zurück, Omal, ich folge euch sogleich. Ihr seht, ich bin frei, mein Kerker steht verschlossen, was verlangt ihr mehr?

OMAL Nein, Alla-Moddin, dein Großmut will unsre Rache täuschen, mit großem Mitleid willst du deine Feinde schonen, du bist nicht frei. Sie fürchten unsern Mut, und du hast es ihnen versprochen, so zu uns zu reden, – nein, wir sind nicht vergebens hierhergekommen, die Götter haben endlich unser Flehn erhört, und die Feinde Suhlus durch unser Schwert besiegt; auf, meine wackren Landsleute! Nun sind noch diese Feinde übrig, zwar grausamer und unmenschlicher als jene, aber auch sie sind nur Sterbliche! Wir weichen nicht, Alla-Moddin, wir haben's beschworen.

ALLA-MODDIN Omal, du warst von jeher mein treuer Untertan, aber jetzt sprichst du wie ein Aufrührer. – Sieh, ich, dein König, der wissentlich noch keine Unwahrheit sprach, versichert dich, daß er frei ist, daß er glücklich ist, wenn du seinen Worten glaubst: darum stecke dein Schwert ein, das hier so unnütz funkelt. – Geh, und führe deine Scharen in ihre Heimat zurück, in Suhlu will ich dich umarmen, Omal; vergiß nicht, daß dein König zu dir spricht, dessen Befehlen du sonst gern gehorchtest.

OMAL Ich darf nicht zurückgehn, wir haben geschworen, die Tür deines Kerkers zu sprengen; ein Suhluaner darf seinen Eid nicht brechen. Deine edle Seele will uns täuschen, du bist nicht frei. – Suhluaner, wollt ihr mit ungeröteten Lanzen wieder nach Suhlu zurückschiffen?

ALLE Nein, wir kehren nicht zurück, wir haben geschworen.

ALLA-MODDIN Geschworen? – Omal und ihr alle meine getreuen Untertanen! – So hört dann die Bitten des ehemals geliebten Alla-Moddin, da ihr seinen Befehlen nicht gehorchen wollt. – O seht, wie alle meine Freunde von mir, wie von einem Verpesteten zurückweichen, selbst mein zärtlicher Valmont senkt den Blick und scheint nachzudenken. –

Mich freut die Liebe, mit der ihr zu mir kommt – aber eure Hartnäckigkeit macht mich traurig. Soll das erste Geschenk, das mir meine Suhluaner bringen, Wehmut sein? Seht, Sebastiano liegt ermordet, alle Augen wurzeln auf mir, als dem Urheber dieser Tat. – Eure Liebe, Suhluaner, ist Grausamkeit; nein, ihr liebt mich nicht, wenn ihr nicht friedfertig zu euren Schiffen zurückkehrt, ihr seid meine Feinde, wenn ihr nicht sogleich eure drohenden Lanzen beschämt in die Erde verbergt. – O Amelni, Lini, Valmont, helft mir die Grausamen erweichen. – O ihr Hartherzigen, seht, ich kann meine Tränen nicht zurückhalten, das Zutrauen meiner Freunde wendet sich schüchtern von mir ab, ihr bleibt bei meinen Bitten ungerührt, ihr glaubt nicht meinen Beteuerungen; eure erlogene Liebe ist Blutdurst, ihr lechzt nach Mord, mit Tigersinn schwingt ihr euer Schwert, wie ein Räuber forderst du deine Freunde, Omal, zum Kampf – o ich muß mich schämen, daß meine unmännlichen Augen weinen, statt mit zornigen und gebieterischen Blicken auf euch herabzusehn; ihr trotzt meiner nachgebenden Schwäche, ihr verachtet meine Stimme, der ihr sonst gern als Kinder gehorchtet, ihr kränkt mich schwer.

OMAL Wir haben geschworen! –

ALLA-MODDIN Du Stolzer! – Geschworen? – *Er wendet sich um.* Ha, meine Freunde, warum seid ihr so stumm? – Warum schlagt ihr vor meinen Blicken die Augen nieder? – Und auch du, mein Valmont? *Er geht auf Valmont zu.* Valmont, erwache aus deinen Träumen! – du zweifelst?

VALMONT Nein, Alla-Moddin.

ALLA-MODDIN Deine Freundschaft bleibt mir noch übrig. – *Er umarmt ihn und reißt in eben dem Augenblick Valmonts Schwert aus der Scheide, dann stürzt er zurück und spricht zu den Indianern.* Nun, ihr Hartnäckigen, nun hab' ich auch ein Schwert in meiner Gewalt, nun darf ich euch wieder trotzen. – *Er setzt den Griff gegen die Erde und die Spitze gegen seine Brust. Amelni fährt zusammen.*

DIE INDIANER *erschreckend* Alla-Moddin! – Um aller Götter willen!

ALLA-MODDIN Nun stürmt an gegen diese Mauern, nun laßt eure Waffen leuchten: Aber, hier schwör' ich es feierlich bei den Göttern, dem ersten unter euch, der diese Wälle betritt, springt mein Blut entgegen. – Nun rufe doch deine Freunde zur Schlacht, blutdurstiger Omal, brüllt doch euren frechen Schlachtgesang, ihr lechzt nach Blut, und eures Königs Blut soll euch zuerst entgegenströmen. Omal, meinen Befehl hast du nicht geehrt, meine Bitten hast du verachtet, was liegt dir an Alla-Moddins Leben? Renne mit deiner Standarte herauf und pflanze sie hierher, und du kannst die Wonne genießen, sie in deines Königs Blut zu tauchen. – Warum zögert ihr? – Warum bist du so stumm, Omal? – Jetzt habt ihr zu wählen, springt auf meinem Leichnam auf die Mauern – oder kehrt nach Suhlu zurück. – Nun Omal? –

OMAL Ach, Alla-Moddin, du hast den grauen Krieger unbarmherzig entwaffnet – ich kann nicht sprechen, – denn brennende Tränen – schwere Seufzer – komm Runwal, führe sie zu den Schiffen zurück – führe sie zurück.

RUNWAL Willst du nicht mit uns gehn?

OMAL Nein. –

RUNWAL Warum willst du zurückbleiben? –

OMAL O, frag' mich nicht. –

RUNWAL Alla-Moddin – wir kehren zu unsrer Heimat zurück – aber sehn wir dich in Suhlu, guter König? –

ALLA-MODDIN Noch ehe die Sonne sinkt, folg' ich euch über die Wogen – dann sind wir auf einheimischem Boden und grüßen uns ohne Pfeil und Köcher, ohne Schwert.

Er läßt das Schwert fallen und wirft sich in die Arme Valmonts und Amelnis. Die Indianer blasen einen traurigen Marsch und ziehen von der Bühne. Omal bleibt und wirft sich unten stumm an den Wall nieder. Sein Schwert schleudert er weit von sich weg.

Zwölfte Szene

DIE VORIGEN, ohne die INDIANER

GUSMANN *Geht schweigend auf Alla-Moddin zu, und küßt ihn feurig.* Verzeih', edler Freund, ich dachte klein von dir.

LINI Vater, wir wollen nach Suhlu fahren, alle meine Landsleute sind schon wieder fort, nur Omal ist noch da, frag' ihn doch, warum er so traurig ist und nicht zu uns kömmt.

ALLA-MODDIN Omal, warum bist du allein zurückgeblieben?

OMAL Ich habe es geschworen, und ich kehre nicht ohne dich nach Suhlu – schicke doch einen Mörder zu deinem getreuen Omal herab – o, seit Alla-Moddin mich so tief gekränkt hat, will Omal gerne sterben. – Sieh, mein Schwert liegt dort, ich werde mich nicht widersetzen. – Einen solchen Augenblick hatt' ich noch nicht erlebt – den Freund, der aus zu großer Liebe fehlte, behandelst du wie einen Meuterer – o, weiter, laß mich erwürgen, und sei durch meinen Tod versöhnt.

ALLA-MODDIN Omal, du kennst deinen König nicht mehr, dein Trotz kränkte mich, aber jetzt sind wir wieder Freunde, komm herauf!

OMAL Du bist wieder mein Freund?

ALLA-MODDIN Komm, meine Arme sind dir geöffnet.

OMAL *Rennt den Wall schnell hinauf und stürzt zu den Füßen Alla-Moddins; dieser umarmt ihn.* O vergib, vergib mir!

ALLA-MODDIN Sieh, ich bin frei und kehre mit dir nach Suhlu zurück.

OMAL O ich bin glücklich! *Er kniet zu Amelnis Füßen, dann nimmt er Lini in seine Arme und küßt ihn heftig.*

LINI Omal, warum bist du von uns gegangen?

OMAL Um dich wieder frei zu machen, doch meine Mühe war unnütz, und dafür dank' ich den Göttern.

VALMONT O Alla-Moddin, Freund, jetzt laß mich sprechen, und gewähre mir eine Bitte.

ALLA-MODDIN Was kann Valmont bitten, und was kann ihm Alla-Moddin gewähren?

VALMONT Ich habe jetzt Europa verlassen, und zwar auf ewig. – Eine grausame Tyrannei hält mein Vaterland in ehernen, vielleicht unzerbrechlichen Fesseln, ich kann nicht unter Menschen leben, die sich schämen, Menschen zu sein; diese Herrscher und Knechte sind mir ein empörender Anblick, ich will unter freien Menschen gern ein Mensch sein – in Europa darf ich es nicht, ich werde unterjocht und soll andre unterjochen, ich mag kein Tyrann, aber auch kein Sklave sein – wird es einst besser, dann kehre ich wieder zurück, bis dahin vergönne mir, dir nach Suhlu zu folgen. –

ALLA-MODDIN O Freund, wie unaussprechlich glücklich machst

du mich! – Was meine kühnste Hoffnung nicht zu träumen wagte –

VALMONT Dort will ich an dem Busen der gütigen Natur leben und wieder zum Kinde werden, ich will mit euch pflanzen und säen und an der Seite meiner neuen Brüder das Schwert gegen Suhlus Feinde führen, dein Freund und Untertan.

ALLA-MODDIN Mein Freund, Amelnis und Linis Freund – und wenn ich einst sterbe, ihr Vater.

Sie umarmen sich.

FRIEDRICH SCHILLER

Nadowessische Totenklage

(1797)

Seht, da sitzt er auf der Matte,
Aufrecht sitzt er da
Mit dem Anstand, den er hatte,
Als er's Licht noch sah.

Doch, wo ist die Kraft der Fäuste,
Wo des Atems Hauch,
Der noch jüngst zum großen Geiste
Blies der Pfeife Rauch?

Wo die Augen, falkenhelle,
Die des Rentiers Spur
Zählten auf des Grases Welle,
Auf dem Tau der Flur?

Diese Schenkel, die behender
Flohen durch den Schnee,
Als der Hirsch, der Zwanzigender,
Als des Berges Reh.

Diese Arme, die den Bogen
Spannten streng und straff!
Seht, das Leben ist entflogen!
Seht, sie hängen schlaff!

Wohl ihm, er ist hingegangen,
Wo kein Schnee mehr ist,
Wo mit Mais die Felder prangen,
Der von selber sprießt;

Wo mit Vögeln alle Sträuche,
Wo der Wald mit Wild,
Wo mit Fischen alle Teiche
Lustig sind gefüllt.

Mit den Geistern speist er droben,
Ließ uns hier allein,
Daß wir seine Taten loben
Und ihn scharren ein.

Bringet her die letzten Gaben,
Stimmt die Totenklag'!
Alles sei mit ihm begraben,
Was ihn freuen mag.

Legt ihm unters Haupt die Beile,
Die er tapfer schwang,
Auch des Bären fette Keule,
Denn der Weg ist lang;

Auch das Messer, scharf geschliffen,
Das vom Feindeskopf
Rasch mit drei geschickten Griffen
Schälte Haut und Schopf.

Farben auch, den Leib zu malen,
Steckt ihm in die Hand,
Daß er rötlich möge strahlen
In der Seelen Land.

JOHANN GOTTFRIED SEUME

Der Wilde

(1800)

Ein Kanadier, der noch Europens
Übertünchte Höflichkeit nicht kannte
Und ein Herz, wie Gott es ihm gegeben,
Von Kultur noch frei, im Busen fühlte,
Brachte, was er mit des Bogens Sehne
Fern in Quebeks übereisten Wäldern
Auf der Jagd erbeutet, zum Verkaufe.
Als er ohne schlaue Rednerkünste,
So wie man ihm bot, die Felsenvögel
Um ein Kleines hingegeben hatte,
Eilt' er froh mit dem geringen Lohne
Heim zu seinen tief verdeckten Horden
In die Arme seiner braunen Gattin.

Aber ferne noch von seiner Hütte
Überfiel ihn unter freiem Himmel
Schnell der schrecklichste der Donnerstürme.
Aus dem langen, rabenschwarzen Haare
Troff der Guß herab auf seinen Gürtel,
Und das grobe Haartuch seines Kleides
Klebte rund an seinem hagern Leibe.
Schaurig zitternd unter kaltem Regen
Eilete der gute, wackre Wilde
In ein Haus, das er von fern erblickte.
»Herr, ach lass't mich, bis der Sturm sich leget,«
Bat er mit der herzlichsten Gebärde
Den gesittet feinen Eigentümer,
»Obdach hier in Eurem Hause finden!« –
»Willst Du mißgestaltes Ungeheuer,«
Schrie ergrimmt der Pflanzer ihm entgegen,
»Willst Du Diebsgesicht mir aus dem Hause!«
Und ergriff den schweren Stock im Winkel.

Traurig schritt der ehrliche Hurone
Fort von dieser unwirtbaren Schwelle,
Bis durch Sturm und Guß der späte Abend
Ihn in seine friedliche Behausung
Und zu seiner braunen Gattin brachte.
Naß und müde setzt' er bei dem Feuer
Sich zu seinen nackten Kleinen nieder
Und erzählte von den bunten Städtern
Und den Kriegern, die den Donner tragen,
Und dem Regensturm, der ihn ereilte,
Und der Grausamkeit des weißen Mannes.
Schmeichelnd hingen sie an seinen Knieen.
Schlossen schmeichelnd sich um seinen Nacken,
Trockneten die langen, schwarzen Haare
Und durchsuchten seine Waidmannstasche,
Bis sie die versprochnen Schätze fanden.

Kurze Zeit darauf hatt' unser Pflanzer
Auf der Jagd im Walde sich verirret.
Über Stock und Stein, durch Tal und Bäche
Stieg er schwer auf manchen jähen Felsen,
Um sich umzusehen nach dem Pfade,
Der ihn tief in diese Wildnis brachte.
Doch sein Späh'n und Rufen war vergebens;
Nichts vernahm er als das hohle Echo
Längs den hohen, schwarzen Felsenwänden.
Ängstlich ging er bis zur zwölften Stunde,
Wo er an dem Fuß des nächsten Berges
Noch ein kleines, schwaches Licht erblickte.
Furcht und Freude schlug in seinem Herzen,
Und er faßte Mut und nahte leise.
»Wer ist draußen?« brach mit Schreckenstone
Eine Stimme tief her aus der Höhle,
Und ein Mann trat aus der kleinen Wohnung.
»Freund, im Walde hab' ich mich verirret,«
Sprach der Europäer furchtsam schmeichelnd;
»Gönnet mir, die Nacht hier zuzubringen,
Und zeigt nach der Stadt, ich werd' Euch danken,
Morgen früh mir die gewissen Wege.«

»Kommt herein«, versetzt der Unbekannte,
»Wärmt Euch; noch ist Feuer in der Hütte!«
Und er führt ihn auf das Binsenlager,
Schreitet finster trotzig in den Winkel,
Holt den Rest von seinem Abendmahle,
Hummer, Lachs und frischen Bärenschinken,
Um den späten Fremdling zu bewirten.
Mit dem Hunger eines Waidmanns speiste,
Festlich wie bei einem Klosterschmause,
Neben seinem Wirt der Europäer.
Fest und ernsthaft schaute der Hurone
Seinem Gaste spähend auf die Stirne,
Der mit tiefem Schnitt den Schinken trennte
Und mit Wollust trank vom Honigtranke,
Den in einer großen Muschelschale
Er ihm freundlich zu dem Mahle reichte.
Eine Bärenhaut auf weichem Moose
War des Pflanzers gute Lagerstätte,
Und er schlief bis in die hohe Sonne.

Wie der wilden Zone wild'ster Krieger,
Schrecklich stand mit Köcher, Pfeil und Bogen
Der Hurone jetzt vor seinem Gaste
Und erweckt' ihn, und der Europäer
Griff bestürzt nach seinem Jagdgewehre;
Und der Wilde gab ihm eine Schale,
Angefüllt mit süßem Morgentranke.
Als er lächelnd seinen Gast gelabet,
Bracht' er ihn durch manche lange Windung,
Über Stock und Stein, durch Tal und Bäche,
Durch das Dickicht auf die rechte Straße.
Höflich dankte fein der Europäer;
Finsterblickend blieb der Wilde stehen,
Sahe starr dem Pflanzer in die Augen,
Sprach mit voller, fester, ernster Stimme:
»Haben wir vielleicht uns schon gesehen?«
Wie vom Blitz getroffen stand der Jäger
Und erkannte nun in seinem Wirte
Jenen Mann, den er vor wenig Wochen
In dem Sturmwind aus dem Hause jagte,
Stammelte verwirrt Entschuldigungen.

Ruhig lächelnd sagte der Hurone:
»Seht, Ihr fremden, klugen, weißen Leute,
Seht, wir Wilden sind doch bess're Menschen!«
Und er schlug sich seitwärts in die Büsche.

FRANÇOIS-RENÉ DE CHATEAUBRIAND

Atala

(1801)

Frankreich besaß früher in Nord-Amerika ein ausgedehntes Reich, welches sich von Labrador bis Florida, von den Gestaden des atlantischen Meeres bis zu den entfernten kanadischen Seen ausdehnte.

Vier große Flüsse, auf ein und demselben Gebirgszuge entspringend, bewässern das Gebiet. Der St. Lorenzstrom, der in östlicher Richtung fließt und sich in den Golf gleichen Namens ergießt, der Weststrom, der sein Wasser unbekannten Meeren zuführt, der Bourbonfluß, im schnellen Laufe von Süden nach Norden zur Hudsonbai strömend und der von Norden nach Süden fließende und in den Golf von Mexico sich ergießende Meschacebe.[1]

Die Länge des letzteren beträgt mehrere hundert Meilen; er bewässert eine herrliche Gegend, die von den Bewohnern der Vereinigten Staaten das neue Paradies genannt wird und der die Franzosen den wohlklingenden Namen Louisiana gegeben haben. Unzählige andere Ströme, Neben- und Zuflüsse des Meschacebe, wie der Missouri, Illinois, Akansa, Ohio, Wabache, Tennessee düngen das Land mit einem fettigen Schlamm, durch den es eine hohe Produktionskraft erlangt. Wenn alle diese Flüsse von den Regengüssen der Winterzeit bedeutend angeschwellt sind, wenn der Sturm ganze Waldflächen umgestürzt hat, sammeln sich die entwurzelten Bäume an den Waldbächen an. Bald werden sie durch den Schlamm bedeckt, bald umschlingen sie die Schlinggewächse, und die Pflanzen, die überall auf ihnen wuchern, tragen dazu bei, all' diese Überbleibsel des Urwalds aufzutürmen. Durch die schäumenden Wogen fortgespült, schwimmen sie den Meschacebe hinab. Der Fluß nimmt sie auf, treibt sie dem Golfe von Mexico zu, setzt sie auf seinen Sandbänken auf den Strand und vermehrt so die Zahl seiner Mündungen. Von Zeit zu Zeit, wenn er unter Bergen dahinrauscht, braust er stärker, sein

Wasser tritt über, und die Fluten verbreiten sich unter den Säulengängen der Wälder und unter den Pyramiden der indischen Gräber: Er ist der Nil der Wüste. Doch stets bildet der Reiz mit der Erhabenheit in der Natur ein harmonisches Ganze; während der Strom in der Mitte die Stämme der Fichten und Eichen zum Meere fortspült, sieht man nach dem Lande zu längs der beiden Ufer schwimmende Inseln von Muschelblumen und gelben Seerosen, deren Blütenblätter kleinen Mastenflaggen gleichen. Grüne Schlangen, blaue Reiher, rote Flamingos, junge Krokodile schiffen sich als Passagiere auf den Blumenbeeten ein und, ihre goldenen Segel vom Winde gebläht, nähert sich die Karawane schlafend einer versteckten Bucht des Flusses.

Die beiden Ufer des Meschacebe stehen in dem seltsamsten Kontrast zueinander. Am westlichen ziehen sich unabsehbare Grasflächen hin, deren grüne Wogen, immer weiter und weiter sich entfernend, mit dem Himmel zu verschwimmen scheinen. Herden von drei bis viertausend Büffeln sieht man auf diesen endlosen Prairien umherirren; zuweilen legt sich ein alter Auerochse in dem hohen Kraute zur Ruhe nieder, den Blick auf den Meschacebe gerichtet. Sein hörnergeschmücktes Haupt, sein altväterlicher schlammiger Bart könnten ihn als den Flußgott gelten lassen, welcher mit voller Befriedigung auf seine unermeßlichen Wogen und auf die reiche Mannigfaltigkeit seiner Ufer sieht.

Dies ist das Bild, welches sich dem Beschauer des westlichen Ufers darbietet. Wie so ganz anders das östliche! Über dem Wasserspiegel sich ausbreitend, auf Felsen und Bergen gruppiert, zerstreut in den Tälern, stehen die verschiedenartigsten Bäume in mannigfachstem Farbenreichtum, die angenehmsten Wohlgerüche verbreitend, beieinander und erheben stolz ihr Haupt bis zu einer Höhe, die das menschliche Auge ermüdet. Wilder Wein, Bignonien und Coloquinten umschlingen unten den Stamm der Bäume, ranken sich mit ihren Zweigen empor bis zu den äußersten Ästen, verzweigen sich von dem Ahorn bis zum Tulpenbaum, vom Tulpenbaum zur Aloë, tausende von Grotten, Bogen- und Säulengängen bildend. Von Baum zu Baum sich hinziehend, überranken die Lianen oft kleine Arme der Ströme und bilden so gleichsam eine Brücke von Blumen. Aus dem Dunkel des Dickichts erhebt die Magnolie ihren unbeweglichen Zapfen; von großen weißen Rosen überdeckt, beherrscht sie den ganzen Wald; nur die Palme, deren grüne Fächer im Winde sich leicht hin- und herwiegen, ist ihre Rivalin.

Viele Tiere, denen Gott diese entlegenen Gegenden zum Aufenthalt angewiesen hat, verleihen besonderen Reiz und Leben. An den äußersten Zugängen bemerkt man Bären, welche, von dem Genuß der Weintrauben trunken, auf den Zweigen des kleinen Ulmenbaums umhertaumeln; kanadische Rentiere baden in einem See, schwarze Eichhörnchen spielen im dichten Laub der Bäume. Spottvögel, virginische Tauben von der Größe eines Sperlings fliegen auf den von Erdbeeren rotschimmernden Rasen; grüne Papageien mit gelben Köpfen, purpurrote Spechte, Cardinäle klettern hoch oben in den Zypressen; Kolibris glänzen in ihrer Farbenpracht auf dem Jasmin Floridas. Vögelfangende Schlangen zischen, während sie an den Wipfeln der Bäume hängen und sich wie eine Liane schaukeln.

Während in den Grasebenen des westlichen Ufers lautlose Stille herrscht, ist hier ein reges Leben und stete Bewegung. Das Picken der Vögel gegen den Stamm der Eichen, das Zerbrechen der Äste durch die Füße der Tiere, ihr Nagen an den Früchten und das Zerknacken der Obstkerne, das Rauschen der Wellen, leises Ächzen, dumpfes Blöken und liebliches Girren verleihen diesen Gegenden einen lieblichen und zugleich wilden Anstrich. Sobald aber ein Wind diese Wildnis belebt, die schwimmenden Gegenstände hin- und herschaukelt, die weißen, blauen, grünen und roten Farben zu einem wilden Chaos vermengt, alles Gemurmel, jedes Rauschen und Säuseln vereint, dann entsteht ein solcher Lärm in der Tiefe der Wälder, und zeigt sich dem Auge ein so abwechselndes Bild, daß es vergebliche Mühe wäre, es denen zu schildern, die noch nicht diese Urwälder durchwanderten.

Nach der Entdeckung des Meschacebe durch den Pater Marquette und den unglücklichen Lasalle ließen sich die ersten Franzosen am Biloxi und bei Neu-Orleans nieder und schlossen mit den Natchesindianern, einer in dortiger Gegend sehr mächtigen Nation, ein Bündnis. Streitigkeiten und Eifersucht machten alsbald das Land, in dem bis dahin die Gastfreundschaft sehr gepflegt wurde, zum Schauplatz blutiger Kämpfe. Unter den Wilden lebte ein Greis namens Schakta, welcher in Folge seines Alters, seiner Weisheit und seiner Lebenserfah-

rungen als das Oberhaupt aller übrigen angesehen wurde; er genoß allerseits die größte Achtung und Liebe. Wie es fast immer der Fall ist, hatte auch er durch sein Unglück so hohe Tugenden erkauft. Nicht allein die Wälder der neuen Welt waren Zeugen seines Mißgeschicks gewesen, schon die Gestade Frankreichs wußten davon zu erzählen. Durch eine empörende Ungerechtigkeit war er auf den Bagno von Marseille geschleppt. Nachdem er die Freiheit wieder erlangt hatte, war er Ludwig XIV. vorgestellt, hatte mit den berühmtesten Männern des Jahrhunderts verkehrt, den Festen in Versailles, der Aufführung der Racineschen Tragödien und den Leichenreden des Bossuet beigewohnt, kurz, der Wilde hatte die Gesellschaft in der höchsten Glanzperiode gesehen.
Seit mehreren Jahren in sein Vaterland zurückgekehrt, genoß Schakta der Ruhe, jedoch mußte er dem Himmel diese Gunst teuer bezahlen; der Greis war erblindet. Ein junges Mädchen begleitete ihn auf die Hügel des Meschacebe, wie Antigone den Ödipus auf den Cithäron führte oder Malvina den Ossian auf die Felsen von Morven.
Trotz der vielen Ungerechtigkeiten, die Schakta von den Franzosen hatte erdulden müssen, liebte er sie innig. Stets erinnerte er sich des Fenelon[2], dessen Gast er gewesen war und wünschte sehnlichst, den Landsleuten dieses Ehrenmannes einen Dienst erweisen zu können. Es sollte sich ihm bald eine günstige Gelegenheit bieten. Im Jahre 1725 kam ein junger Franzose namens René, durch heftige Leidenschaften und Widerwärtigkeiten aus seinem Vaterlande vertrieben, nach Louisiana. Er fuhr den Meschacebe hinauf bis zu den Natches und erbat von ihnen die Gunst, als Krieger aufgenommen zu werden. Schakta befragte ihn nach allem. Als er erkannt hatte, daß der Entschluß des Jünglings unerschütterlich war, nahm er ihn als seinen eigenen Sohn bei sich auf und verheiratete ihn mit einer Indianerin Celuta. Kurze Zeit nach der Hochzeit rüsteten sich die Wilden zu einer Biberjagd.
Obgleich Schakta blind war, wurde er wegen seines hohen Ansehens, in dem er bei den übrigen Völkerschaften stand, zum Führer der Expedition gewählt. Die Jongleurs deuten die Träume, die Manitous[3] werden um Rat gefragt und Petua wird geopfert; auch wirft man kleine Streifen von der Zunge eines Elenntieres ins Feuer und prüft, ob sie in den Flammen knistern, um so den Willen der Götter zu erforschen. Nach-

dem ein geweihter Hund verzehrt worden war, ward der Marsch angetreten. René begleitete die Truppe. Mit Hilfe der Gegenströmungen fuhren die kleinen Kähne den Meschacebe hinauf und gelangten in den Ohiofluß. Es ist Herbst. Die herrlichen Gegenden Kentuckis dehnen sich vor dem erstaunten Blick des jungen Franzosen aus. In einer mondhellen Nacht, während alle Natches in ihren Booten schliefen und die indianische Flotte mit ihren aus Tierfellen verfertigten Segeln bei einer leichten Brise die eingeschlagene Route verfolgte, bittet René, welcher mit Schakta allein geblieben war, den Greis um die Erzählung seiner Abenteuer. Dieser glaubte der Bitte willfahren zu müssen, setzte sich mit dem Jünglinge auf den Hinterteil des Schiffes und begann folgendermaßen:

Die Geschichte Schaktas und Atalas

Die Jäger

Ein eigentümliches Schicksal hat uns zusammengeführt, mein lieber Sohn. In dir sehe ich den zivilisierten Menschen, welcher ein Wilder ward, in mir aber siehst du den Wilden, den der große Gott aus mir unbekannten Gründen zivilisieren wollte. Wir haben von gänzlich entgegengesetzten Seiten die Bahn des Lebens betreten, du bist gekommen, um meinen Platz einzunehmen, ich habe mich auf den deinigen gesetzt. So mußten wir von allen Dingen eine verschiedene Anschauung bekommen. Wer nun mag bei diesem Wechsel der sozialen Stellung am meisten gewonnen oder verloren haben, du oder ich? Nur die Götter wissen es, deren Letzter schon mehr Kenntnis besitzt als die ganze Menschheit zusammengenommen.

Im nächsten Mai werden es dreiundsiebzig Jahre, daß mich meine Mutter an den Ufern des Meschacebe gebar. Die Spanier hatten sich kurz darauf an der Pensacolabai niedergelassen; in Louisiana wohnten noch keine Weißen. Ich war kaum siebzehn Jahre alt, als ich meinen Vater, den kriegerischen Outalissi, auf einem Kriegszuge gegen das mächtige Volk der Muscogulgen begleitete. Wir vereinigten uns mit unseren Bundesgenossen, den Spaniern, und an einem der kleinen Nebenflüsse des Maubile kam es zu einer blutigen Schlacht. Areskoni[4] und die Manitous waren uns nicht günstig. Die Feinde siegten, mein Vater fiel und ich ward verwundet, indem ich ihn verteidigte. O, hätte ich damals den Tod gefunden, alle Schicksalsschläge und Unglücksfälle, die meiner harrten, wären mir erspart geblieben. Die Götter hatten es anders beschlossen, die Flüchtlinge zogen mich mit sich fort nach St. Augustin.

In dieser erst neuerdings von den Spaniern erbauten Stadt drohte mir die Gefahr, für die Minen Mexicos angeworben zu werden, doch ein alter Kastilianer, Lopez mit Namen, fühlte Mitleid mit mir; meine Jugend und Offenherzigkeit hatten ihn für mich eingenommen, er bot mir ein Obdach an und stellte mich seiner Schwester, die ihm die häuslichen Geschäfte besorgte, vor.

Beide waren mir von ganzem Herzen zugetan und boten alles auf, mir das Leben angenehm zu machen und mich zugleich in allen Zweigen der Wissenschaften unterrichten zu lassen. Aber nachdem ich dreißig Monate in St. Augustin verlebt hatte, empfand ich den heftigsten Widerwillen gegen das Leben in der Stadt. Meine Gesundheit litt unter diesen trüben Empfindungen, ich nahm von Tag zu Tag mehr ab; stundenlang saß ich starr und unbeweglich, ganz im Anschauen der fernen Wälder verloren, oder man fand mich am Ufer eines Flusses, den ich mit wehmütigen Gefühlen dahinfließen sah. Ich malte mir im Geiste die Wälder aus, durch welche die Wogen sich wälzten, und alle meine Gedanken weilten in jenen Gegenden.

Nicht länger vermochte ich der Sehnsucht zu widerstehen, nach dort zurückzukehren. In der Kleidung eines Wilden, meinen Bogen und meine Pfeile in der einen, und meine modernen europäischen Kleidungsstücke in der andern Hand, ging ich zu Lopez. Ich gab diese meinem Wohltäter zurück, warf mich ihm vor die Füße und vergoß bittere Tränen; ich schalt mich selbst und klagte mich des Undankes an. »Aber du siehst es selbst, mein Vater,« sagte ich ihm, »ich sterbe, wenn ich nicht das Leben eines Indianers wieder führe.«

Lopez erstaunte sehr, als er mein Vorhaben vernahm und bot alles auf, mir dasselbe auszureden. Er machte mich auf die Gefahr aufmerksam, abermals in die Hände der Muscogulgen zu fallen. Vergeblich. Als er sich endlich überzeugt hatte, daß nichts meinen Entschluß ändern konnte, daß ich entschlossen war, den größten Gefahren zu trotzen, brach er in Tränen aus und mich umarmend, sagte er: »So gehe denn, du Kind der Natur! Verschaffe dir die Unabhängigkeit und ein freies ungebundenes Leben, das dir Lopez nicht rauben will. Wäre ich jünger, würde ich dich selbst begleiten und in die Arme der liebenden Mutter zurückführen. Gedenke zuweilen, wenn du in den Wäldern umherirrst, des alten Spaniers, der dir die Gastfreundschaft gewährte, und erinnere dich, damit du die Liebe deiner Mitmenschen erwirbst, daß die erste Erfahrung, die du vom menschlichen Herzen gemacht hast, ihm zur Ehre gereicht.« Mit einem Gebete zum Gott der Christen, dem zu dienen ich mich geweigert hatte, schloß Lopez seine Worte. Unter Tränen trennten wir uns.

Gar bald sollte ich für meine Undankbarkeit bestraft werden. Der Gegend nicht kundig, verirrte ich mich im Walde und ward von einer Schar Muscogulgen und Siminolen gefangengenommen, wie Lopez vorausgesagt hatte. An der Kleidung und den Federn, die mein Haupt schmückten, ward ich als Natches erkannt. In Rücksicht auf meine Jugend banden sie mich nur leicht. Simaghan, der Führer der Truppe, fragte nach meinem Namen. Ich antwortete ihm: »Ich heiße Schakta und bin ein Sohn des Outalissi und ein Enkel des Miscou, die mehr als hundert Skalpe den muscogulgischen Helden abgenommen haben.«

»Schakta, Sohn Outalissis und Enkel Miscous«, erwiderte Simaghan, »freue dich, du sollst im großen Dorfe verbrannt werden.«

»Es ist gut«, gab ich ihm zur Antwort und stimmte einen Sterbegesang an.

Während der ersten Tage meiner Gefangenschaft konnte ich nicht umhin, meine Feinde zu bewundern. Der Muscogulge sowohl wie der Siminole ist heiter, liebenswürdig und zufrieden. Ihr Gang ist leicht, ihr Verkehr mit Fremden offen und herzlich. Sie sprechen viel und lebhaft, die Sprache ist wohlklingend. Selbst im hohen Alter bewahren sie ihre Heiterkeit; gleich den alten Vögeln unserer Wälder vereinigen sie ihren Gesang mit den neuen Weisen ihrer jungen Nachkommen.

Die Frauen, welche die Truppe begleiteten, zeigten eine große Teilnahme und ein reges Interesse für mich. Sie fragten nach meiner Mutter, nach meinen ersten Jugendtagen, wollten wissen, ob meine Wiege aus Moos an den Zweigen der blühenden Ahornbäume gehangen, ob mich die sanften Winde neben den kleinen Vogelnestern geschaukelt hätten. Auch befragten sie mich nach etwaigen Herzensgeheimnissen, zum Beispiel, ob ich in meinen Träumen eine weiße Hirschkuh gesehen und ob die Bäume des verborgenen Tales mir geraten hätten, zu lieben. Ich antwortete allen, Müttern, Töchtern und Frauen der Krieger frei und ungezwungen und sagte ihnen:

»Ihr seid die Grazien des Tages, und die Nacht liebt euch wie den Tau. Von euch entsproßt der Mann, um an eurem Herzen zu ruhen, durch einen Kuß von eurem Munde erfreut zu werden; liebliche Worte verkündet ihr, die wohl geeignet sind, Schmerzen zu lindern. So lehrte mich meine Mutter, die mich mit Schmerzen geboren und die mich nie wiedersehen wird. Sie teilte mir auch mit, daß die Jungfrauen geheimnisvolle Blumen wären, welche man an einsamen Orten fände.«

Diese Lobeserhebungen erheiterten die Frauen, und sie belohnten mich durch die verschiedenartigsten Geschenke; sie brachten mir Nußkerne, Ahornzucker, Maiskuchen und Bärenschinken, sowie Biberfelle und Muscheln, um mich zu schmücken, ferner Moos für ein weiches Lager. Sie sangen und scherzten mit mir; aber wenn sie daran dachten, daß ich verbrannt werden sollte, schluchzten und weinten sie.

In einer Nacht – die Muscogulgen hatten ihr Lager an dem Saume eines Waldes aufgeschlagen, ließ ich mich, während alles ringsumher in tiefem Schlafe lag, mit dem zu meiner Bewachung mir beigesellten Jäger am Kriegsfeuer nieder. Plötzlich hörte ich das Rauschen eines Kleides auf dem Grase, und eine halbverschleierte Frau setzte sich neben mich hin. Tränen netzten ihre Wimpern, und ein kleines goldenes Kreuz schimmerte bei dem Scheine des Feuers auf ihrer Brust. Sie war schön, wahre Herzensgüte und Seelenreinheit sprach aus ihren Zügen, und mit ihrer Anmut paarte sich unendliche Lieblichkeit, die durch eine tiefe Schwermut noch gehoben wurde. Ihr Lächeln war bezaubernd.

Ich glaubte, daß es die Jungfrau der letzten Liebe war, welche man zu den Kriegsgefangenen gehen ließ, um ihm seinen Tod süß und angenehm zu machen.

Die unerwartete Erscheinung hatte mich in eine kleine Aufregung versetzt, die jedoch nicht in der Furcht vor dem Tode ihren Grund hatte, und mit leicht zitternder Stimme flüsterte ich ihr zu:

»Jungfrau, Ihr seid der ersten Liebe wert, aber zu gut für die letzte. In einem Herzen, welches bald zu schlagen aufhören wird, würde die Sprache des Euren einen schlechten Widerhall finden. Ihr würdet mich das Tageslicht zu sehr bedauern lassen. Was hat der Tod mit dem Leben gemein? Möge ein anderer glücklicher sein als ich, und möge in inniger Verschlingung die Liane und Eiche sich verbinden.«

»Ich bin nicht die Jungfrau der letzten Liebe,« antwortete das junge Mädchen. Dann fragte sie, ob ich Christ wäre.

»Ich habe noch nicht den Göttern meines väterlichen Herdes entsagt,« erwiderte ich ihr.

Die Indianerin machte unwillkürlich eine Bewegung, als sie dies hörte. Sie entgegnete: »Ich beklage dich, da du den elenden Götzenbildern anhangst. Meine Mutter hat mich zu einer Christin gemacht; ich bin Atala, die Tochter Simaghans, des Führers dieser Krieger. Wir begeben uns nach Agalachukla, wo du verbrannt werden sollst.« Nach diesen Worten erhob sich Atala und ging fort.

Schakta mußte in seiner Erzählung innehalten. Die Erinnerungen an jene Zeit bewegten ihn zu sehr; seine blinden Augen benetzten seine eingefallenen Wangen mit Tränen, gleichsam als ob zwei Quellen, die tief in der Erde verborgen waren, durch das Wasser sich kundgeben, welches zwischen den Felsen hindurchsickert.

O mein Sohn, brach er endlich das Schweigen, du siehst, daß Schakta den weit verbreiteten Ruhm der Weisheit nicht verdient. Ja, liebes Kind, das Augenlicht erlischt, der Tränenstrom aber versiegt nie! Mehrere Tage waren verflossen, die Tochter des Saschems kam jeden Abend, um mit mir zu plaudern. Der Schlaf floh meine Augen, und Atala war in meinem Herzen wie das Andenken an die Gruft meiner Väter.

Am siebzehnten Tage nach unserm Abmarsche erreichten wir um die Zeit, wo die Eintagsfliege aus dem Wasser emporsteigt, das große Dorf Alachua. Es ist ringsumher von hohen, in die Wolken sich erhebenden Hügeln umgeben, welche, einer hinter dem andern versteckt, mit Wäldern bewachsen sind, die gleichsam stufenweise aus Storax- und Zitronenbäumen, Magnolien und Steineichen bestehen. Der Anführer stieß bei der Ankunft einen lauten Schrei aus, und die Truppe lagerte sich am Fuße der Hügel. Mich verwiesen sie eine Strecke weit fort,

Atala erscheint zum ersten Male (1805)

an den Rand einer von jenen in Florida so berühmten Zisternen. Ich ward an einem Baumstamm angebunden, und ein Krieger bewachte mich beständig. Kaum hatte ich wenige Minuten hier verweilt, als Atala unter den Ambrabäumen der Quelle erschien.

»Jäger«, wandte sie sich an den Muscogulgen, »wenn du etwa das Reh jagen willst, so werde ich den Gefangenen bewachen.«

Der Krieger gebärdete sich fast wie unsinnig vor Freude über diese Worte; er sprang hoch in die Luft und stürmte eilenden Laufes vom Hügel hinab dem Tale zu.

Wie widersprechend sind doch die Empfindungen des menschlichen Herzens. Der ich dem geliebten Mädchen so viel sagen wollte, war jetzt sprachlos und verwirrt, und fast möchte ich glauben, daß ich lieber gesehen hätte, den Krokodilen in dem schlammigen Gewässer als Beute vorgeworfen zu werden als mit Atala so allein zu sein. Nicht minder wie ich selbst war auch sie verlegen, wir beobachteten tiefes Schweigen. Der Sprache des Herzens gegenüber mußte der Mund verstummen. Endlich raffte Atala alle ihre Kräfte zusammen und sagte:

»Krieger, nur schwache Fesseln sind's, die Euch behindern. Mit leichter Mühe könnt Ihr entfliehen.«

»Schwache Fesseln? O Mädchen...!«

Ich vermochte nicht weiter zu sprechen. Atala kämpfte mit einem Entschluß, aber nur wenige Sekunden schwankte sie.

»Rettet Euch!« rief sie aus und band mich los von dem Baume. Ich erfaßte den Strick und drückte ihn mit Gewalt zwischen ihre schönen Finger.

»Nehmt, nehmt!« rief ich aus.

»Ihr seid von Sinnen«, erwiderte Atala sichtlich bewegt. »Weißt du nicht, Unglücklicher, daß du verbrannt werden sollst? Was verlangst du? Bedenkst du nicht, daß ich die Tochter eines furchtbaren Saschem bin?«

»Es gab eine Zeit«, erwiderte ich tränenfeuchten Auges, »wo auch ich, in Biberfelle eingehüllt, auf den Armen einer Mutter getragen wurde. Auch mein Vater hatte eine schöne Hütte, viele Ströme dienten seinen Herden zur Tränke. Jetzt aber irre ich ohne Obdach umher, des Vaterlandes verlustig. Sobald mich der Tod erlöst, wird nicht die liebende Hand eines Freundes meinen Körper bedecken, um die Insekten abzuhalten. An der Leiche eines unglücklichen Fremden hat niemand Interesse.«

Diese Worte riefen das Mitleid Atalas wach. Ihre Tränen mengten sich mit dem Wasser der Fontaine.

»Ach«, fuhr ich lebhaft fort, »spräche doch Euer Herz wie das meinige. Ist nicht die Wüste freies Besitztum aller? Haben nicht die Wälder Schlupfwinkel, wo wir uns verbergen können? Bedürfen denn die Kinder des Urwaldes so vieler Dinge, um wahrhaft glücklich zu sein? O Mädchen, du übertriffst an Schönheit alle flüchtigen Gebilde, die der Gott des Traumes den Männern zeigt. O meine innig Geliebte, folge mir!«

So sprach ich.

»Mein junger Freund«, antwortete Atala mit zärtlicher Stimme, »du hast die Sprache der Weißen gelernt; es ist so leicht, eine Indianerin zu betören.«

»Was«, rief ich aus, »Ihr nennt mich Euren jungen Freund? Ach, wenn ein armer Sklave…«

»Nun gut«, entgegnete sie, ihr Haupt an meine Brust legend, »mein armer Sklave…«

Ich fiel ihr ins Wort.

»Versichere durch einen Kuß mich deiner Treue«, bat ich.

Atala erhörte mein Flehen. Wie ein Hirschkalb an den Blumen der roten Lianen zu hängen scheint, die es mit seiner leckern Zunge an den steilen Abhängen der Berge erfaßt, so hafteten meine Lippen an dem Munde der Inniggeliebten.

O mein lieber Sohn, in den Becher der Freude, des Glücks, sollte nur zu bald ein bitterer Wermutstropfen fallen. Wer hätte ahnen können, daß derselbe Augenblick, in dem mir Atala das erste Unterpfand der Liebe gegeben hatte, alle meine Hoffnungen vernichten sollte! O greiser Schakta mit dem ergrauten Haare, wie sehr erstauntest du, als die Tochter Saschems sagte:

»Schöner Gefangener, es war töricht von mir, deiner Bitte zu willfahren. Was soll aus unsrer Leidenschaft werden? Mein religiöser Glaube trennt mich auf immer von dir. O meine Mutter, was hast du getan?…« Atala brach plötzlich ab, fast hätte sie ein tiefes Geheimnis, das sie in ihrer Brust barg, verraten. Ihre Worte brachten mich zur Verzweiflung.

»Wohlan denn«, rief ich aus, »so will ich Euch wenigstens nicht an Grausamkeit nachstehen; ich fliehe nicht. Du sollst mich auf dem Scheiterhaufen sehen, wie die Flammen an meinem

Körper gierig lecken, du sollst das Brodeln meines Fleisches hören, und eine hohe Freude wird dein Herz erfüllen.«
Atala ergriff leidenschaftlich meine Hände.
»Unglücklicher«, rief sie aus, »wie sehr bedauere und beklage ich dich. Willst du denn, daß ich mit den Tränen mein Herzblut vergieße? Unheilvolles Verhängnis, nicht mit dir fliehen zu können. O Atala, du wardst geboren, zu leiden und zu dulden! Was zögerst du, dich den Krokodilen der Zisterne als willkommene Speise vorzuwerfen?«
In diesem Augenblick ließen die Krokodile, da die untergehende Sonne den westlichen Horizont bereits golden färbte, ihr widerwärtiges Geschrei vernehmen. Atala forderte mich auf, den Ort zu verlassen. Ich zog die Tochter Simaghans zum Fuße der Hügel hin, die sich in langen Streifen durch die Prairien hinzogen und gleichsam Buchten in der weiten Grasebene bildeten. Eine feierliche Stille lagerte über der Wildnis. Der Storch klapperte auf seinem Neste, die Wälder erschallten wider von dem monotonen Gesang der Wachteln, von dem Pfeifen der kleinen Papageien und von dem Wiehern der siminolischen Stuten.
Ohne miteinander zu sprechen, verfolgten wir unsern Weg. Ich ging neben Atala her, sie hielt das Ende des Stricks fest, den ich ihr wieder aufgedrungen hatte. Bald ließen wir unseren Tränen freien Lauf, bald versuchten wir zu lächeln, bald war unser Blick gen Himmel gerichtet, bald zur Erde gesenkt; aufmerksam lauschten wir dem Gesange der Vögel und deuteten wohl zuweilen durch eine stumme Handbewegung auf die Sonne, wie sie in majestätischer Pracht hinter den Bergen verschwand.
Ein inniger Händedruck entzückte uns, und zärtlich flüsterten wir die Namen Schakta und Atala. O erste Wanderung zweier Liebender, wie mächtig muß die Erinnerung an dich auf den Menschen wirken, da du noch jetzt nach so vielen Jahren des Kummers und Leidens das Herz des greisen Schakta heftig erregst.
Wie sehr sind doch die Sterblichen willenlose Sklaven ihrer Leidenschaften! Den edlen Lopez verließ ich, trotzte allen Gefahren, um ein freies, ungebundenes Leben zu führen: und in einem einzigen Augenblick hatte der Blick einer Frau alle meine Gedanken, Neigungen und Entschlüsse über den Haufen geworfen. Ich vergaß mein Vaterland, meine Mutter,

meine Wohnstätte und den martervollen Tod, den ich erleiden sollte; auf nichts achtete ich, ich war gleichgültig gegen alles, was sich nicht auf Atala bezog. Die Kraft, mit Energie mich aufzuraffen, fehlte mir, fast glich ich einem Kinde, das sich nicht zu helfen weiß; weit entfernt, etwas tun zu können, um mich von den drückenden Fesseln zu befreien, dem drohenden Unheil zu entgehen, wäre es fast nötig gewesen, für meinen Schlaf und meine Nahrung zu sorgen.

Vergebens warf sich Atala, nachdem wir lange in der Wildnis umhergestreift waren, zu meinen Füßen, flehentlich bittend, sie zu verlassen. Ich erklärte ihr, daß ich allein ins Lager zurückkehren würde, falls sie sich weigern sollte, mich wieder an jenen Baumstamm anzubinden. Sie mußte sich meinem Willen fügen, gab jedoch keineswegs die Hoffnung auf, mich ein andermal zur Flucht zu überreden.

Am Abend nach diesem Tage, welcher das Schicksal meines ganzen Lebens entschieden hatte, rasteten wir in einem Tale nahe bei Cuscovilla, dem Hauptorte der Siminolen, die in Gemeinschaft mit den Muscogulgen den Bund der Kreks bildeten. Die Tochter der Wildnis besuchte mich wieder in der Nacht. Sie führte mich in einen großen Tannenwald und beschwor mich von neuem, zu fliehen. Ohne ihr zu antworten, ergriff ich ihre Hand und zog sie tiefer in das Gehölz hinein. Die Nacht war köstlich. Der Genius der Lüfte schüttelte sein blaues, duftendes Lockenhaar, und wir atmeten den schwachen Ambraduft ein, den die unter den Flußtamarinthen sich kauernden Krokodile von sich gaben. Der Mond glänzte am wolkenlosen Himmel und verbreitete sein magisches Licht über die Wipfel der Wälder. Nicht das leiseste Geräusch ließ sich vernehmen, nur ein harmonisches Säuseln drang aus der Tiefe des Waldes zu uns: Man möchte sagen, daß die Seele der Einsamkeit in der weiten Wildnis leise Seufzer ausstieße.

Wir bemerkten durch die Bäume hindurch einen jungen Menschen, welcher, eine Fackel in der Hand, dem Gotte des Frühlings glich, wie er die Wälder durchstreifte, um die Natur von neuem zu beleben. Es war ein Liebender, der vor der Hütte seiner Geliebten stand, von ihr die Entscheidung erwartend.

Löscht die Jungfrau die Fackel aus, so ist sie dem Jüngling geneigt, verschleiert sie sich aber, ohne die Fackel zu löschen, so weist sie den Bewerber zurück.

Der Krieger verbarg sich im Schatten der Bäume und sang mit leiser Stimme:

»Auf die Höhen der Berge will ich eilen, eh' die Sonne mit ihrem Strahlenkranze im fernen Osten sich zeigt, um unter den Eichen des Waldes meine einsame Taube zu suchen.

Um den Hals habe ich ihr eine Kette von Porzellanmuscheln gebunden: Drei rote als Farbe der Liebe, drei veilchenfarbene als Sinnbild der Furcht und drei blaue als Symbol der Hoffnung.

Mila hat Augen wie ein Hermelin und weiches wolliges Haar, einem wogenden Reisfelde vergleichbar, und ihr Mund gleicht einer mit Perlen geschmückten roten Muschel.

O möchte doch Mila die Fackel auslöschen.

Auf die Höhen der Berge will ich eilen, bevor Aurora erscheint, um unter den Eichen der Wälder meine einsame Taube zu suchen.«

Dies sang der Jüngling. Seine Worte erregten die innersten Tiefen meines Herzens, und auch Atalas Auge erglänzte in lebhaftem Feuer. Unsere Hände ruhten fest ineinander. Doch bald fesselte eine andere Erscheinung, die uns beide in die größte Unruhe versetzte, unsere Aufmerksamkeit.

Wir kamen nämlich bei dem Grabe eines Kindes vorbei, welches zwei Volksstämmen als Grenzstein ihres Gebietes diente. Der Sitte des Landes gemäß lag dasselbe am Wege, damit die jüngeren Frauen, wenn sie zur Quelle gingen, die Seele des unschuldigen Kindes in sich aufnehmen und so dem Vaterlande zurückgeben könnten. Man sah in diesem Augenblick neuvermählte Gattinnen, die ihre Lippen öffneten, um die Seele des Säuglings einzuatmen, welche nach ihrer Meinung über den Blumen schwebte. Es kam auch die Mutter des Kindes selbst, legte eine Maisgarbe und Lilien auf das Grab, setzte sich dann auf den sanften Rasen hin und sprach mit zärtlicher Stimme:

»Warum soll ich dich beweinen in deiner Wiege von Erde, o mein Erstgeborener? Sobald der Vogel flügge wird, muß er sich selbst seine Nahrung suchen, und, ach, er findet nur zu oft in der Wildnis statt der süßen Körner bittere Kerne. Deine Wangen haben noch keine Tränen des Schmerzes und des Grames genetzt, und niemals zerfleischten die giftigen Stacheln des Lebens dein kleines Herz. Die Knospe, die schon im zarten Keim dahinwelkt, geht mit all' ihren Wohlgerüchen vorüber wie du, mein Sohn, mit deiner Unschuld. Glücklich sind die, welche schon in der Wiege sterben, sie haben nur die Küsse und das Lächeln einer Mutter erfahren«.

Schon von den Empfindungen unsers eigenen Herzens ganz und gar beherrscht, erlagen wir diesen Bildern des höchsten Frauen- und Mutterglücks, die uns in diese bezaubernde Wildnis zu verfolgen schienen. Ich trug Atala auf meinen Armen in das Dickicht des Holzes und flüsterte ihr Worte zu, nach denen mein Mund heute vergeblich suchen würde. Mein lieber Sohn, der Südwind büßt seine Hitze ein, wenn er über die Eisberge dahinweht. Die Erinnerungen an die Liebe im Herzen eines Greises sind wie die Flammen des Tages, welche von der friedlichen Scheibe des Mondes zurückstrahlen, nachdem schon die Sonne ihren Kreislauf vollendet und tiefer Frieden über den Hütten der Wälder lagert.

Was konnte Atala retten? Was konnte sie damals hindern, der Leidenschaft zu erliegen? Ohne Zweifel nur ein Wunder, und dieses Wunder geschah. Die Tochter Simaghans nahm ihre Zuflucht zu dem Gott der Christen; sie kniete nieder und richtete ein inbrünstiges Gebet an ihre Mutter und an die Königin der Jungfrauen. O René, von diesem Augenblick an bekam ich einen hohen Begriff von der christlichen Religion, die so viele Unglückliche trotz der sie umgebenden Wildnis, trotz der vielen Entbehrungen, denen sie ausgesetzt sind, mit hoher Wonne und Zuversicht erfüllt, von dem Glauben, der in dem Kampfe gegen den Dämon der Leidenschaften in sich selbst die Kraft besitzt, zu siegen und die Gewalt des Feindes zu brechen. Im himmlischen Lichte erschien mir die einfache Wilde, die ungebildete Atala, welche vor dem abgebrochenen Stamme einer alten Pinie wie vor einem Altar kniete und zu Gott für den Geliebten betete. Ihre Augen, gen Himmel gerichtet, ihre Wangen, von Tränen benetzt, erschienen in fast überirdischem Lichte. Mehrmals glaubte ich, sie müßte sich erheben und auf goldenen Flügeln in höhere Regionen sich emporschwingen, dann wieder vermeinte ich die Genien, welche der Gott der Christen den auf den Felsen wohnenden Einsiedlern zuschickt, wenn er sie bald vor seinen Richterstuhl fordern will, auf den Strahlen des Mondes herniedersteigen zu sehen und ihr Rauschen in den Zweigen der Bäume zu vernehmen. Dies erfüllte mein Herz mit tiefer Trauer, denn ich befürchtete, daß Atala vielleicht gar bald sterben würde.

Unterdessen flossen ihre Tränen unaufhaltsam, und sie zeigte sich so unglücklich, daß ich schon versucht war, mich zu entfernen, als plötzlich das Geschrei des Todes im Walde widerhallte. Vier bewaffnete Indianer stürzten auf uns zu; wir waren entdeckt; der Führer des Krieges hatte unsere Verfolgung anbefohlen.
Atala, welche durch ihre stolze Haltung einer Königin glich, würdigte die Krieger keines Wortes. Sie warf ihnen einen geringschätzenden Blick zu und begab sich zu Simaghan.
Sie konnte jedoch nichts für mich tun; man verdoppelte sogar meine Wachen und band mich noch fester. So verflossen fünf Nächte. Endlich sahen wir am Ufer des Flusses Schata-Uche das Dorf Agalachucla. Sogleich schmückten sie mich mit Blumen, bemalten mein Gesicht mit blauen und roten Farben, hängten mir Perlen an Nase und Ohren und gaben mir ein Chichikoue[5] in die Hand.
So zum Opfertode geschmückt, zog ich unter dem Schreien und Jubeln der Menge in Agalachucla ein. Es war um mein Leben geschehen, als sich plötzlich das Geräusch einer Muschel vernehmen ließ und der Mico, d. i. der Häuptling des Stammes, eine Versammlung berief.
Du kennst die Martern, mein Sohn, mit denen die Wilden die Kriegsgefangenen quälen. Die christlichen Missionare hatten es mit eigener Lebensgefahr und durch unendliche Bestrebungen bei mehreren Völkerschaften durchgesetzt, statt des schrecklichen Feuertodes eine ziemlich milde Knechtschaft eintreten zu lassen. Die Muscogulgen hatten diese Gewohnheit noch nicht angenommen, doch ein großer Teil derselben stimmte für die Einführung dieser Strafe. Um diese wichtige Angelegenheit zu beraten, berief der Mico die Saschems. Man führte mich an den Ort der Verhandlungen.
Nicht weit von Agalachucla erhob sich auf einem isolierten Hügel der Ratsaal. Drei Säulengänge bildeten eine geschmackvolle Rotunde. Die Säulen waren von poliertem und geschnitztem Zypressenholz; sie nahmen an Höhe und Umfang zu und an Zahl ab, je mehr sie sich dem durch einen einzigen Pfeiler bezeichneten Mittelpunkt näherten. Von der Spitze dieses Pfeilers liefen Streifen von Baumrinden nach den übrigen Säulen zu und deckten so den Saal in Form eines durchbrochenen Fächers.
Der Rat versammelte sich. Fünfzig Greise in Mänteln von

Biberfellen verteilten sich der Saaltür gegenüber auf den Stufen. Das Oberhaupt sitzt unter ihnen, die halb für den Krieg gefärbte Friedenspfeife in der Hand. Rechts von den Greisen lassen sich fünfzig Frauen nieder, in Gewändern von Schwanenfedern. Die Kriegsführer, den Tomahawk in der Hand, die Feder am Haupte, die Arme und Brust mit Blut bemalt, stehen auf der linken Seite.
Am Fuße des mittleren Pfeilers brennt das Feuer des Rates. Der erste Jongleur, von acht Tempelhütern umgeben, ist mit einem langen Überwurf bekleidet und trägt auf dem Haupte eine ausgestopfte Eule; er gießt Palmenbalsam in die Flammen und opfert der Sonne. Die dreifache Reihe der Greise, die Matronen und Krieger, die Priester, die Weihrauchwolken, das Opfer, alles diente dazu, dem Rat ein ehrwürdiges Ansehen zu geben.
Ich stand gefesselt mitten in der Versammlung. Nachdem geopfert war, ergreift der Mico das Wort und setzt in kurzen und klaren Worten den Zweck der Versammlung auseinander. Er wirft ein blaues Halsband in den Saal als Zeugnis für seine Worte.
Darauf erhebt sich ein Saschem aus dem Stamme des Adlers und spricht:
»Mein Vater Micho, Saschems, Matronen, Krieger der vier Stämme des Adlers, des Bibers, der Schlange und der Schildkröte! Lasset uns nicht von den Sitten und Gebräuchen unserer Vorfahren abgehen, laßt uns den Gefangenen verbrennen und unsern Mut nicht abschwächen. Es ist eine Gewohnheit der Weißen und kann so nur verderblich wirken. Gebt mir ein rotes Halsband, welches meine Worte enthalte. Ich habe gesprochen.«
Und er wirft ein rotes Halsband zwischen die Versammlung: Eine Matrone erhebt sich und sagt:
»Mein Vater Adler, du bist schlau wie ein Fuchs und besonnen wie eine Schildkröte. Ich will mit dir eine innige Freundschaft schließen, und wir wollen gemeinsam den Baum des Friedens pflanzen. Aber laßt uns die Gewohnheiten unsrer Ahnen in den Punkten ändern, welche veraltet sind. Mögen wir Sklaven haben, die uns das Feld bebauen, und laßt uns nicht mehr das Geschrei der Kriegsgefangenen hören, welches uns Mütter erzittern macht. Ich habe gesprochen.«
Wie man während eines Sturmes die Wogen des Meeres sich

brechen sieht, wie zur Zeit des Herbstes die dürren Blätter dem Wirbelwind als Spielball dienen, wie sich bei einer plötzlichen Überschwemmung das Schilfrohr der Meschacebe senkt und hebt, wie ein großes Rudel Hirsche im Dunkel des Waldes schreit, so bewegt's sich hin und her und summt es in der Versammlung. Die Meinungen sind verschieden, man gerät aneinander, und schon will der Rat sich entfernen; aber endlich bleibt das Althergebrachte bestehen, und ich werde zum Feuertode verurteilt.

Ein Umstand verzögerte meine Hinrichtung. Das Totenfest oder das sogenannte Fest der Seelen nahte. Während der zeremoniellen Feierlichkeiten darf nach den Gesetzen der Wilden kein Gefangener getötet werden. Man übergab mich einer strengen Wache. Simaghans Tochter hatten die Saschems ohne Zweifel entfernt, denn ich sah sie nicht wieder.

Inzwischen waren die Völkerschaften in einem Umkreise von mehr als dreihundert Meilen herbeigekommen, um das Fest der Seelen zu feiern. An einer einsamen Stelle hatte man eine lange Hütte errichtet. An dem Festtage gruben die Glieder einer jeden Hütte die Überreste ihrer Väter aus den Gräbern aus, und man hing die Skelette in bestimmter Ordnung und familienweise an den Wänden des gemeinsamen Ahnensaales auf. Die Winde – es hatte sich ein Sturm erhoben –, die Wälder und die Ströme brausten und rauschten wild durcheinander, während Greise aus verschiedenen Völkerschaften bei den Gebeinen ihrer Väter Schutz- und Trutzbündnisse schlossen.

Man feiert die Leichenspiele, den Wettlauf, das Ball- und das Knöchelspiel. Der Zauberer ruft den Mischabou, den Gott der Gewässer an. Er erzählt den Krieg des großen Hasen gegen Matschimanitou, den Gott des Bösen. Er spricht von dem ersten Manne und der ersten Frau Atahensika, die aus dem Paradies vertrieben sind, nachdem sie ihre Unschuld verloren; von der durch Brudermord geröteten Erde; von dem gottlosen Jouskika, welcher den gerechten Tahouistsaron opferte; von der Sintflut, die auf das Wort des großen Geistes herabströmte; von Masolu, der, von allen allein übriggeblieben, sich in der hölzernen Arche rettete und von dem Raben, der zur Erspähung festen Landes ausgeschickt ward, und endlich von der schönen Endae, die von ihrem Gemahl durch liebliche Gesänge dem Reiche der Toten wieder entrissen ist.

Nach diesen Spielen und Gesängen bereitet man sich vor, den Ahnen ein ewiges Begräbnis zu geben.

An dem Ufer des Schata-Uche wuchs ein wilder Feigenbaum, den die Völker als heilig verehrten. Die Jungfrauen waren gewohnt, hier ihre Kleider aus Baumbast zu waschen und sie an den Zweigen des ehrwürdigen Baumes den Winden zum Trocknen anheimzugeben. Dort war schon ein sehr großes Grab gegraben. Man verläßt den Trauersaal, und indem die Hymne an den Tod gesungen wird, trägt jede Familie einige heilige Reliquien. Sie kommen zum Grabe und versenken die teuren Andenken, die schichtenweise gelegt und durch Bären- und Biberfelle voneinander gesondert werden. Ein Hügel erhebt sich über das Grab, bepflanzt mit dem Baum der Tränen und des Schlafes.

Laßt uns die Menschen beklagen, mein lieber Sohn! Dieselben Indianer, deren Pietät so rührend war, dieselben Frauen, welche eine so rege und zärtliche Teilnahme für mich an den Tag gelegt haben, forderten jetzt schreiend und tobend meine Hinrichtung; und ganze Völkerschaften schoben ihre Abreise auf, um sich an den schrecklichsten Qualen eines unglücklichen Jünglings zu ergötzen.

In einem nördlichen Tale, nicht weit vom großen Dorfe entfernt, erhebt sich ein kleines Gehölz von Zypressen und Tannen, welches »der Hain des Blutes« genannt wird. Um in diesen zu gelangen, muß man durch die Ruinen eines jener Denkmäler gehen, deren Ursprung uns völlig unbekannt ist und die von einem Volke herrühren, das schon längst vom Erdboden verschwunden ist.

In der Mitte dieses Gehölzes liegt ein freier Platz, auf dem die Kriegsgefangenen geopfert wurden. Man führte mich im Triumphe dorthin. Alle Vorbereitungen zu meinem Tode werden getroffen. Der Pfahl des Aresconi wird eingerammt; Fichten, Ulmen und Zypressen werden gefällt, der Holzstoß türmt sich auf, die Zuschauer errichten sich aus Zweigen und Baumstämmen bequeme Sitzplätze. Jeder sinnt auf eine Todesart für mich: Der eine nimmt sich vor, mir die Haut vom Schädel zu reißen, der andere will mit glühendem Eisen mir die Augen blenden. Ich stimmte meinen Sterbegesang an.

»Ich fürchte die Martern nicht; ich bin tapfer, o Muscogulgen, ich verachte euch mehr als alle Frauen. Mein Vater Outalissi, der Sohn des Miscou, hat aus dem Schädel eurer tapfersten

Krieger getrunken. Nicht werdet ihr mir durch eure Grausamkeit den leisesten Seufzer auspressen.«
Durch diese Worte fühlte sich ein Krieger in seiner Ehre verletzt, und er durchbohrte mir mit der Lanze den Arm.
»Ich danke dir, Bruder«, rief ich ihm zu.
Ungeachtet meine Henker eine rege Tätigkeit entwickelten, konnten sie mit den Vorbereitungen zu meiner Hinrichtung doch nicht vor Abend fertig werden; man fragte deshalb einen Zauberer um Rat, was zu tun sei, und als dieser die Erklärung gab, daß die Geister der Nacht durch mein schmerzliches Geschrei nicht beunruhigt werden dürften, ward die Exekution auf den folgenden Tag verschoben. Voller Ungeduld, ihre Augen an dem blutigen Schauspiel zu weiden, verblieben die Indianer, um schon mit Sonnenaufgang an Ort und Stelle zu sein, in dem Haine des Blutes; sie zündeten große Feuer an und begannen zu zechen und zu tanzen.
Unterdessen hatte man mich auf den Rücken gelegt und meinen Hals, meine Füße und Arme mit Stricken umwunden, die an eingerammten Pfählen befestigt waren. Krieger lagen auf diesen Stricken, und so konnte ich mich nicht rühren, ohne daß sie es sofort bemerkt hätten. Die Nacht senkte sich auf das Land; Gesang und Tanz hörte nach und nach auf, die Feuer verbreiteten nicht mehr ein so grelles Licht, und undeutlich sieht man bei dem Scheine desselben die dunklen Umrisse einzelner Wilden vorbeihuschen. Endlich schläft alles. Sobald aber das geräuschvolle Treiben der Menschen aufhört, belebt sich ringsumher die Natur, und dem lärmenden Schreien folgen die Klagelieder des Windes im Walde.
Die Augen gen Himmel gerichtet, an dem der zunehmende Mond zwischen Wolken seine Bahn vollendet, gedachte ich meines traurigen Schicksals. Atala erschien mir im höchsten Grade undankbar. Mich im Augenblick des Todes zu verlassen, mich, der ich lieber den schrecklichsten Feuertod erduldet hätte, als sie aufzugeben! Und dennoch fühlte ich meine innige Liebe zu ihr, dennoch war ich mir bewußt, daß ich mit Freuden für sie sterben würde.
Die höchste Freude birgt einen Stachel in sich, der uns erweckt, um uns gleichsam zu ermahnen, den flüchtigen Augenblick auszunützen, während der herbe Schmerz uns gewaltsam niederdrückt und einschläfert; die Augen, durch unaufhaltsam fließende Tränen matt und verschleiert, suchen sich endlich

von selbst zu schließen, und so macht sich die Güte der Vorsehung selbst im Unglück bemerkbar. Jener dumpfe Schlaf, der auch die Unglücklichen zuweilen erquickt, überkam mich. Es dünkte mich, als ob meine Fesseln gelöst würden und ein wohltuendes Gefühl, welches uns stets beschleicht, wenn eine hilfreiche Hand unsere Ketten lockert, bemächtigte sich meiner.

Dieses Gefühl wurde stärker und immer stärker, so daß ich die Augen aufschlug. Bei dem fahlen Scheine des Mondes, von dem ein Strahl zwischen zwei Wolken hervorbrach, sah ich, wie eine große weiße Gestalt sich über mich beugte, beschäftigt, still meine Banden zu lösen. Fast hätte ich laut aufgeschrien, wenn nicht eine wohlbekannte Hand sich mir auf den Mund gelegt. Nur ein einziger Strick war noch übrig, aber diesen zu durchschneiden, schien mir unmöglich, ohne den Krieger zu berühren, der mit seinem ganzen Körper darauf lag. Atala macht den Versuch. Der Körper erhebt sich schlaftrunken. Regungslos steht das Mädchen da und blickt ihn starr an. Der Indianer glaubt, den Geist der Ruinen zu sehen und legt sich wieder zur Ruhe, indem er die Augen schließt und Manitou anruft. Der Knoten ist gelöst. Ich stehe auf und folge meiner Begleiterin, welche mir das eine Ende eines Bogens reicht, während sie das andere in der Hand hält. Aber von wie vielen Gefahren sind wir umgeben! Bald sind wir nahe daran, eingeschlafene Wilde mit dem Fuße zu berühren, bald ruft uns eine Wache an, und Atala antwortet mit verstellter Stimme. Kinder schreien, Doggen schlagen an. Kaum haben wir die äußersten Grenzen des Lagers überschritten, als ein furchtbares Geheul den Wald erzittern machte. Im Lager entwickelte sich ein reges Leben, unzählige Feuer lodern empor, man sieht überall Wilde mit Fackeln umherlaufen: Wir beschleunigen unsere Schritte.

Als die Morgenröte die Apalachen beschien, waren wir schon weit entfernt. Wie groß war mein Glück, als ich mich noch einmal mit Atala, mit ihr, die mich befreit, die mir ganz und gar ergeben war, allein in der Einsamkeit befand. Die Stimme versagte mir den Dienst, ich kniete nieder und sprach zur Tochter Simaghans:

»Die Menschen sind sehr wenig, aber wenn die Genien sie besuchen, sind sie gar nichts. Du bist ein Genius, du hast mich besucht, und nun kann ich nicht vor dir reden.«

Atala reichte mir lächelnd die Hand.
»Ich muß dir wohl folgen«, sagte sie, »da du nicht ohne mich fliehen willst. Diese Nacht habe ich den Zauberer durch Geschenke bestochen, habe deine Henker mit Feuerwasser berauscht und habe mein Leben für dich aufs Spiel setzen müssen, da du das deinige für mich gegeben hast. Ja, junger Götzendiener«, fügte sie mit sonderbarer Betonung hinzu, »das Opfer wird ein gegenseitiges sein.«
Atala überreichte mir jetzt die Waffen, die sie fürsorglich mitgebracht hatte, und verband dann meine Wunden. Während sie dieselben mit einem Papayabaumblatt reinigte, benetzte sie sie mit ihren Tränen.
»Du träufelst Balsam auf meine Wunde«, sagte ich ihr.
»Ich fürchte vielmehr Gift«, antwortete sie.
Sie zerriß einen ihrer Schleier und machte daraus einen Notverband, den sie mit einer Haarlocke um meinen Arm befestigte.
Die Trunkenheit, welche bei den Wilden ziemlich lange anhält und die für sie eine Art von Krankheit ist, hinderte sie ohne Zweifel, uns in den ersten Tagen zu verfolgen. Wenn sie auch später unsere Spur suchten, so ist anzunehmen, daß es nach Westen hin geschah, in der sicheren Voraussetzung, daß wir versuchen würden, den Meschacebe zu erreichen; wir hatten uns aber gen Norden gewandt, indem wir uns nach dem Moos an den Bäumen richteten.
Gar bald ward es uns klar, daß wir durch meine Befreiung wenig erreicht hatten. Eine furchtbare Wildnis dehnte sich weit vor uns aus. Was sollte aus uns werden, die wir, mit der Lebensweise in den Wäldern unbekannt, zwecklos hin- und herirrten und aufs Geratewohl weiter wanderten? (...)

Das Drama

Wenn mein Traum von Glück lebhaft gewesen ist, so war er auch nur von kurzer Dauer, und das Erwachen erwartete mich bereits an der Grotte des Einsiedlers. Ich war überrascht, daß uns Atala, als wir um die Mittagszeit nach Hause zurückkehrten, nicht entgegenkam. Ein plötzlicher Schrecken überkam mich. Als wir der Hütte näher kamen, wagte ich nicht, die Tochter des Lopez zu rufen, denn meine Phantasie fürchtete ebenso sehr die Antwort wie das Stillschweigen auf den Ruf.

Ich war durch das Dunkel, welches am Eingang des Felsens herrschte, noch mehr erschreckt und sagte zu dem Einsiedler:
»O du, dessen Wege Gott leitet, dessen Mut ein höheres Wesen hebt, dringe ein in diese Finsternis.«
Wie schwach ist doch der Mensch, den die Leidenschaften beherrschen, und wie stark derjenige, der auf Gott vertraut! Diesen frommen Mann, welcher schon sechsundsiebzig Jahre hindurch den Stürmen des Lebens getrotzt hatte, beseelte ein größerer Mut als mich, der ich in der Vollkraft meiner Jahre stand. Der Mann des Friedens trat in die Grotte, während ich unter Furcht und Zagen draußen wartete. Bald drangen schwache Klagetöne aus dem Innern der Höhle zu mir. Ich stieß einen lauten Schrei aus, nahm alle meine Kräfte zusammen und stürzte mich in das Dunkel der Hütte... Geist meiner Väter! Ihr allein wißt, welch ein Schauspiel sich meinen Augen darbot.
Der Einsiedler hatte eine Fichtenfackel angezündet und hielt sie mit zitternder Hand über Atalas Lager. Totenbleich, mit wirrem Haar erblickten wir das schöne junge Mädchen, den Kopf auf die Hand gestützt. Kalter Schweiß stand auf ihrer Stirn, ihr halberloschener Blick zeigte mir noch ihre innige Liebe zu mir, und ein schmerzliches Lächeln umspielte ihre Mundwinkel. Wie vom Blitz gerührt, die Augen starr auf sie geheftet, die Arme ausgebreitet und die Lippen halb geöffnet, stand ich da, unbeweglich, einer Statue gleich. Ein tiefes Schweigen herrschte einen Augenblick unter diesen drei Personen der schmerzlichen Szene. Der Einsiedler unterbrach es zuerst.
»Es wird«, sagte er, »nur ein Fieber sein, in Folge der Anstrengungen hervorgerufen, und wenn wir dem göttlichen Willen Gottes vertrauen, wird er Erbarmen mit uns haben.«
Bei diesen Worten strömte mir das Blut, das bis dahin in den Adern gestockt hatte, wieder zum Herzen, und mit der den Wilden eigenen Heftigkeit überließ ich mich sofort wieder der fröhlichsten Zuversicht. Aber nicht lange gewährte Atala sie mir. Traurig schüttelte sie das Haupt und gab uns ein Zeichen, zu ihrem Lager zu kommen.
»Mein Vater«, begann sie mit schwacher Stimme, sich an den Priester wendend, »ich fühle die Nähe des Todes. O Schakta! Höre mich ruhig an, und ergib dich nicht der Verzweiflung.

Atala und Schakta (1805)

Jetzt endlich will ich dir das unselige Geheimnis enthüllen, welches ich dir bis dahin verschwiegen habe, um dich nicht zu unglücklich zu machen und um dem Befehl meiner Mutter Folge zu leisten. Unterbrich mich nicht durch Äußerungen deines Schmerzes, welche nur die wenigen Minuten, die ich noch zu leben habe, verkürzen würden. Ich habe dir viel zu erzählen, und an den Schlägen des Herzens, welche immer schwächer werden, und an dem mir unerklärlichen beängstigenden Gefühle, das meine Brust zusammenpreßt, fühle ich, daß ich mich sehr beeilen muß.«
Nach einer augenblicklichen Pause fuhr Atala fort:
»Mein trauriges Geschick hat schon, noch ehe ich das Licht der Welt erblickte, begonnen. Man verzweifelte fast an meinem Leben. Um mich dem Tode zu entreißen, tat meine Mutter ein heiliges Gelübde: Sie gelobte der Königin der Engel, daß ich zeitlebens eine ewige Jungfrauenschaft bewahren sollte, wenn ich am Leben bliebe. – Unglückseliges Gelöbnis, das mich jetzt ins Grab stürzt.
Ich trat in mein sechzehntes Jahr, als ich meine Mutter verlor. Einige Stunden vor ihrem Tode rief sie mich zu sich an ihr Sterbebett. ›Meine Tochter‹, sagte sie in Gegenwart eines Missionars, der sie in ihren letzten Augenblicken auf das Leben im Jenseits hinwies und sie tröstete, ›meine Tochter, du kennst bereits das Gelübde, das ich für dich geleistet. Würdest du deine Mutter Lügen strafen können? O meine Atala, ich lasse dich in einem Erdteil zurück, von dessen Bewohnern niemand verdient, eine Christin zu besitzen, inmitten heidnischer Götzendiener, welche den Gott deines Vaters und deiner Mutter, welche den Gott verfolgen, der dir das Leben gab und dich durch ein Wunder erhielt. Ja, meine Tochter, durch den Nonnenschleier entwindest du dich den Sorgen eines Familienlebens und den verderblichen Leidenschaften, welche das Herz der Mutter gebrochen haben. So komm, meine Geliebte, komm und schwöre bei diesem Bilde der Mutter unseres Heilandes, in die Hand dieses frommen Paters und angesichts deiner sterbenden Mutter, daß du mich nicht verraten willst. Bedenke, daß ich mein Wort für dich verpfändet habe, um dir das Leben zu retten, und daß, falls du mein Versprechen nicht erfüllst, die Seele deiner Mutter durch deine Schuld den ewigen Qualen anheimfällt.‹
O meine Mutter, warum sprachst du so? O Religion, die du

mir zu gleicher Zeit Glück und Unglück bereitest, die du mich ins Verderben stürzest und doch wieder mit erhebendem Troste erfüllst! Und du, teurer und bejammernswerter Gegenstand meiner Leidenschaft, die mich noch in den Armen des Todes verzehrt, du weißt jetzt, o Schakta, wodurch unser grausames Schicksal entstanden ist... In Tränen zerflossen warf ich mich an die Brust meiner Mutter und versprach alles, was man von mir forderte. Der Missionar sprach mir die furchtbare Eidesformel vor und gab mir das Skapulier, das mir auf immer die irdischen Freuden versagte. Meine Mutter drohte mit ihrem Fluche, wenn ich jemals mein Gelübde bräche. Nachdem sie mir noch unverbrüchliches Schweigen gegen die Heiden, die Widersacher unseres Glaubens, zur Pflicht gemacht, hauchte sie in meinen Armen den Geist aus.

Anfangs ahnte ich noch nicht die Gefahren meines Schwures. Voll Frömmigkeit, eine wahre Christin, stolz auf das spanische Blut, welches in meinen Adern floß, sah ich nur Männer um mich her, die unwürdig waren, meine Hand zu empfangen, und ich rühmte mich, keinen andern Gott als den Gott meiner Mutter zu haben. Da sah ich dich, junger und schöner Gefangener, ich fühlte Mitleid mit dir, und ich wagte, am Feuer des Waldes mit dir zu sprechen: Jetzt erst fühlte ich die ganze Schwere meines Gelübdes.«

Als Atala ihre Erzählung beendet hatte, trat ich mit geballter Hand und drohendem Blick auf den Missionar zu und rief:

»Das ist also die Religion, die du mir so sehr gerühmt hast. Fluch dem Eide, der mir Atala entriß! Fluch dem Gotte, welcher mit der Natur im Widerspruch liegt! Mann, Priester, warum bist du in diese Wälder gekommen?«

»Um dich zu retten«, erwiderte der Greis mit schrecklicher Stimme. »Deine Leidenschaft will ich bezähmen, und ich will dich, Gotteslästerer, hindern, den Zorn Gottes auf dich zu laden. Es steht dir schön an, junger Mann, der du kaum in das Leben eingetreten bist, über deine Leiden zu klagen! Wo sind denn die Zeichen deiner Leiden? Wo sind die Ungerechtigkeiten, die du erduldet haben willst? Wo deine Tugenden, die allein dir ein Recht geben könnten, zu klagen? Welche Verdienste hast du? Welche edlen Taten hast du verrichtet? Unglücklicher, nur Leidenschaften sind's, die du zeigst, und du wagst es, Gott anzuklagen? Wenn du wie der Pater Aubry dreißig Jahre als Verbannter in der Wildnis umhergeirrt wärest, würdest du weniger schnell über die Wege der Vorsehung urteilen, dann würdest du begreifen, daß du nichts weißt, nichts bist, und daß es keinen so herben Kummer, kein so großes Unglück gibt, welches der Mensch nicht zu erdulden verdiente.«

Die Blitze, die die Augen des Greises sprühten, sein Bart, der bis zur Brust hinabreichte, seine niederschmetternden Worte ließen ihn als einen Gott erscheinen. Durch seine Würde entwaffnet, fiel ich ihm zu Füßen und bat um Verzeihung, daß ich so jähzornig gewesen.

»Mein Sohn«, antwortete er mit so milder Stimme, daß ich mir die heftigsten Gewissensbisse machte, »nicht um meiner selbst willen habe ich dich getadelt. Ja, du hast recht, mein liebes Kind, ich habe nur wenig Gutes in diesen Wäldern ausgerichtet, und Gott hat keinen unwürdigeren Diener als mich. Aber mein Sohn, den Himmel darf man nicht anklagen. Verzeihe mir, wenn ich dich beleidigt habe, und laß uns deine Schwester anhören. Vielleicht findet sich noch ein Ausweg; hoffen wir das Beste! Schakta, eine Religion, welche aus der Hoffnung eine Tugend macht, ist fürwahr rein und erquickend.«

»Mein junger Freund«, begann Atala wieder, »du bist Zeuge meiner Kämpfe gewesen, aber doch hast du nur den kleinsten Teil davon gesehen. Das Übrige verbarg ich vor dir. Nein, der schwarze Sklave, welcher mit seinem Schweiße die heißen Sandwüsten Floridas benetzt, ist nicht so unglücklich als Atala es war. Dich zur Flucht beredend und dennoch überzeugt, sterben zu müssen, wenn du dich von mir entfernst; mich fürchtend, mit dir in die Wildnis zu fliehen und doch nach dem Schatten der Wälder mich sehnend... Ach, hätte ich nur die Eltern, die Freunde, das Vaterland, ja selbst (schrecklicher Gedanke) mein Seelenheil aufgeben müssen!... aber dein Schatten, o Mutter, dein Schatten begleitete mich auf allen Wegen, mich an seine Qualen gemahnend. Ich hörte deine Klagen, ich sah das starke Kohlenfeuer dich verzehren. Schlaflos wälzte ich mich des Nachts auf dem Lager, von den schrecklichsten Phantasiegebilden gepeinigt, und freudlos waren meine Tage. Der Abendtau trocknete, wenn er auf meine heißen Glieder fiel; ich öffnete meine Lippen dem Winde, aber anstatt mir Kühlung zu gewähren, entzündeten sie sich an der Glut meines Atems. Welche Qual, dich beständig um mich zu sehen, fern von allen Menschen, in der tiefen Einsamkeit, und zwischen dir und mir eine unüberwindliche Kluft zu erblicken. Mein Leben zu deinen Füßen zu verbringen, dir als deine Sklavin zu dienen, dir dein Mahl und deine Lagerstatt in einem abgelegenen Winkel der Erde zu bereiten, wäre für mich das höchste Glück gewesen; es war mir nahe, dies Glück, und doch konnte ich mich nicht daran erfreuen. Welche Träume entstanden nicht in diesem so traurigen Herzen! Welchen Gebilden habe ich nicht in Gedanken nachgehängt! Zuweilen, wenn mein Blick auf dir ruhte, ging ich so weit, eben so unsinnige wie frevelhafte Wünsche zu hegen; bald wollte ich mit dir die einzig lebende Kreatur auf der Erde sein; wenn ich dann aber die Gottheit fühlte, die den Sturm in meinem Innern zügelte, wünschte ich diese Gottheit vernichtet, wenn ich nur, von deinen Armen umschlossen, mit den Trümmern Gottes und der Welt von einem Abgrund zum andern gestürzt wäre! Und jetzt noch, darf ich es sagen? jetzt noch, wo sich mir der Himmel öffnet, wo ich vor dem unerbittlichen Richter erscheinen soll, jetzt noch, wo ich mit Freuden sehe, daß mein Gehorsam gegen die Mutter, meine Reinheit mein Leben verzehrt, in diesem Augenblick bereue ich, – o schrecklicher Widerspruch! nicht einmal dir ganz angehört zu haben!«

»Meine Tochter«, unterbrach sie der Missionar, »dein Schmerz führt dich irre. Dieses Übermaß der Leidenschaft, welchem du dich überlassest, ist selten gerecht, nicht einmal naturgemäß; aber in den Augen Gottes ist er weniger strafbar, weil es mehr eine Verirrung des Geistes als ein Fehler des Herzens ist. Entfliehe daher diesen heftigen Ausbrüchen der Leidenschaft, welche deiner Unschuld unwürdig sind. Auch hat dich, liebes Kind, deine aufgeregte Phantasie hinsichtlich des Gelübdes zu sehr beunruhigt. Die Religion verlangt nur solche Opfer von uns, die ein Mensch fähig ist zu leisten. Ihre wahren Empfindungen, ihre gemäßigten Tugenden sind hoch erhaben über die überspannten Gefühle und die erzwungenen Tugenden eines vermeintlichen Heroismus. Wenn du den Kämpfen erlegen wärest, armes verirrtes Schaf, würde dich der gute Hirte gesucht haben, um dich der Herde wieder zuzuführen. Die Schätze der Reue waren dir geboten: Es bedarf nicht der Ströme des Blutes, um uns in den Augen der Menschen von den Sünden rein zu waschen, dem Herren genügt eine einzige Träne. Beruhige dich also, meine Tochter, dein Zustand erfordert Ruhe. Beten wir zu Gott, welcher alle Wunden derer, die ihm dienen, heilt! Wenn es – und ich will es hoffen, sein Wille ist, so wirst du die Krankheit überwinden, und dann schreibe ich an den Bischof von Quebec; er hat die Macht, dich deines Gelübdes zu entbinden, welches nur zu den einfachen zählt. Alsdann wirst du in trauter Vereinigung mit Schakta deine Tage bei mir verleben.«

Bei diesen Worten ward Atala von heftigen Krämpfen befallen, aus denen sie nur erwachte, um sich dem unmäßigsten Schmerze zu überlassen.

»Was?« rief sie, die Hände leidenschaftlich zusammenpressend, »es gab einen Ausweg? Ich hätte meines Gelübdes entbunden werden können?« –

»Ja, meine Tochter«, erwiderte der Pater, »und du kannst es noch.«

»Es ist zu spät, es ist zu spät«, rief sie aus. »Muß ich sterben in dem Augenblick, wo ich erfahre, daß ich noch glücklich hätte sein können? O, hätte ich diesen frommen Greis früher gekannt! O, welches Glück würde mir heute mit dir, meinem christlichen Schakta zuteil werden... getröstet, beruhigt durch diesen ehrwürdigen Priester... in dieser Wildnis... zeitlebens... o, zu viel des Glückes wäre es gewesen!«

»Beruhige dich nur«, sagte ich ihr, indem ich die eine Hand der Unglücklichen ergriff; »wir werden dies Glück noch genießen.«

»Nie, nie!« rief Atala.

»Wie?« fragte ich.

»Du weißt noch nicht alles«, rief die Jungfrau, »gestern... während des Sturmes... ich war im Begriff, mein Gelübde zu brechen, und so meine Mutter in den Abgrund der ewigen Verdammnis zu stürzen, schon schwebte ihr Fluch über mir, schon belog ich Gott, der mir das Leben gerettet... Als du meine zitternden Lippen küßtest, wußtest du nicht, ahntest du nicht, daß du den Tod umarmtest!«

»Mein Gott!« rief der Missionar; »liebes Kind, was hast du getan?«

»Ein Verbrechen habe ich begangen, mein Vater«, erwiderte Atala gesenkten Auges; »aber nur ich bin verloren, meine Mutter ist gerettet.«

»Weiter!« rief ich entsetzt.

»Nun«, fuhr sie fort, »ich hatte meine Schwäche vorausgesehen; als ich mein Heimatland verließ, versah ich mich mit...«

»Womit?« rief ich außer mir vor Schmerz.

»Mit Gift!« sagte der Priester.

»Es zerfrißt schon mein Inneres«, rief Atala.

Die Fackel entfällt der Hand des Einsiedlers, ich falle wie tot neben der Tochter des Lopez nieder. Der Greis schließt uns beide in seine Arme, und wir alle vereinigen im Dunkel der Höhle unsere Klagen an dieser Lagerstatt des Todes.

»Ermannen wir uns, ermannen wir uns!« sagte endlich der mutige Einsiedler, indem er Licht anmachte. »Wir verlieren kostbare Minuten; als unerschrockene Christen wollen wir den feindlichen Elementen trotzen, den Strick um den Hals, die Asche auf dem Haupte wollen wir uns dem Höchsten zu Füßen werfen, um ihn um seine Milde anzuflehen, oder um uns seinen unerforschlichen Ratschlüssen zu beugen. Vielleicht ist es noch nicht zu spät. O meine Tochter, daß du dich mir gestern Abend nicht mitgeteilt!«

»Ach, mein Vater«, erwiderte Atala, »ich habe dich in der letzten Nacht aufgesucht, aber zur Strafe für meine Sünden hat Gott dich von mir entfernt. Alle Hilfe würde übrigens vergebens sein, denn die Indianer selbst, die in Rücksicht auf die Zubereitung von Giften so sehr erfahren sind, kennen keine Gegengifte für das, welches ich genommen. O Schakta, denke dir mein Erstaunen, als der Tod nicht so schnell erfolgte, als ich erwartete. Meine Liebe hat meine Kräfte verdoppelt, meine Seele konnte sich nicht so schnell von dir losreißen.«

Jetzt unterbrach ich die Erzählung Atalas nicht mehr durch Schluchzen, vielmehr durch ein nur den Wilden verständliches Betragen. Einem Rasenden gleich wälzte ich mich auf der Erde umher, die Arme verrenkend und die Hände mit den Zähnen zerfleischend. Der alte Pater sorgte mit einer wahrhaft rührenden Zärtlichkeit für Bruder und Schwester und leistete uns alle mögliche Hilfe. Trotz der Ruhe seines Herzens und trotz seines hohen Alters verstand er es doch, sich unseren jungen Herzen verständlich zu machen, und sein Glaube verlieh ihm Worte, die zärtlicher und zündender waren als unsere Leidenschaften selbst. Erinnert dich dieser Priester, welcher sich seit vierzig Jahren jeden Tag dem Dienste Gottes und der Menschen in diesen Bergen geopfert hat, nicht an jene

Anne Louis Girodet-Trioson: Die Grablegung der Atala (1808)

Brandopfer Israels, welche beständig an hohen Orten zur Ehre Gottes rauchten?

Ach, vergebens suchte er ein Heilmittel gegen das Übel Atalas zu finden. Die Ermüdung, der Kummer, das Gift und eine Leidenschaft, tödlicher als alle Gifte zusammen, vereinigten sich, um uns diese Blume der Wildnis zu rauben. Gegen Abend stellten sich die gefährlichsten Symptome ein; eine allgemeine Erstarrung lähmte die Glieder Atalas, und die äußeren Teile ihres Körpers begannen zu erkalten.

»Fühle meine Finger an«, sagte sie zu mir, »fühlst du nicht, daß sie kalt sind wie Eis?«

Ich wußte nicht, was ich antworten sollte; mein Haar sträubte sich vor Angst empor.

»Gestern noch, mein lieber Freund«, begann sie wieder, »machte mich die leiseste Berührung von dir zittern, und jetzt fühle ich nicht mehr deine Hand, vernehme kaum noch deine Stimme; ja, selbst die Gegenstände in der Grotte werden immer undeutlicher vor meinen Augen. Singen nicht die Vögel? Sinkt nicht jetzt die Sonne unter im fernen Westen?

Schakta, ihre Strahlen werden auch mein Grab bescheinen und verschönern.« (...)
»Meine Tochter«, antwortete der fromme Priester, »meine würdige Dienerin, komm, meine Taube und setze dich auf den Thron der Unschuld unter alle diese Mädchen, die ihre Schönheit und ihre Jugend dem Dienste der Menschheit, der Erziehung der Kinder und den Werken der Buße geweiht haben. Komm, mystische Rose, und ruhe dich aus an der Brust Jesu Christi. Dieser Sarg, das Hochzeitsbett, welches du dir gewählt hast, wird dich nicht täuschen, und die Umarmungen deines himmlischen Bräutigams werden niemals endigen.«

ADELBERT VON CHAMISSO

Der Stein der Mutter oder der Guahiba-Indianerin

(1828)

Wo durch die Ebnen in der heißen Zone
In ihrem stolzen Laufe sich gesellen
Der Orinoko und der Amazone,
Und wann zur Regenzeit die Ströme schwellen,
Unwirtbar, unzugänglich, wunderbar,
Der Urwald sich erhebet aus den Wellen:
Da herrscht im Wald der grause Jaguar,
Das Krokodil auf überfloßner Flur,
Den Tag verdunkelt der Moskitos Schar.
Der Mensch ersteht, verschwindet ohne Spur,
Ein armer unbedachter Gast der reichen,
Der riesenhaft unbändigen Natur.
Es pflanzt der Missionar des Heiles Zeichen
An Flussesufern weit hinauf, wovor
Der Wildnis freie Söhne fern entweichen.
Am Atabapos-Ufer ragt empor
Ein Stein, der Stein der Mutter, wohlbekannt
Dem Schiffer, der den Ort zur Rast erkor.
So ward er unserm Humboldt[1] auch genannt,
Als diesen Strom der Wildnis er befahren,
Von Wissensdurst und Tatenlust entbrannt.
»Der Stein der Mutter? Lasset mich erfahren,
Was redet dieser Stein mit stummem Munde?
Was soll für ein Gedächtnis er bewahren?«
Es schwiegen die Gefährten in der Runde.
Erst später, zu San Karlos angekommen,
Gab ihm ein Missionar die graus'ge Kunde:
»Einst ward von San Fernando unternommen
Ein Zug, um Seelen für den heil'gen Glauben
Und Sklaven, die uns dienen, zu bekommen.
Des heil'gen Ordens Satzungen erlauben,
Gewaltsam zu der Völker Heil zu schalten,
Und Heiden galt's am Guaviar zu rauben.

Es ward, wo Rauch vom Ufer stieg, gehalten;
Im Boote blieb, ein Betender, der Pater
Und ließ die rauhe Kraft der Seinen walten.
Sie überfielen, ohne Schutz und Rater,
Ein wehrlos Weib; mit seiner Söhne Macht
Verfolgte wohl den Jaguar der Vater, –
An Christen hatte nicht der Tor gedacht.
Und die Guahiba-Mutter ward gebunden
Mit zwei unmünd'gen Kindern eingebracht;
Sich wehrend, hätte sie den Tod gefunden,
Sie war umringt, ihr blieb zur Flucht nicht Raum;
Leicht ward sie, ob verzweifelnd, überwunden.
Es war, wie diese, schmerzensreich wohl kaum
Noch eine der Gefangnen, unverwandt
Rückschauend nach der heim'schen Wälder Saum.
Entfremdet ihrer Heimat, unbekannt
Zu San Fernando, kaum erlöst der Bande,
Hat sich die Rasende zur Flucht gewandt.
Den Fluß durchschwimmend, nach dem Vaterlande
Entführen wollte sie die kleinen beiden;
Sie ward verfolgt, erreicht am andern Strande.
Drob mußte harte Züchtigung sie leiden;
Noch blut'gen Leibes hat zum andern Mal
Versucht sie, zu entkommen zu den Heiden,
Und härter traf sie noch der Geißel Qual;
Und abermals versuchet ward die Tat;
Nur Freiheit oder Tod war ihre Wahl.
Da schien dem Missionar der beste Rat,
Von ihren Kindern weit sie zu entfernen,
Wo nimmer ihr der Hoffnung Schimmer naht.
Sie sollt' ihr Los am Rio Negro lernen.
Sie lag gefesselt, und es glitt das Boot
Den Fluß hinauf; sie spähte nach den Sternen.
Sie fühlte nicht die eigne bittre Not,
Sie fühlte Mutterliebe, Kern des Lebens,
Und Fesseln, und sie wünschte sich den Tod.
Die Fesseln sprengt sie plötzlich kräft'gen Strebens,
Da, wo den Stein am Ufer man entdeckt,
Und wirft sich in den Strom und schwimmt, – vergebens!
Sie ward verfolgt, ergriffen, hingestreckt
Auf jenen Stein, geheißen nach der Armen,
Mit deren Schmerzensblut er ward befleckt.

Sie ward gepeitscht, zerfleischet ohn' Erbarmen,
  Geworfen in das Boot zur weitern Fahrt
  Mit auf dem Rücken festgeschnürten Armen.
Javita ward erreicht auf solche Art;
  Die wund, gebunden, kaum sich konnte regen,
  Ward dort zu Nacht im Fremdenhaus verwahrt.
Es war zur Regenzeit, das wollt erwägen,
  Zur Regenzeit, wo selbst der kühnste Mann
  Nicht wagt den nächsten Gang auf Landeswegen;
Wo uferlos die Flüsse waldhinan
  Gestiegen sind; der Wald, der Nahrung zollte,
  Dem Hunger kaum Ameisen bieten kann;
Wo, wer in Urwaldsdickicht dringen wollte,
  Und würd' er vor dem Jaguar nicht bleich,
  Und wenn ihm durchzubrechen glücken sollte,
Versenkt sich fände in ein Schattenreich,
  Vom sternenlosen Himmel ganz verlassen,
  Dem führerlos verirrten Blinden gleich.
Was nicht der keckste Jäger ohn' Erblassen
  Nur denken mag, das hat das Weib vollbracht;
  An dreißig Meilen mag die Strecke fassen.
Wie sich die Angeschloßne frei gemacht,
  Das bleibt in tiefem Dunkel noch verborgen,
  Sie aber war verschwunden in der Nacht;
Zu San Fernando fand der vierte Morgen
  Sie händeringend um das Haus beflissen,
  Das ihre Kinder barg und ihre Sorgen.« –
»O sagt's, o sprecht es aus, daß wir es wissen,
  Daß nicht der Mutterliebe Heldin wieder
  Unmenschlich ihren Kindern ward entrissen!«
Er aber schwieg und schlug die Augen nieder
  Und schien in sich zu beten. Red' hinfort
  Dem ihn Befragenden zu stehn, vermied er.
Doch was verschwiegen blieb dem Humboldt dort,
  Aus seinem Buche schaurig widerhallt;
  Es ward berichtet ihm an andrem Ort.
Sie haben fern nach Osten mit Gewalt
  Sie weggeführt, die Möglichkeit zu mindern,
  Daß sie erreiche, was ihr alles galt.
Sie haben sie getrennt von ihren Kindern!
  Sie konnten, Hoffnung fürder noch zu hegen,
  Sie konnten nicht zu sterben sie verhindern.

Und wie verzweifelnd die Indianer pflegen,
Sie war nicht, seit der letzten Hoffnung Stunde,
Daß Nahrung ein sie nehme, zu bewegen.
So ließ sie sich verhungern! Diese Kunde
Zu der Guahiba und der Christen Bildnis
Erzählet jener Stein mit stummem Munde
Am Atabapos-Ufer in der Wildnis.

NIKOLAUS LENAU

Die drei Indianer

(1834)

Mächtig zürnt der Himmel im Gewitter,
Schmettert manche Rieseneich' in Splitter,
Übertönt des Niagara Stimme,
Und mit seiner Blitze Flammenruten
Peitscht er schneller die beschäumten Fluten,
Daß sie stürzen mit empörtem Grimme.

Indianer stehn am lauten Strande,
Lauschen nach dem wilden Wogenbrande,
Nach des Waldes bangem Sterbgestöhne;
Greis der eine, mit ergrautem Haare,
Aufrecht überragend seine Jahre,
Die zwei andern seine starken Söhne.

Seine Söhne jetzt der Greis betrachtet,
Und sein Blick sich dunkler jetzt umnachtet
Als die Wolken, die den Himmel schwärzen,
Und sein Aug' versendet wildre Blitze
Als das Wetter durch die Wolkenritze,
Und er spricht aus tiefempörtem Herzen:

»Fluch den Weißen! ihren letzten Spuren!
Jeder Welle Fluch, worauf sie fuhren,
Die einst, Bettler, unsern Strand erklettert!
Fluch dem Windhauch, dienstbar ihrem Schiffe!
Hundert Flüche jedem Felsenriffe,
Das sie nicht hat in den Grund geschmettert!

Täglich übers Meer in wilder Eile
Fliegen ihre Schiffe, gift'ge Pfeile,
Treffen unsre Küste mit Verderben.
Nichts hat uns die Räuberbrut gelassen,
Als im Herzen tödlich bittres Hassen:
Kommt, ihr Kinder, kommt, wir wollen sterben!«

Also sprach der Alte, und sie schneiden
Ihren Nachen von den Uferweiden,
Drauf sie nach des Stromes Mitte ringen;
Und nun werfen sie weithin die Ruder,
Armverschlungen Vater, Sohn und Bruder
Stimmen an, ihr Sterbelied zu singen.

Laut ununterbrochne Donner krachen,
Blitze flattern um den Todesnachen,
Ihn umtaumeln Möwen sturmesmunter;
Und die Männer kommen festentschlossen
Singend schon dem Falle zugeschossen,
Stürzen jetzt den Katarakt hinunter.

KARL MAY

Winnetou IV

(1910)

Vorzeichen

Es war in der Frühe eines schönen, warmen, hoffnungsreichen Frühlingstages. Ein lieber, lieber Sonnenstrahl schaute mir zum Fenster herein und sagte »Grüß dich Gott!« Da kam das ›Herzle‹ aus ihrem Erdgeschoß herauf und brachte mir die erste Morgenpost, die soeben vom Briefträger abgegeben worden war. (...)
Sie hat, während das Obergeschoß meine Zimmer enthält, das ganze Erdgeschoß des Hauses inne. Da waltet sie als unermüdlicher, fleißiger Wirtschaftsengel, empfängt die immer zahlreicher werdenden Besuche meiner Leser und beantwortet die vielen Briefe, deren eigenhändige Erledigung mir selbst unmöglich ist. Vorgelesen aber werden sie mir alle, wobei sie derart zu verfahren pflegt, daß die besonders wichtigen einstweilen beiseite gelegt und bis zum Schluß der Vorlesung aufgehoben werden.
So auch heute. Als alles andere erledigt war, blieben zwei Sachen, die uns gleich beim ersten Blick als Besonderheiten erschienen und darum ausgeschieden worden waren, nämlich ein Brief aus Amerika und ein anthropologisches Fachblatt aus Österreich. Im letzten war die Überschrift eines längeren Artikels durch Blaustrich hervorgehoben. Sie lautete: »Das Aussterben der indianischen Rasse in Amerika und ihr gewaltsames Verdrängen durch die Kaukasier und Chinesen.« Ich bat das Herzle, den Artikel sogleich vorzulesen, denn ich hatte zufällig Zeit dazu. Sie tat es. Der Verfasser war ein wohlbekannter, hervorragender Universitätsprofessor. Er schrieb mit großer Herzenswärme, und alles, was er über die ›Roten‹ sagte, war nicht nur wohlwollend, sondern auch gerecht. Ich hätte ihm dafür die Hand drücken mögen. Aber er beging einen Fehler, der ebenso allgemein wie unbegreiflich ist. Näm-

lich er verwechselte die Indianer der Vereinigten Staaten mit der ganzen Rasse, die über Nord- und Südamerika ausgebreitet liegt. Er verwechselte ferner den seelischen Schlaf der Rasse mit ihrem körperlichen Tode. Und er schien die Hauptaufgabe des Menschengeschlechtes in der Entwicklung der völkerschaftlichen Sonderheit und Individualität zu suchen, nicht aber in der sich immer mehr ausbreitenden Erkenntnis, daß alle Stämme, Völker, Nationen und Rassen sich nach und nach zu vereinigen und zusammenzuschließen haben zur Bildung des einen, einzigen, großen, über alles Animalische hoch erhabenen Edelmenschen. Erst dann, wenn die Menschheit sich von innen, also aus sich selbst heraus, zu dieser harmonischen, von Gott gewollten Persönlichkeit geboren hat, wird die Schöpfung des wirklichen ›Menschen‹ vollendet sein und das Paradies sich uns, den bisher Sterblichen, von neuem öffnen. (...)

Ins Land der Indianer

An den großen Fällen

Und nun waren wir bei den Niagarafällen. Wir wohnten im Clifton-House, unweit der kanadischen Mündung der Hängebrücke. Man hat von diesem Hotel aus einen geradezu unvergleichlichen Blick auf das grandiose Schauspiel der stürzenden Wassermassen. Die besten Zimmer liegen in der ersten Etage, den Fällen zugewandt, Sie münden alle auf eine lange, vielleicht acht Schritte breite Plattform, die ein gemeinschaftliches Säulendach überragt. Wer vom Korridor aus seinen Raum betritt, ihn quer durchschreitet und sich durch die gegenüberliegende Tür hinaus auf die Plattform begibt, der hat beide Fälle, den geraden und den hufeisenförmigen, besonders eindrucksvoll vor Augen. (...)
Viele, die kamen und nach diesem Tisch gingen, um dort Platz zu nehmen, wurden abgewiesen, bis wir fast am Schluß der Frühstückszeit zwei Männer eintreten sahen, die sofort aller Augen auf sich zogen. Sie standen ungefähr im gleichen Alter und waren Indianer. Das sah man beim ersten Blick. Hoch und breitschultrig gebaut, mit scharf, aber edel geschnittenen Zügen, gingen sie, scheinbar ohne jemanden anzusehen, lang-

sam und würdevoll zu dem erwähnten Tisch und setzten sich dort nieder. Sie waren nicht indianisch gekleidet, sondern trugen feine Stoffanzüge nach gewöhnlicher Fassung, und ihr Haar war genauso verschnitten wie anderer Leute Haar; aber man konnte unbesorgt die höchste Wette darauf eingehen, daß sie im Sattel, auf der Savanne und zwischen den Kolossen des Felsengebirges wohl noch gebieterischer erscheinen würden als hier. Trotz der tiefen Sonnenbräune ihrer Gesichter zeigte sich auf ihnen eine sichtbare Spur jenes eigenartigen Hauches, den es nur bei Leuten gibt, die viel nachgedacht haben und gewohnt sind, dieses Nachdenken auf höhere Pfade zu lenken. Man pflegt bei solchen Personen von durchgeistigten Gesichtern, von durchgeistigten Zügen zu sprechen, und der Eindruck dieses Durchgeistigtseins ist um so größer, um so tiefer und um so dauernder, wenn dabei der Blick des Auges jene tiefe Schwermut, jene seelische Trauer bekundet, die verschwindenden Jahren, zu Ende gehenden Tagen und sterbenden Völkern eigen ist. Diese stille, aber doch laut sprechende, unbeschreibliche Elegie des Auges war hier bei den beiden Indianern vorhanden.

»Das sind die Gentlemen«, sagte der Kellner. »Feine Leute, wenn auch nur Indianer! Hochfein!«

Er schnippste dabei mit Daumen und Mittelfinger, um seinem Lob Nachdruck zu geben.

»Woher sind sie?« fragte ich.

»Weiß es nicht genau. Der eine von weither, sehr weit, der andere von näher. Kamen beide über Quebec und Montreal den Fluß herauf.«

»Ihre Namen?«

»Mr. Athabaska und Mr. Algongka. Schöne Namen, was? Klingen fast wie Musik!« (...)

Am Nachmittag fuhren wir nach Buffalo, um auf dem dortigen Forest Lawn Cemetery[1] Grab und Statue des berühmten Häuptlings Sa-go-ye-wat-ha zu besuchen und ihm einige Blumen zu bringen.

Es war ein schöner, klarer, sonnenwarmer Tag. Als wir die Blumen an dem Häuptlingsstein niedergelegt hatten, setzten wir uns auf die unterste Kante des Postaments, auf dem sein Standbild bis hoch in die Wipfel der umstehenden Bäume ragt. Wir sprachen von ihm, und zwar fast leise, wie man an Gräbern zu sprechen pflegt, wenn man an die Auferstehung

Bald die glüh'nden Schlangen traf er.

Illustration von K. Mühlmeister (um 1880)

und an ein anderes Leben glaubt. Darum wurden wir von denen, die sich hinter uns dem Denkmal näherten, nicht gehört. Und ebenso wenig wurden sie von uns gehört, weil weiches Gras rundum den Boden deckte und das Geräusch ihrer Schritte dämpfte. Auch sehen konnten sie uns nicht eher, als bis sie um die Ecke des Postaments getreten waren, das uns ihnen verbarg. Dann sahen sie uns, und wir sahen sie. Und wer waren sie? Die beiden Indianerhäuptlinge aus dem Clifton-House! Auch sie hatten den berühmten Seneka-Redner besuchen wollen und bemerkten nun, daß wir von demselben Gedanken herbeigeführt worden waren. (...)

»Wir kennen ihn. Und wir verstehen ihn.«

»Verstehen?« fragte Algongka, während er seine Augen ein ganz klein wenig verkleinerte, um seinen Zweifel anzudeuten. »Habt ihr seine Stimme gehört? Er ist längst tot! Es ist schon fast acht Jahrzehnte her, daß er starb.«

»Er ist nicht tot. Er ist nicht gestorben. Wir hörten seine Stimme sehr oft, und wessen Ohren offen sind, der kann sie heute noch ebenso deutlich hören wie damals, als er zur ›Gemeinschaft der Wölfe‹ seines Stammes sprach. Sie hörten ihn leider nicht!«

»Was hätten sie hören sollen?«

»Nicht den oberflächlichen Klang seiner Worte, sondern ihren tiefen, vom großen Manitou gegebenen Sinn.«

»Uff!« rief Athabaska aus. »Welchen Sinn?«

»Daß kein Mensch, kein Volk und keine Rasse Kind und Knabe bleiben darf. Daß jede Savanne, jeder Berg und jedes Tal, jedes Land und jeder Erdteil von Gott geschaffen wurde, um zivilisierte Menschen zu tragen, nicht aber solche, denen es unmöglich ist, über das Alter, in dem man sich nur immer schlägt und prügelt, hinauszukommen. Daß der allmächtige und allgütige Lenker der Welt einem jeden Einzelnen und einer jeden Nation sowohl Zeit als auch Gelegenheit gibt, aus diesem Burschen- und Bubenalter herauszukommen. Und daß endlich ein jeder, der dennoch stehen bleibt und nicht vorwärts will, das Recht verliert, noch weiter zu existieren. Der große Manitou ist gütig, aber er ist auch gerecht. Er wollte, daß auch der Indianer gütig ist, besonders gegen seine eigenen roten Brüder. Als aber die Indsmen nicht aufhören wollten, sich untereinander zu zerfleischen, sandte er ihnen das Bleichgesicht –«

»Um uns noch schneller umbringen zu lassen!« fiel mir Algongka in die Rede.

Beide sahen mich in sichtlicher Spannung an, was ich auf diesen Einwurf antworten werde.

»Nein, sondern um euch zu retten«, entgegnete ich. »Sa-go-ye-wat-ha hat das begriffen, und er wünschte, daß sein Volk, seine Rasse es ebenso begreife; aber man wollte ihn nicht hören. Es wäre zu dieser Rettung sogar heute noch Zeit, wenn der Kind gebliebene Indianer sich aufraffte, Mann zu werden.«

»Also Krieger?« fragte Algongka.

»O nein! Denn selbst bei der Rasse ist gerade das Krieger- und Indianerspielen der sicherste Beweis, daß sie kindisch geblieben ist und von höherstrebenden Menschen ersetzt werden muß. Mann werden, heißt nicht, Krieger werden, sondern Person werden. Das hat der große Häuptling der Senekas, an dessen Grab wir hier stehen, tausendmal gesagt. Laßt es nicht meine, sondern seine Stimme sein, die es euch jetzt abermals sagt. Tut ihr das, so ist er auch für euch nicht gestorben, sondern er lebt und wird in euch weiterleben!« (...)

Als wir durch die Tür hinaus auf den Altan traten, schien der Mond noch klarer als gestern abend. Die beiden Fälle lagen wie ein Märchenwunder vor unseren Augen, und ihr Brausen drang wie die Stimme eines ewigen Gesetzes zu uns herüber, dem ein jeder verfallen ist, auch wenn er es nicht beachtet. Da zögerten die beiden Häuptlinge, weiter zu gehen. Sie blieben stehen, und Athabaska sagte:

»Nicht nur die Weißen, sondern auch die Roten wissen jetzt, daß alles, was die gegenwärtige Welt uns bietet, weiter nichts als nur ein Gleichnis ist. Eines der größten und gewaltigsten Gleichnisse, die Manitou uns predigt, liegt hier vor unseren Augen.«

Er trat mit Algongka bis an den Rand der Plattform vor. Ich folgte ihnen mit dem Herzle, die ihren Arm in den meinen gelegt hatte und mir durch einen leisen Druck ein Zeichen gab, das ich sehr wohl verstand. Wir haben fast immer einen und denselben Gedanken miteinander. Auch jetzt fühlte sie ebenso wie ich den Grund, weshalb der Häuptling gerade diese Worte sprach. Er beabsichtigte, uns zu prüfen, wenn auch nur durch eine einzige Frage. Der Erfolg dieser Prüfung sollte entscheiden, wie wir zu behandeln waren, ob als gewöhnliche, ganz alltägliche Menschen oder nicht. Denn das, was ich am Grab des großen Seneka-Redners gesagt hatte, konnte ich irgendwo gelesen oder sonstwie aufgeschnappt und mir gemerkt haben, um es bei passender Gelegenheit mit Vorteil an den Mann zu bringen. Das war es, was meine Frau mir durch den Druck ihres Arms sagen wollte, und dadurch, daß ich dieses Zeichen durch einen ebenso leisen Druck erwiderte, teilte ich ihr mit, daß ich sie verstanden hatte und auf die Prüfung vorbereitet war.

Wir standen wohl einige Minuten lang still an der Balustrade. Da hob Algongka seinen Arm und zeigte über den Abgrund hinüber nach den stürzenden Fluten.

»Das ist ein Bild des roten Mannes. Ob wohl ein Weißer das begreift?«

»Warum sollte er es nicht begreifen?« fragte ich.

»Weil es nicht sein eigenes, sondern ein fremdes Schicksal betrifft.«

»Glaubt Ihr, daß wir Weißen nur eigene, nicht aber fremde Dinge begreifen?«

»Nun, könnt vielleicht Ihr mir dieses Rätsel lösen?«

»Rätsel lösen? Ihr habt nicht von einem Rätsel, sondern von einem Gleichnis gesprochen. Gleichnisse aber werden nicht gelöst, sondern gedeutet.«

»Nun, so deutet es, bitte!«

»Gern! Wir sehen hier die stürzende, die zerschellende und zerstäubende Flut. Aber den großen See, aus dem sie kommt, sehen wir nicht. Und auch der See, in den sie sich ergießt, ist uns unsichtbar. Beide sind unserem Auge verborgen.«

»Wohl! Das ist das Gleichnis«, nickte Athabaska ernst. »Aber die Deutung?«

»Die Gegenwart sieht nur den schweren, tiefen, erschütternden Fall der roten Rasse. Sein Brausen ist die Summe der Todesschreie aller derer, die da untergegangen sind und noch untergehen werden. Wo haben wir das große, das mächtige, das herrliche Volk zu suchen, dessen Kinder diese Zerschmetterten und noch zu Zerschmetternden sind? In welchem Land gab es dieses Volk? Und in welcher Zeit? Wir wissen es nicht, und wir sehen es nicht! Wir sehen nur, wie der eine, stürzende Strom da unten in der Tiefe in hundert und aberhundert Völker, Stämme, Herden, Rotten und Banden zerfällt, deren einer oder eine oft kaum mehr als hundert Personen zählt. So wirbelt und treibt der Fall sie weiter und weiter, bis sie verschwunden sind! Und wir hören nur die unzähligen kleiner und immer kleiner werdenden Zungen, Sprachen, Idiome, Mundarten und Dialekte, in die der stürzende Strom im Wirbel des Abgrunds zermalmt, zersplittert, zermahlen, zerknirscht, zerpulvert und zerrieben wird, so daß der Sprachforscher, der sich kühn in diesen Strudel wirft, in die Gefahr kommt, ganz ebenso zugrunde zu gehen wie die, nach denen er sucht! Und wo ist das noch größere, das noch mächtigere, das noch herrlichere Volk zu finden, dem die zersprengten, zerrissenen und zerstäubten Fluten dieses sprachlichen und ethnographischen Niagara zuzuströmen haben, um sich wieder zu einem Ganzen zu vereinigen und wieder zu Ruhe und gesegneter Gesetzlichkeit, zum Beginn einer neuen, besseren Entwicklung zu kommen? In welchem Land wird es dieses Volk geben? Und in welcher Zeit? Wir wissen es nicht, und wir sehen es nicht. Wir können von dem hier niederstürzenden Fluß, der uns als Gleichnis dient, nur sagen, daß er sich aus dem Erie-See in den Ontario-See ergießt. Genau ebenso wissen wir von der hier zerstäubenden roten Rasse nur, daß sie aus der Zeit und aus dem Lande des Gewaltmenschen stammt und der Zeit und dem Lande des Edelmenschen entgegenfließt, um dort in neuen Ufern neue Vereinigung zu finden. Dies, Gentlemen, ist das Gleichnis, und dies ist seine Auslegung!« (...)

Es gab nur einen einzigen Gegenstand, mit dem unsere Fragen und Antworten sich beschäftigten, nämlich die Vergangenheit und die Zukunft der Indianer, also das Schicksal der roten Rasse. Und da muß ich der Wahrheit die Ehre geben, indem ich gestehe, viel, sehr viel von diesen beiden Männern gelernt zu haben, trotz ihrer Einsilbigkeit und trotz der Kürze der Zeit, die wir bei ihnen zubrachten. Denn aus ihrem Munde kam kein einziges Wort, das nicht seinen besonderen Wert besaß. Oft hatte ein einziger Satz den Wert einer ganzen, vollen Lebenserfahrung. Diese beiden Häuptlinge glichen Giganten, die große, vielzentnerschwere Gedanken aus den Felsenbergen brechen und hinab in die Ebene rollen lassen, damit die dortigen kleinen Menschen daran Arbeit für ihre feineren Werkzeuge finden. Es war ein sehr schöner, wenn auch sehr ernster Abend, der unser Denken, Fühlen, Wissen und Wollen bereicherte und uns gewiß, solange wir leben, im Gädachtnis bleiben wird.

Neger

Der Negerhäuptling
Monomotapa aus Zimbao
(Stich von P. Bertrand, 1631)

APHRA BEHN

Oroonoko oder die Geschichte des königlichen Sklaven

(1688)

Wenn ich euch die Geschichte dieses königlichen Sklaven erzähle, so nicht in der Absicht, meinen Leser mit Abenteuern eines erdichteten Helden zu unterhalten, mit dessen Leben und Schicksalen die Phantasie nach dem Belieben des Dichters umgehen darf; ebensowenig habe ich vor, die Wahrheit, die ich wiedergebe, mit anderen Ereignissen auszuschmücken als jenen, die ihm tatsächlich widerfuhren. Sie soll ungeschminkt ans Tageslicht kommen und sich durch die natürlichen Vorzüge und Verschürzungen empfehlen, da es der Realitäten genug gibt, sie zu stützen und unterhaltsam zu machen, ohne daß man Erfundenes hinzufügen müßte.

Einen großen Teil dessen, was ihr hier niedergeschrieben findet, habe ich selbst als Augenzeuge miterlebt, und was ich nicht mit eigenen Augen sehen konnte, erfuhr ich aus dem Munde der Hauptperson dieser Geschichte, von dem Helden selbst, der uns alle Begebenheiten aus seiner Jugend mitteilte. Gleichwohl werde ich um der Kürze willen tausend kleine Vorkommnisse in seinem Leben übergehen, welche meinen Leser in einer Welt, in der er jede Minute neue und ungewöhnliche Zerstreuungen findet, ermüden und langweilen könnten, wie anziehend sie auch für uns sein mochten, da die historischen Berichte dürftig waren und Abenteuer höchst selten. Wir, die wir ganz bezaubert waren von der Persönlichkeit dieses großen Mannes, strebten emsig danach, alle Umstände seines Lebens zusammenzutragen.

Der Schauplatz seiner letzten Abenteuer liegt in einer Kolonie namens Surinam, die zu dem Westindien genannten Teil Amerikas gehört.

Doch ehe ich euch die Geschichte dieses ritterlichen Sklaven erzähle, muß ich berichten, auf welche Weise die Sklaven in diese neuen Kolonien gebracht wurden; denn deren man sich dort bedient, sind nicht Eingeborene des Landes; mit diesen leben wir in uneingeschränkter Freundschaft, und wir dürfen sie nicht unter unsere Herrschaft zwingen, sondern müssen sie uns im Gegenteil mit aller brüderlichen und freundschaftlichen Zuneigung der Welt warmhalten, indem wir mit ihnen Handel treiben, um ihren Fisch, ihr Wildbret, ihre Büffelhäute und ihre kleinen Seltenheiten, zum Beispiel die Pinseläffchen, eine Affenart von der Größe einer Ratte oder eines Wiesels, aber wundersam und zart gebildet mit dem Gesicht und den Händen eines Menschengeschöpfs, und die Löwenäffchen, kleine Tiere, die in Ansehen und Gestalt einem Löwen glichen, nicht größer als ein Kätzchen, aber in allen Teilen diesem edlen Tier so haargenau nachgebildet, daß sie wie eine Miniaturausgabe von ihm anmuten. Auch kleine Sittiche, große Papageien, Aras und tausend andere Vögel und Tiere, wunderschön und überraschend in Aussehen, Gestalt und Färbung, handeln wir von ihnen ein. Häute von Riesenschlangen, darunter manche von sechzig Yard Länge wie die Haut jener, welche in Seiner Majestät Raritätensammlung zu sehen ist, wo sich gleichfalls etliche seltene Insekten von erstaunlicher Form und Färbung befinden, von mir selbst zum Geschenk gemacht, manche faustgroß, andere kleiner, und alle von so mannigfaltiger Vollkommenheit, daß die Kunst sie nicht nachzubilden wüßte. Ferner handeln wir Federn ein, welche die Eingeborenen in allen nur erdenklichen Formen anordnen; sie fertigen sich daraus kleine, kurze Kleidungsstücke und herrliche Gewinde von unvorstellbaren Farbschattierungen für Kopf, Hals, Arme und Beine. Ich erhielt eine solche Garnitur zum Geschenk und übergab sie dem Königlichen Theater, wo sie als unnachahmliche Tracht der Indianerkönigin von hohen Standespersonen über die Maßen bewundert wurde. Abgesehen davon tauschen wir von ihnen tausend kleine Spielereien und Seltenheiten ein, welche die Natur und mitunter auch die Kunstfertigkeit geschaffen hat, wie ihre Körbe, Waffen, Schurze und dergleichen mehr. Wir geben ihnen dafür Glasperlen in allen Farben, Messer, Beile und jederlei Nadeln, welche sie nur als Werkzeug benutzen, sich in Ohren, Nase und Lippen Löcher zu bohren, in die sie eine Unmenge kleiner Dinge hängen: lange Perlen, dünn gehämmerte Zinn-, Bronze- oder Silberblättchen und allerlei glitzernden Tand. Die Glasperlen ordnen sie sehr sauber zu verschiedenfarbigen Blüten in dem eine viertel Elle langen und ebenso breiten

Schurz, den sie so tragen wie einst Adam und Eva die Feigenblätter; die Männer bedecken sich mit einem langen Streifen Leinen, das sie von uns einhandeln. Die Perlen werden auch auf lange Baumwollfäden aufgereiht zu Gürteln, mit denen sie den Schurz befestigen und die wohl zwanzigmal oder mehr um die Hüften geschlungen, dann wie Schulterriemen gekreuzt und um Hals, Arme und Beine gewunden werden. Dieser Schmuck im Verein mit dem langen schwarzen Haar und dem hier und da mit kleinen Tupfen oder Blüten bemalten Gesicht macht sie zu einem wunderbaren Anblick. Etliche der Schönen, die in der Tat wie fast alle sehr wohlgestalt sind und feine Gesichtszüge haben, sind bezaubernd und ungewöhnlich, da sie alles besitzen, was schön genannt wird, ausgenommen die Hautfarbe, ein rötliches Gelb oder, wenn sie sich frisch geölt haben, was sie häufig tun, von der Farbe eines neuen Ziegelsteins, aber glatt, lieblich und schimmernd. Sie sind über die Maßen züchtig und schamhaft, sehr scheu und spröde gegen körperliche Berührung. Und obgleich sie alle nackt herumlaufen, bemerkt man doch, wenn man unter ihnen lebt, nichts Unschickliches in ihren Gebärden oder Blicken; da sie ständig gewohnt sind, einander so unbekleidet zu sehen wie unsere Ureltern vor dem Sündenfall, scheinen sie keine Wünsche zu kennen, denn es gibt nichts, ihre Neugier zu erregen: Alles, was man sehen kann, sieht man sogleich und jeden Augenblick, und wo nichts Ungewöhnliches ist, kann es keine Neugier geben. Nicht als hätte ich nicht einen hübschen jungen Indianer vor Liebe zu einem sehr schönen jungen Indianermädchen vergehen sehn; aber seine ganze Werbung bestand darin, die Arme zu kreuzen und sie mit den Augen zu verfolgen, und seine Sprache war nichts als Seufzen. Indes sie, als wäre kein Anbeter da, oder eher, als wünsche sie sich keinen, ihre Augen sorgsam vor seinem Anblick bewahrte und niemals in seine Nähe kam, ohne mit der ganzen errötenden Züchtigkeit zu Boden zu schauen, welche ich bei den Strengsten und Vorsichtigsten unserer Welt wahrgenommen. Diese Menschen vermittelten mir einen vollkommenen Begriff von dem Urzustand der Unschuld, ehe der Mensch um die Sünde wußte, und es ist ganz offensichtlich und klar, daß die unverdorbene Natur die wohlmeinendste, unschädlichste und vortrefflichste Gebieterin ist. Sie erzieht, sofern es ihr gestattet ist, die Welt besser als alle Erfindungen des Menschen; die Religion würde hier nur die Seelenruhe vernichten, welche sie dank ihrer Unwissenheit besitzen, und Gesetze würden sie nur lehren, Vergehen zu erkennen, von denen sie jetzt keinen Begriff haben. Einmal trauerten und fasteten sie um den Tod des englischen Gouverneurs, der ihnen in die Hand versprochen hatte, an einem bestimmten Tag zu ihnen zu kommen, und dennoch weder kam noch zu ihnen schickte. Sie glaubten, wenn ein Mann sein Wort gegeben habe, könne oder sollte nur der Tod ihn hindern, es zu halten, und als sie sahen, daß er nicht tot war, fragten sie ihn, welchen Namen man in seinem Lande für einen Mann habe, der etwas Versprochenes nicht halte. Der Gouverneur antwortete ihnen, solch ein Mann sei ein Lügner, und das sei eine Bezeichnung der Ehrlosigkeit für einen Gentleman. Darauf entgegnete ihm einer von ihnen: »Gouverneur, Ihr seid ein Lügner und habt Euch dieser Ehrlosigkeit schuldig gemacht.«

Sie besitzen ein angeborenes Rechtsgefühl, das keine Falschheit kennt, und sie erhalten erst einen Begriff von Bosheit oder List, wenn sie diese durch die Weißen erfahren. Sie haben eine Vielzahl von Frauen, die, wenn sie alt werden, ihre jungen Nachfolgerinnen bedienen, aber mit einer ungezwungenen und geachteten Dienstbarkeit, und außer den Sklaven, die sie aus Kriegen heimbringen, gibt es bei ihnen keine anderen Bedienten.

In jenem Land, in dem ich mich aufhielt, hatte das Volk keinen König; dem ältesten Kriegshäuptling gehorchten sie jedoch mit großer Ergebenheit.

Ein Kriegshäuptling ist ein Mann, der sie mit Geschick und Erfolg in Schlachten geführt hat; ich werde später noch Gelegenheit haben, darüber und über etliche andere Sitten und Gebräuche zu sprechen, wenn ich auf sie stoße.

Mit diesem Volk leben wir, wie gesagt, in vollkommenem Frieden und gutem Einvernehmen, so wie es sich für uns geziemt. Da sie alle Orte kennen, wo die beste Nahrung des Landes zu finden ist, und auch die Mittel, sie zu erlangen, versorgen sie uns im Austausch gegen höchst unbedeutenden und wertlosen Tand mit all dem, was wir uns unmöglich selber beschaffen können; denn sie jagen nicht nur in den Wäldern und Savannen, wobei sie wie Jagdhunde diese nahezu unwegsamen Gegenden mit unglaublicher Schnelligkeit durchstöbern und durch die bloße Behendigkeit ihrer Füße den flinksten Hirsch und anderes eßbares Getier zur Strecke bringen, sondern auch im Wasser, wo man sie für Flußgötter oder Bewohner der Meerestiefe halten würde, so außergewöhnlich ist ihre Geschicklichkeit im Schwimmen, Tauchen und Beinahe-im-Wasser-Leben, wodurch sie Gewalt haben über die weniger schnellen Bewohner der Fluten. Und dann ihre Fertigkeit im Schießen! Was sie nicht fangen oder mit den Händen erreichen können, verschaffen sie sich mit Pfeilen, und ihre Treffsicherheit ist so bewundernswert, daß sie auf jede Entfernung, die ein Pfeil erreichen kann, fast ein Haar zu spalten vermögen. Sie schießen Orangen und andere Früchte vom Baum und treffen dabei mit der Spitze des Wurfspeeres nur den Stengel, damit sie die Frucht nicht beschädigen. So daß wir es, da sie uns bei allen Gelegenheiten sehr von Nutzen sind, für unbedingt notwendig erachten, sie liebevoll als Freunde zu behandeln und nicht als Sklaven, was wir ohnehin nicht wagen dürften, denn sie sind uns in diesem Lande an Zahl weit überlegen.

Demnach sind die, deren wir uns zur Arbeit in unsern Zuckerplantagen bedienen Neger, lauter schwarze Sklaven, welche auf folgende Weise hergebracht werden:

Diejenigen, welche Sklaven brauchen, schließen mit einem Schiffseigner oder Kapitän einen Handel ab und verpflichten sich vertraglich, ihm soundsoviel, etwa zwanzig Pfund pro Kopf, für die vereinbarte Anzahl an jedem Tag zu zahlen, da sie auf der bestimmten Plantage abgeliefert werden. Wenn also ein mit Sklaven beladenes Schiff eintrifft, mit welchem ein solcher Vertrag geschlossen wurde, gehen die Partner an Bord und nehmen ihre durch das Los bestimmte Schar in Empfang, und da kann es vorkommen, daß in einer Partie von zehn nur drei oder vier Männer und der Rest Frauen und Kinder sind. Mögen nun aber von einem Geschlecht mehr oder weniger sein, man muß sich notgedrungen mit seinem Anteil zufriedengeben.

Coramantien war der Name eines von Schwarzen bewohnten Gebiets. Es gehörte zu jenen, welche die günstigsten Handelsmöglichkeiten mit Sklaven boten, und dorthin fahren die meisten unserer Großhändler, um diese Ware zu kaufen; denn jenes Volk ist sehr kriegerisch und tapfer, und da es fortgesetzt Krieg führte, weil es stets mit diesem oder jenem benachbarten Fürsten in Feindschaft lebte, hatte es das Glück, eine

Unmenge Gefangener zu machen; denn alle im Kampf gefangenen wurden als Sklaven verkauft, zumindest jene niederen Ranges, die sich nicht loskaufen konnten. Von diesen auf solche Weise eingebrachten Sklaven hat einzig und allein der Feldherr den ganzen Nutzen, und von diesen Feldherrn kaufen unsere Kapitäne und Schiffseigner ihre ganze Fracht.

Der König von Coramantien selbst war ein Mann von hundert und etlichen Jahren und besaß keinen Sohn, obgleich er viele schöne schwarze Frauen sein eigen nannte; denn zweifellos gibt es unter diesen Farbigen bezaubernde Schönheiten. In seinen jüngeren Jahren hatte der König viele tapfere Männer als Söhne gehabt, dreizehn davon fielen, noch im Sterben siegend, im Kampf, und als Thronfolger war ihm nur ein Enkel geblieben, der Sohn eines jener gefallenen Sieger, der, sobald er einen Bogen in der Hand und einen Köcher auf dem Rücken zu tragen vermochte, ins Gefecht geschickt wurde, damit er von einem der ältesten Feldherrn zum Kriegsdienst erzogen werde. Seine angeborene Neigung zu den Waffen und die gebotenen Gelegenheiten im Verein mit der trefflichen Anleitung des alten Feldherrn bewirkten, daß er mit siebzehn Jahren einer der geschicktesten Befehlshaber und tapfersten Krieger wurde, welche die Treffstatt des Mars je gesehen. Überdies war er mit einer natürlichen, alle anderen seiner dunklen Rasse so überragenden Schönheit begabt, daß er selbst jene, welchen sein Rang unbekannt war, mit heiliger Scheu und Ehrfurcht erfüllte, wie auch mich, die ich ihn mit Staunen und Verwunderung betrachtete, als er später in unsere Welt kam.

Kaum hatte er sein siebzehntes Jahr erreicht, als der an seiner Seite kämpfende Feldherr durch einen Pfeil ins Auge getötet wurde, der um ein Haar den Prinzen Oroonoko (denn so lautete der Name dieses tapferen Mohren) getroffen hätte, wäre er nicht durch den Feldherrn davor bewahrt worden. Dieser hatte den abgeschossenen und auf den Prinzen gezielten Pfeil bemerkt und streckte den Kopf vor, um ihn lieber mit dem eigenen Leib aufzufangen, als den Prinzen treffen zu lassen.

Damals wurde Oroonoko, so betrübt er war, an des alten Mannes Statt zum Befehlshaber ausgerufen, und etwa um die gleiche Zeit kam der Prinz nach Beendigung des Krieges, welcher zwei Jahre gewährt, an den Hof, wo er von seinem fünften bis zu seinem siebzehnten Lebensjahr insgesamt kaum einen Monat verbracht hatte. Es war erstaunlich, wo er soviel Menschlichkeit gelernt hatte oder, um seinen Vorzügen einen treffenderen Namen zu geben, woher er diese Seelengröße hatte, diese geläuterten Begriffe von wahrer Ehre, diesen vollkommenen Edelsinn und dieses der erhabensten Liebe und Ritterlichkeit fähige Zartgefühl – er, der sich fast ständig unter kämpfenden Männern, unter Verstümmelten oder Toten befunden und keine anderen Laute vernommen hatte als Kriegsgetöse und Stöhnen. Ein Teil davon darf den Bemühungen eines klugen und gelehrten Franzosen zugeschrieben werden, der es für höchst vorteilhaft erachtete, diesem jungen Schwarzen so etwas wie ein königlicher Hofmeister zu sein, und da er bemerkte, wie überaus willig, fähig und lebhaft seine Auffassung war, machte es ihm viel Freude, ihn Ethik, Sprache und Wissenschaft zu lehren, und von Oroonoko wurde er deswegen über die Maßen geliebt und hochgeschätzt. Eine andere Ursache war, daß er nach der Heimkehr aus dem Krieg gern all die englischen Herren um sich sah, welche dort Handel trieben, und nicht nur ihre Sprache, sondern auch die der Spanier lernte, mit denen er später durch den Sklavenhandel Verbindung hatte.

Ich habe diesen großen Mann oft gesehen und mit ihm gesprochen und war Augenzeuge vieler seiner bedeutenden Taten, und ich versichere meinem Leser, daß die erlauchtesten Höfe keinen Mann hätten hervorbringen können, welcher ihn übertroffen hätte an erhabenem Mut und Seelengröße, an gediegenem Urteil, lebhaftem Geist und einem angenehmen, unterhaltsamen Gespräch. Er wußte fast soviel, als hätte er viel gelesen. Er hatte von den Römern gehört und bewunderte sie; er hatte von den jüngsten Bürgerkriegen in England und dem beklagenswerten Tod unseres großen Monarchen gehört und pflegte darüber mit allem nur erdenklichen Verständnis und Abscheu vor der Ungerechtigkeit zu sprechen. Seine Manieren waren ungemein gefällig und anmutig, und er besaß die Höflichkeit eines wohlerzogenen vornehmen Mannes. Sein Wesen hatte nichts Barbarisches, sondern er benahm sich in allen Dingen so, als hätte er seine Erziehung an einem europäischen Hof genossen.

Dieser bedeutende und wohlbegründete Ruf Oroonokos machte mich außerordentlich neugierig, ihn zu sehen, vor allem, als ich erfuhr, daß er französisch und englisch sprach und daß ich mich mit ihm unterhalten konnte. Doch obgleich ich so viel von ihm gehört hatte, war ich aufs höchste überrascht, als ich ihn sah; es war, als hätte ich nichts von ihm vernommen, so sehr schien er mir alle Berichte zu übertreffen. Er trat ins Zimmer und wandte sich mit der schicklichsten Liebenswürdigkeit der Welt an mich und ein paar andere Frauen. Er war ziemlich groß, aber so wohlgestalt, wie man es sich nur vorstellen kann. Der berühmteste Bildhauer wäre nicht imstande, die Statue eines von Kopf bis Fuß so wunderbar geformten Mannes zu schaffen. Sein Gesicht war nicht von jenem rostbraunen Schwarz wie das der meisten dieses Volkes, sondern makelloses Ebenholz oder geschliffener Gagat. Seine Augen waren unerhört groß und sehr durchdringend, ihr Weiß glich wie das seiner Zähne frisch gefallenem Schnee. Er hatte die vorspringende Nase der Römer, nicht die platte der Neger. Sein Mund war feiner geschnitten, als man je gesehen, weit entfernt von jenen dicken Wulstlippen, welche bei allen anderen Negern ganz natürlich sind. Die ganze Form und die Züge seines Gesichts waren so edel und sorgfältig geprägt, daß es abgesehen von der Hautfarbe nichts Schöneres, Anziehenderes und Wohlgestalteres in der Natur geben konnte. Nicht eine einzige jener Zierden fehlte, welche den Maßstab wahrer Schönheit bilden. Sein Haar fiel, kunstvoll mit einem Federkiel ausgezupft und häufig gekämmt, worauf er besondere Sorgfalt verwandte, bis auf die Schultern herab. Und die Vorzüge seines Geistes standen denen seines Äußeren durchaus nicht nach; denn seine Reden waren über nahezu jeden Gegenstand bewundernswert, und wer immer ihn sprechen hörte, war überzeugt von seinem Irrtum, daß geschliffener Geist allein auf die Weißen beschränkt sei, vor allem auf jene der Christenheit, und gab zu, daß Oroonoko fähig sei, genausogut zu regieren und ebenso weise zu herrschen, daß er gleich viel Seelengröße besitze, ebensolche staatsmännischen Grundsätze habe und ebenso empfänglich sei für Macht wie ein zivilisierter Prinz in den vornehmen Schulen der Humanität und Gelehrsamkeit oder an den erlauchten Höfen.

Dieser Prinz, so wie ich ihn beschrieben habe, mit den wundervollen Zierden seiner Seele und seines Leibes, war (während er, was ich schon sagte, bereits am Hofe seines Großvaters weilte) genauso der Liebe fähig, wie es einem tapferen

und ritterlichen Mann nur möglich ist, und wenn ich das sage, so meine ich damit den höchsten Grad der Liebe; denn gewiß sind große Seelen dieser Leidenschaft am fähigsten.
Ich erzählte bereits, daß der alte Feldherr an der Seite des Prinzen durch einen Pfeil im Kampf getötet worden war und daß Oroonoko zum Befehlshaber erwählt wurde. Dieser alte gefallene Held hatte von seinem ganzen Geschlecht eine einzige Tochter hinterlassen, eine Schönheit, von der man, um sie wahrheitsgemäß zu schildern, nur zu sagen braucht, daß sie das weibliche Gegenstück zu diesem edlen Mann war, die wunderschöne schwarze Venus für unsern jungen Mars, so bezaubernd von Ansehen wie er und mit erlesenen Tugenden ausgestattet. Ich habe Hunderte von weißen Männern nach ihr schmachten und zu ihren Füßen Tausende von Schwüren leisten sehen, alle vergeblich und erfolglos. Und zweifellos war sie auch zu überragend, als daß irgendein anderer als ein Fürst ihres eigenen Volkes sie hätte anbeten dürfen.
Als Oroonoko aus dem Krieg heimkehrte (der nun beendet war) und dem Großvater seine Aufwartung gemacht hatte, überlegte er in allen Ehren, daß er Imoinda, der Tochter seines Pflegevaters, des toten Feldherrn, einen Besuch machen und sich bei ihr dafür entschuldigen müßte, daß seine Errettung ihres Vaters Tod verursacht habe. Auch wollte er ihr jene Sklaven, welche in der letzten Schlacht gefangengenommen waren, als die Trophäen der Siege ihres Vaters zum Geschenk machen. Als er mit einem Gefolge verdienstvoller junger Krieger zu ihr kam, erfüllte ihn unendliches Staunen über die Schönheit dieser vollkommenen Königin der Nacht, deren Antlitz und Gestalt alles übertrafen, was er je gesehen. Die liebliche Bescheidenheit, mit der sie ihn empfing, die Sanftheit ihrer Blicke und Seufzer über den traurigen Anlaß, dem sie die Ehre verdankte, die ihr ein so bedeutender Mann wie Oroonoko erwies – ein Prinz, von dem sie so wundervolle Dinge vernommen –, die Ehrfurcht, mit der sie ihm begegnete, und die Anmut ihrer Worte und Gebärden, während er bei ihr weilte, erlangten einen vollständigen Sieg über sein leidenschaftliches Herz und ließen ihn spüren, daß der Sieger überwältigt werden könne. Nachdem er ihr die ersten Komplimente gemacht und ihr hundertfünfzig gefesselte Sklaven als Geschenk übergeben hatte, sagte er ihr daher mit den Augen, daß er nicht unempfänglich sei für ihre Reize, indes Imoinda,

die sich nichts Besseres wünschte als eine so herrliche Eroberung, gern glauben wollte, daß sie die stumme Sprache neugeborener Liebe verstehe, und von Stund an alle Zierden der Schönheit anlegte.

Der Prinz kehrte in ganz anderer Gemütsverfassung als zuvor an den Hof zurück, und obgleich er selbst nicht viel von der schönen Imoinda sprach, ward ihm die Freude, all seine Begleiter von nichts anderem als den Reizen dieses Mädchens sprechen zu hören, die sie sogar in Gegenwart des alten Königs priesen und deren Schönheiten, welche sie an ihr entdeckt, sie, wenn möglich, noch übertrieben, so daß von nichts anderem gesprochen wurde und in jeder Ecke, wo man miteinander wisperte, kein anderer Laut zu hören war als »Imoinda! Imoinda!«

Man kann sich vorstellen, daß Oroonoko nicht lange zögerte, einen zweiten Besuch zu machen, und daß er in Anbetracht seines Ranges nicht viel länger säumte, ihr zu sagen, wie er sie anbete. Ich habe ihn oft sagen hören, daß er sich über die sonderbare Eingebung verwundert habe, die ihn, der die Liebe noch nicht kennengelernt und den Umgang mit Frauen nicht gewohnt war, dazu gebracht hatte, so sanft und so leidenschaftlich über etwas zu sprechen; aber (um seine eigenen, überaus glücklichen Worte zu gebrauchen) eine neue und bislang unbekannte Macht habe sein Herz und seine Zunge die Sprache der Liebe gelehrt und gleichzeitig Imoinda zu seinen Gunsten eine Empfänglichkeit für seine Leidenschaft eingeflößt. Sie war bewegt von seinen Worten und erwiderte sie auf eine Weise, die ihm mit zuvor unbekanntem Entzücken bis ins Herz drang. Diese Schuldscheine, welche ihm die Liebe geschenkt, mißbrauchte er nicht, sondern nutzte all seine glücklichen Augenblicke aufs beste, und da ihm das Laster unbekannt war, strebte seine Leidenschaft nach nichts als Ehre, wenn eine solche Unterscheidung in der Liebe erlaubt ist und noch dazu in einem Land, wo sich die Männer so viele Frauen nehmen, wie sie ernähren können, und wo einzig und allein als Verbrechen und Versündigung an der Frau gilt, wenn man sie davonjagt und der Not, der Schande und dem Elend überläßt. Solche üblen Sitten werden nur in christlichen Ländern geübt, wo man den bloßen Namen Religion vorbringt und glaubt, das genüge, auch ohne Tugend oder Moral. Oroonoko gehörte nicht zu jenen Glaubensverkündern, doch da er den richtigen

Begriff von Ehre hatte, machte er ihr Anträge, die nicht bloße Anträge waren, sondern gegen den Brauch seines Landes gelobte er ihr, daß er sie, solange er lebe, als einzige Frau besitzen wolle, daß ihn weder Alter noch Runzeln zu einem Tausch bewegen würden; denn ihre Seele werde immer schön und immer jung sein, und er werde auf ewig das Bild ihrer Reize, welche sie jetzt besitze, vor Augen haben und in seinem Herzen nach diesem Bilde suchen, wenn er es nicht mehr in ihrem Gesicht fände.

Nach tausend Beteuerungen seiner immerwährenden Liebesglut und ihrer ewigen Herrschaft über ihn ließ sie sich herbei, ihn als Gatten anzunehmen, oder nahm ihn vielmehr als die größte Ehre an, welche ihr die Götter erweisen konnten. (. . .)

Oroonoko wurde als erster ergriffen und an unseren Aufseher verkauft, dem mit siebzehn weiteren Sklaven aller Art und Größe, aber keineswegs von Oroonokos hohem Wert, der erste Trupp zugeteilt wurde. Als Oroonoko das sah, war ihm klar, was es zu bedeuten hatte, denn ich sagte schon, daß er Englisch recht gut verstand; doch da er völlig unbewaffnet und wehrlos war, weswegen jeder Widerstand vergeblich gewesen wäre, sah er den Kapitän nur mit einem über die Maßen grimmigen und verächtlichen Blick an, wobei die Vorwürfe aus seinen Augen Schamröte in die Wangen des Schuldigen trieben, und rief nur, als er von Bord ging: »Lebt wohl, Sir! Eine so wahre Erkenntnis Euer und Eurer Götter, bei denen Ihr schwört, ist mir meine Leiden wert!« Und da er jenen, die ihn festhielten, die Mühe ersparen wollte, sagte er ihnen, daß er keinen Widerstand leisten werde, und rief sodann: »Wohlan, meine Brüder in der Sklaverei, laßt uns hinabsteigen und sehen, ob wir nicht in der nächsten Welt, in die wir kommen, mehr Ehrgefühl und Redlichkeit antreffen.« Damit sprang er behende in das Boot und ließ sich, ohne weitere Teilnahme zu bezeigen, mit seinen siebzehn Gefährten den Fluß hinaufrudern.

Der Sklavenaufseher, der ihn gekauft hatte, war ein junger Gentleman aus Cornwall namens Trefry, ein Mann von großem Geist und vortrefflichem Wissen, den der Lord-Governor hergebracht hatte, seine ganzen Geschäfte zu verwalten. Da er über die letzten Worte Oroonokos an den Kapitän nachgedacht und seine prächtige Kleidung bemerkt hatte, richtete er seine Augen auf Oroonoko, sobald dieser im Boot war; und er gewahrte in seinem Gesicht, seiner Gestalt und seiner Haltung etwas Ungewöhnliches, eine Würde in seiner ganzen Erscheinung und einen erhabenen Stolz in seinem Gebaren. Zudem hatte er vernommen, daß er englisch sprach, weswegen er darauf brannte, sich nach seinem Stand und seinem Geschick zu erkundigen, und obgleich Oroonoko beides zu verheimlichen suchte und nur einräumte, daß er im Range über den gewöhnlichen Sklaven stehe, fand Trefry bald heraus, daß er vornehmer war, als er zugab, und brachte ihm von diesem Augenblick an eine so ungeheure Achtung entgegen, daß er ihn seitdem wie einen überaus teuren Bruder liebte und ihm alle einem so großen Manne gebührenden Artigkeiten erwies.

Trefry war ein sehr guter Mathematiker und Linguist, sprach französisch und spanisch und unterhielt während der drei Tage, die sie im Boot verbrachten (denn so lange brauchten sie vom Schiff bis zu der Pflanzung), Oroonoko so angenehm mit seiner Kunst und seinem Gespräch, daß der Prinz nicht weniger Gefallen an Trefry fand als dieser an dem Prinzen und sich zumindest darin für glücklich erachtete, daß er, wenn nun schon einmal Sklave, solange er dulden würde, es zu bleiben, einen Mann von so hervorragendem Geist und so ausgezeichneten Fähigkeiten zum Herrn hatte. Daher trug er auch keine Bedenken, Trefry, noch ehe sie ihre Reise stromauf beendet hatten, mit all seinen Geschicken und dem größten Teil dessen, was ich hier erzählt habe, bekannt zu machen und sich völlig in die Hand seines neuen Freundes zu geben, dem er ansah, wie übel er all die ihm angetanen Kränkungen vermerkte und wie entzückt er war über die Hochherzigkeit seiner Handlungen, über die er mit solcher Bescheidenheit und solchem Feingefühl berichtete, daß sie Trefry vollends besiegten und zu seinen Gunsten stimmten. Trefry versprach ihm, auf sein Wort und seine Ehre, er werde Mittel und Wege finden, ihn in seine Heimat zurückzuführen, und versicherte ihm, daß ihn eine so schimpfliche Tat mit gewaltigem Abscheu erfülle und daß er lieber gestorben wäre, als einen solchen Verrat zu begehen. Er merkte, daß dem Prinzen sehr viel daran lag, zu erfahren, was aus seinen Freunden geworden sei und wie sie ihre Sklaverei erduldeten, und versprach ihm, er werde versuchen, sich über ihre Lage zu unterrichten, und ihm dann darüber Bescheid geben. (...)

Ich müßte nun erwähnen, daß die Christen niemals Sklaven kaufen, ohne ihnen irgendeinen neuen Namen zu geben, da die ursprünglichen vermutlich sehr barbarisch klingen und schwer auszusprechen sind; deshalb gab Mr. Trefry Oroonoko den Namen Cäsar, der in diesem Lande so lange leben wird wie der kaum berühmtere jenes großen Römers; denn es ist durchaus ersichtlich, daß es dem Prinzen in keiner Weise an dem persönlichen Mut jenes Cäsar mangelte und daß er ebenso denkwürdige Dinge vollbrachte, nur nicht in einem Teil der Welt, wo ihm eine Fülle von Geschichtsschreibern und anderen Leuten hätten geben können, was ihm gebührte. Sein Unglück war, daß er in einer unbedeutenden Welt fiel, welche nur die Feder eines Frauenzimmers zu bieten hatte, seinen Ruhm zu verherrlichen, obgleich ich nicht daran zweifle, daß er noch durch anderer Bemühungen fortgelebt hätte, wenn nicht die Niederländer, die unmittelbar nach dieser Zeit das Land eroberten, all jene getötet, verbannt und zerstreut hätten, welche fähig gewesen wären, der Welt das Leben dieses großen Mannes viel besser wiederzugeben, als ich es getan. Und Mr. Trefry, der sich mit der Absicht trug, starb, ehe er damit begonnen hatte, und grämte sich darüber, es nicht rechtzeitig unternommen zu haben.

In Zukunft muß ich Oroonoko also Cäsar nennen, da er in unserer westlichen Welt nur unter diesem Namen bekannt war und unter diesem auch an Land im Parham House empfangen wurde, wohin er als Sklave bestimmt war. (. . .)

Während sie beim Mahl saßen, erzählte Mr. Trefry Cäsar, daß die meisten dieser jungen Sklaven außer sich vor Liebe wären zu einer schönen Sklavin, die etwa seit sechs Monaten in ihrem Land lebe. Der Prinz, der nie das Wort Liebe ohne einen Seufzer hören und nichts davon vernehmen konnte ohne Neugier, eine solche Geschichte weiterzuerforschen, da sie ihm von allen Gesprächen das angenehmste war, fragte, wie es zugehe, daß alle so unglücklich wären, sich für eine einzige schöne Sklavin zugrunde zu richten. Trefry, der von Natur aus verliebt war und so gern wie nur irgendeiner über Liebe sprach, erzählte ihm darauf, daß sie hier die bezauberndste Schwarze hätten, welche je auf dieser Pflanzung gesehen ward, etwa fünfzehn oder sechzehn Jahre alt, schätze er; was ihn beträfe, so habe er seit ihrer Ankunft nur noch nach ihr geseufzt, und alle weißen Schönheiten, die er gesehen, hätten ihn niemals so völlig bezaubert wie dieses wunderhübsche Geschöpf, und kein Mann, einerlei welcher Nation, habe sie jemals angeschaut, ohne sich in sie zu verlieben, und alle Sklaven lägen ihr ständig zu Füßen, und durch das ganze Land halle der Ruf von Clemene, »denn so«, sagte er, »haben wir sie getauft; aber sie weist uns alle mit so erhabener Verachtung ab, daß es wie ein Wunder anmutete, wenn sie, die so endlose Sehnsucht einzuflößen vermag, selbst durch und durch eisig und gleichgültig wäre. Die anmutsvolle Keuschheit, welche jemals Jugend verschönte, ziert sie, die lieblichsten Seufzer – so daß man, wäre sie der Liebe fähig, schwören würde, sie schmachte nach einem abwesenden Glücklichen, und sie lebt so zurückgezogen, als fürchte sie selbst eine Vergewaltigung durch den Gott des Lichts oder daß ihr die Winde Küsse von ihrem zarten Mund rauben könnten. Jeden Tag ergeht von irgendeinem schmachtenden Liebhaber an sie die Bitte, sie möge ihn ihre Arbeit verrichten lassen, was sie errötend und mit Widerstreben gewährt, aus Angst, er werde sie zum Lohn dafür um einen Blick bitten, wessen er sich gar nicht zu erkühnen wagte, so groß ist die Ehrfurcht, welche sie ihren Anbetern ins Herz senkt.«

»Ich wundere mich nicht«, erwiderte der Prinz, »daß Clemene Sklaven abweist, da sie, wie Ihr sagt, so schön ist; ich wundere mich nur, daß sie solche flieht, die sie, wie Ihr, zu unterhalten vermögen, oder warum Ihr sie nicht zum Nachgeben zwingt, da sie doch Eure Sklavin ist.«

»Ich muß gestehen«, sagte Trefry, »wenn ich, gegen ihren Willen, so lange zu ihr über Liebe sprach, daß meine Leidenschaft mich sogar über die Schicklichkeit hinausriß, war ich oft drauf und dran, jene Vorteile der Gewalt und der Kraft auszunutzen, welche mir die Natur gegeben hat. Doch oh! Sie entwaffnet mich mit dieser Keuschheit und mit ihren so sanften und rührenden Tränen, so daß ich mich zurückziehe und meinen Sternen dafür danke, daß sie mich besiegte.« Die Gesellschaft lachte über diese Artigkeit gegen eine Sklavin, und nur Cäsar lobte den Adel seiner Leidenschaft und seines Wesens, weil ja diese Sklavin adlig sein oder, was noch besser wäre, echte Begriffe von Ehre und Tugend haben könne. So verbrachten sie diesen Abend, nachdem sie von den Sklaven alle nur erdenklichen Bezeigungen der Achtung und Ehrfurcht empfangen hatten.

Am nächsten Tag forderte Trefry, als die Hitze nachgelassen hatte, Cäsar zu einem Spaziergang auf, führte ihn absichtlich zu der Hütte jener schönen Sklavin und erzählte ihm, daß sie, von der sie am Abend zuvor gesprochen, hier einsam lebe. »Aber«, sagte er, »ich würde Euch nicht wünschen, in ihre Nähe zu kommen, denn ich bin sicher, sobald Ihr sie seht, werdet Ihr sie lieben.« Cäsar versicherte ihm, daß er gegen alle Reize ihres Geschlechts gefeit sei, und wenn ihm der Gedanke käme, sein Herz könne so treulos sein, nach Imoinda noch einmal zu lieben, so würde er es wohl aus seiner Brust reißen. Kaum hatten sie also gesprochen, als ein kleiner zottiger Hund, den Trefry Clemene geschenkt und an dem sie große Freude hatte, herausgelaufen kam, und sie, die nicht wußte, daß jemand da war, lief hinter ihm her, um ihn wieder hereinzuholen, und stieß auf die, welche gerade von ihr gesprochen. Als sie die Männer erblickte, wäre sie am liebsten wieder ins Haus geeilt, aber Trefry faßte sie bei der Hand und rief: »Clemene, wie Ihr auch einen Anbeter fliehen mögt, diesem Fremdling (dabei deutete er auf Cäsar), solltet Ihr dennoch etwas Achtung erweisen.« Doch als hätte sie beschlossen, niemals wieder ihre Augen zu dem Gesicht eines Mannes emporzuheben, senkte sie ihren Blick, während er sprach, noch tiefer zu Boden und gab dem Prinzen auf diese Weise Gelegenheit, sie noch genauer zu betrachten. Es bedurfte keines langen Anstarrens oder langer Erwägungen, zu erkunden, wer dieses schöne Geschöpf war; augenblicklich erkannte er Imoinda, wie sie leiblich und wahrhaftig vor ihm stand, augenblicklich erkannte er ihr Gesicht, ihre Gestalt, ihre Züge, ihre Sittsamkeit, und all das ließ seine Seele mit Entzücken aus seinen Augen sprechen und seinen Körper fast allen Lebens beraubt zurück; er stand reglos und wußte eine Minute lang nicht mehr, daß es ihn gab, und ich glaube, so überwältigt von unmäßiger Freude, wie er war, wäre er nie wieder zu sich gekommen, hätte er nicht Mäßigung erfahren dadurch, daß er Imoinda wie leblos an Trefrys Hand niedersinken sah. Das weckte ihn auf, und er eilte ihr zu Hilfe und nahm sie in seine Arme, in denen sie allmählich wieder zu sich kam, und es ist überflüssig, zu erzählen, wie hingerissen, wie verzückt vor Freude sie sich eine Zeitlang wortlos anschauten, dann einander in die Arme rissen und sich dann wieder anstarrten, als zweifelten sie immer noch daran, dieses Gna-

dengeschenks teilhaftig zu sein, das sie mit den Händen greifen konnten. Und man kann sich nicht vorstellen, welch zärtliche Dinge sie einander sagten, als sie darüber staunten, welch sonderbares Los sie wieder zueinandergeführt hatte. Rasch teilten sie einander ihre Erlebnisse mit und beklagten ihr Geschick, doch zugleich beteuerte einer dem anderen, daß selbst Fesseln und Sklaverei gelind und leicht wären und mit Freude und Vergnügen ertragen werden könnten, solange sie das Glück hätten, einander zu besitzen und ihr Gelöbnis zu erfüllen. Cäsar schwor, er verachte dic Herrschaft der Welt, solange er seine Imoinda anschauen könne, und sie verschmähte Hoheit und Pracht, diese Eitelkeiten ihres Geschlechts, wenn sie nur Oroonoko ansehen könne. Er erstreckte seine tiefe Verehrung sogar auf die kleine Hütte, in der sie lebte, und sagte, dieses winzige Stückchen der Welt werde ihm mehr Glück schenken, als das ganze Universum es vermöge; und sie beteuerte, die Hütte sei ein Palast, solange sie durch die Gegenwart Oroonokos verschönt werde. (...)
An diesem glücklichen Tage nahm Cäsar zur Freude aller Clemene zu seinem Weibe, und die Hochzeit wurde mit solcher Pracht gefeiert, wie die Gegend aufzubieten vermochte, und sehr bald danach wurde sie schwanger, weswegen Cäsar sie geradezu anbetete, da er wußte, daß er der Letzte seines großen Geschlechts war. Dieses Ereignis ließ ihn noch ungeduldiger die Freiheit ersehnen, und jeden Tag verhandelte er mit Trefry über seine und Clemenes Freilassung und bot ihm entweder Gold oder eine Unmenge Sklaven an, die übergeben werden sollten, ehe man sie ziehen lasse, vorausgesetzt, er erhalte irgendeine Gewähr dafür, daß sie gehen könnten, wenn das Lösegeld gezahlt war. Von Tag zu Tag wurde er mit Versprechungen abgespeist und auf die Ankunft des Lord-Governors vertröstet, so daß er sie der Unehrlichkeit verdächtigte und meinte, sie wollten ihn bis zur Niederkunft seines Weibes hinhalten und das Kind ebenfalls zum Sklaven machen; denn die ganze Nachkommenschaft gehört dem, welchem die Eltern gehören. (...)
Nachdem Cäsar die Männer von den Frauen und Kindern abgesondert hatte, hielt er ihnen eine großartige Rede über das Elend und die Schmach der Sklaverei und zählte all ihre Mühen und Leiden auf unter solchen Lasten, Bürden und Plackereien, welche eher Tieren als Menschen ziemten, eher

vernunftlosem Vieh als Menschenseelen. Er sagte ihnen, es sei ja nicht für Tage, Monate oder Jahre, sondern für alle Ewigkeit; ihr Unglück werde kein Ende nehmen. Sie litten nicht wie Menschen, die in der Unterdrückung Ruhm und Seelenstärke finden könnten, sondern wie Hunde, welche die Peitsche und die Schelle lieben und kriecherisch schmeicheln, je mehr sie geschlagen werden. Sie hätten die göttliche Eigenschaft der Menschen verloren und wären abgestumpfte Esel geworden, nur zum Lastentragen tauglich, nein, noch schlimmer: Wenn ein Esel, ein Hund oder ein Pferd ihre Pflicht getan hätten, könnten sie sich in Ruhe niederlegen und zur Arbeit wieder aufstehen, und solange sie ihre Pflicht täten, hätten sie keine Schläge zu erdulden; Menschen jedoch, niedrige, unvernünftige Menschen wie sie, plackten sich die ganze lange Woche bis zum Schwarzen Freitag, und dann, ob arbeitsam oder nicht, ob tadelnswert oder verdienstvoll, dann hätten sie ohne Unterschied, der Unschuldige wie der Schuldige, von ihren Mitsklaven die schändliche Peitsche zu erdulden, die niederträchtigen Schläge, bis ihnen von allen Körperteilen das Blut fließe, Blut, welches Tropfen für Tropfen mit dem Leben einiger von jenen Tyrannen gerächt werden müßte, die solches auferlegten. »Und warum, meine lieben Freunde und Leidensgefährten«, fuhr er fort, »sollen wir Sklaven eines unbekannten Volkes sein? Haben sie uns auf edle Weise im Kampf besiegt? Haben sie uns in ehrenvollem Gefecht erobert? Und sind wir durch das Kriegsglück ihre Sklaven geworden? Das würde ein edles Herz nicht erzürnen, das würde eines Kriegers Seele nicht erregen. Nein, wir Narren und Feiglinge werden gekauft und verkauft wie Affen, zum Vergnügen der Weiber und um Schurken und Pflichtvergessene zu unterstützen, die ihr eigenes Land verlassen haben, um auf Raub, Mord, Diebstahl und andere Schändlichkeiten auszugehen. Hört ihr nicht jeden Tag, wie sie sich gegenseitig Niederträchtigkeiten vorwerfen, die schlimmer sind als die rohesten Wilden? Und sollen wir einem so entarteten Geschlecht, das nicht eine einzige menschliche Tugend zurückbehalten hat, es von den verächtlichsten Kreaturen zu unterscheiden, Gehorsam leisten? Wollt ihr von solchen Händen die Peitsche ertragen?« Alle erwiderten wie aus einem Munde: »Nein, nein, nein! Cäsar hat wie ein großer Hauptmann gesprochen, wie ein großer König.«

Danach wollte er weiterreden, wurde jedoch von einem hochgewachsenen Neger unterbrochen, der von etwas besserem Schlag war als die übrigen. Er hieß Tuscan, und er verneigte sich vor Cäsar bis zu dessen Füßen und rief aus: »Hoher Herr, mit Freude und Aufmerksamkeit haben wir Euren Worten gelauscht, und wären wir nur Männer, so würden wir einem so großen Führer durch die ganze Welt folgen. Doch ach! Bedenket, daß wir auch Ehegatten und Väter sind und Dinge besitzen, welche uns teurer sind als das Leben: unsere Weiber und Kinder, die nicht geschaffen sind, durch solch unwegsame Wälder, Gebirge und Sümpfe zu ziehen. Wir haben nicht nur beschwerliche Gegenden zu überwinden, sondern Flüsse zu durchwaten und Berge zu erklimmen, eine Beute raubgieriger Bestien!« Darauf entgegnete Cäsar, die Ehre sei der vornehmste Grundgedanke in der Natur, und diesem müsse man gehorchen; doch da kein Mann ohne all jene Taten der Tugend, des Mitleids, der Barmherzigkeit, der Liebe, der Gerechtigkeit und der Vernunft Anspruch auf Ehre erheben könne, fände er es damit vereinbar, daß sie für ihre Weiber und Kinder ebenso sorgten wie für sich selbst, und wenn er sie zur Unabhängigkeit und herrlichsten Freiheit führen wolle, so läge es nicht in seiner Absicht, daß sie jenen besseren Teil ihrer selbst dem Tod unter der Tyrannenpeitsche preisgeben sollten. Gäbe es jedoch unter ihnen eine so aller Liebe und Tugend bare, entartete Frau, daß sie lieber in der Sklaverei verbleiben als ihrem Manne folgen und auf die Gefahr ihres Lebens all seine Geschicke teilen wolle, so verdiene sie, verlassen und dem gemeinsamen Feind zur Beute preisgegeben zu werden.

Dem stimmten alle zu – und verneigten sich. Danach sprach er über die unwegsamen Wälder und Flüsse und überzeugte sie, daß sie um so mehr Ruhm ernten würden, je größer die Gefahren wären. Er erzählte ihnen, er habe von einem gewissen Hannibal gehört, einem großen Heerführer, der sich seinen Weg durch ein Gebirge aus festem Felsgestein geschlagen habe, und sollten sie sich durch ein wenig Buschwerk hindern lassen, welches sie vor sich verbrennen konnten? Nein, das sei ein läppischer Vorwand für Männer, welche entschlossen wären, zu sterben oder zu siegen. Was die Sümpfe anginge, so könnten sie mit geringer Mühe aufgefüllt und gefestigt werden, und ebensowenig könnten die Flüsse ein Hindernis sein, da sie von ihrer Geburt an entweder von Natur aus oder zumindest durch Gewohnheit des Schwimmens kundig seien. Wären die Kinder müde, so müßten sie abwechselnd getragen werden, und die Wälder und ihre eigene Geschicklichkeit würden sie mit Nahrung versorgen. All dem pflichteten sie mit Freuden bei.

Darauf fragte Tuscan, was er zu tun gedenke. Cäsar antwortete, sie würden zum Meer ziehen, eine neue Kolonie gründen und diese durch ihre Tapferkeit verteidigen, und wenn sie ein Schiff finden könnten, das entweder durch die Gewalt eines Unwetters zu ihnen getrieben oder ihnen durch die Vorsehung zugeführt werde, so würden sie sich seiner bemächtigen und es aufbringen, bis es sie in ihre Heimatländer geführt habe; in seinem Königreich würden sie freigelassen werden und als seine Leidensgefährten und als Menschen, welche den Mut und die Unerschrockenheit besessen, sich zumindest um ihre Freiheit zu bemühen, hohe Achtung genießen, und wenn sie bei diesem Bemühen den Tod fänden, so würde das immer noch tapferer sein, als in ewiger Sklaverei zu leben.

Diesen Entschluß begrüßten sie, indem sie sich tief verneigten und ihm die Füße küßten, und sie gelobten einstimmig, ihm bis in den Tod zu folgen, worauf die kommende Nacht für den Beginn des Marsches festgesetzt wurde. (. . .)

Es war nicht schwer, die Flüchtlinge ausfindig zu machen; denn auf ihrer Flucht waren sie gezwungen, das Gehölz vor sich in Brand zu stecken und zu hauen, so daß man sie nachts oder tags dank dem Feuerschein oder dem Pfad, welchen sie freigeschlagen, verfolgen konnte. Doch sobald Cäsar merkte, daß er verfolgt wurde, bezog er Verteidigungsstellung, hieß alle Frauen und Kinder in den Hintergrund treten, und dann, Tuscan an seiner Seite oder ihm am nächsten, versprach er fest, zu sterben oder zu siegen. Solchermaßen ermutigt, hielten sie sich nicht lange mit Reden auf, sondern fielen blindlings über die Engländer her und töteten etliche und verwundeten eine große Anzahl, während diese Zuflucht zu ihren Peitschen als ihren besten Waffen nahmen. Und ohne irgendeine Ordnung einzuhalten, quälten sie den Feind überaus schmerzhaft mit Peitschenhieben in die Augen. Als die Frauen und Kinder ihre Gatten und Väter solchermaßen behandelt sahen und die Engländer schreien hörten: »Ergebt Euch, und ihr sollt leben! Ergebt euch, und euch sei verziehen!«, liefen sie in ihrer schrecklich verzagten Stimmung alle zu ihren Männern und Vätern, hängten sich an sie und schrien: »Ergebt euch! Ergebt euch! Und überlaßt Cäsar ihrer Rache!«, so daß die Sklaven nach und nach von Cäsar abfielen und ihm nur Tuscan und seine heldenmütige Imoinda ließen, die sich, so schwanger sie war, dennoch dicht an ihren Ehegemahl drängte, mit einem Bogen und einem Köcher voll vergifteter Pfeile, die sie mit solcher Geschicklichkeit handhabte, daß sie etliche verwundete und den Gouverneur in die Schulter traf, woran er wahrscheinlich gestorben wäre, wenn nicht eine Indianerin, seine Geliebte, die Wunde ausgesogen und so von dem Gift gereinigt hätte. Gleichwohl rührte er sich nicht vom Platze, bis er mit Cäsar unterhandelt hatte, den er, wie auch Tuscan und Imoinda entschlossen fand, kämpfend zu sterben und sich nicht gefangenzugeben. Da Byam jedoch nach anderer Rache dürstete, als ihm einfach das Leben zu nehmen, bot er jetzt alle seine Rede- und Verstellungskünste auf und ersuchte Cäsar, sich unter Bedingungen zu ergeben, die er selbst vorschlagen solle und die von ihm, Byam, unverbrüchlich gebilligt und gewahrt werden würden. Er sagte ihm, das verlange er nicht deswegen, weil er ihn noch fürchte oder zu glauben vermöge, die Stärke zweier Männer und einer jungen Heldin könne sie alle vernichten, noch dazu, wo sie jetzt auch alle Sklaven auf ihrer Seite hätten, sondern um der ungeheuren Hochachtung willen, die er seiner Person entgegenbringe, und aus dem Wunsche heraus, einem so tapferen Mann zu dienen und sich selbst später den Vorwurf zu ersparen, daß er den Tod eines Prinzen herbeigeführt habe, dessen Tapferkeit und Edelmut verdienten, über die Welt zu herrschen. Er beteuerte ihm, auch diese Tat sähe er als tapfer und mutig an, wenngleich auf den Schaden seines Herrn und Gebieters gerichtet, der dadurch eine so beträchtliche Anzahl Sklaven verloren hätte; diese seine Flucht solle als jugendliche Hitze, als Übereilung eines allzu eifervollen Mutes und als unbedachtes Lechzen nach Freiheit angesehen werden, und nichts weiter, und Cäsar bemühte sich vergeblich, das auszuführen, was sie selber wirksam vollbringen würden, sobald irgendein Schiff käme, das seine Küste anlaufen würde. »So daß Ihr«, fuhr er fort, »wenn es Euch beliebt, Euch zu ergeben, aller nur erdenklichen Achtung teilhaben werdet, und Ihr selbst, Eure Frau und Euer Kind, wenn es hier geboren wird, werden unser Land als

Freie verlassen.« Doch Cäsar wollte nichts von einem Vergleich hören, obgleich Byam nachdrücklich geltend machte, wenn er seinen Plan weiterverfolge, werde er unausbleiblich den Tod finden, entweder durch große Schlangen, wilde Tiere oder Hunger, und er müsse doch Rücksicht auf seine Frau nehmen, deren Zustand Ruhe erfordere und nicht die Strapazen einer langwierigen Reise, auf der er sie nicht davor schützen könne, verschlungen zu werden. Cäsar entgegnete ihm jedoch, den Weißen sei nicht zu trauen, wie auch nicht den von ihnen angebeteten Göttern, welche sie in so falschen Grundsätzen unterrichteten, daß ehrliche Menschen nicht unter ihnen leben könnten; obgleich kein Volk so viel verspreche, halte doch keines so wenig. Er wisse, was er zu tun habe, wenn er mit Männern von Ehre umginge; aber bei den Weißen müsse ein Mann immer und ewig auf seiner Hut sein, dürfe mit Christen niemals essen und trinken, ohne seine Verteidigungswaffe in der Hand, und um seiner eigenen Sicherheit willen dürfe er nie ein Wort von dem glauben, was sie sagten. Was die Übereilung und Unbedachtsamkeit seiner Tat anginge, so wolle er zugeben, daß der Gouverneur recht habe, und er schäme sich dessen, was er getan, da er sich bemüht habe, solche zu befreien, die von Natur aus Sklaven seien, armselige, jämmerliche Wichte, die dazu taugten, als Werkzeuge der Christen behandelt zu werden, Hunde, die, verräterisch und feige, zu solchen Herren passen, und man brauchte ihnen nur die Erkenntnis der Christengötter einzupeitschen, um sie zu den schmählichsten aller kriechenden Wesen zu machen, um sie solche Gottheiten verehren zu lehren, welche nicht die Macht besäßen, sie rechtschaffen, tapfer oder ehrlich zu machen. Kurzum, nach tausend Dingen dieser Art, die nicht geeignet sind, hier wiedergegeben zu werden, sagte er Byam, lieber wolle er sterben als mit solchen Hunden auf der gleichen Erde leben. Doch Trefry und Byam plädierten und beteuerten gemeinsam so viel, bis Trefry, der glaubte, was der Gouverneur sagte, meine er auch, und der in seinen eigenen Reden überaus herzlich war, sich mit edlem Mut in Cäsars Hände begab, ihn beiseite zog und ihn, sogar mit Tränen, zu überreden versuchte, er möge leben, indem er sich ergebe, und seine Bedingungen nennen. Cäsar wurde durch seinen Geist und seine Vernunftgründe besiegt, und auch weil er an Imoinda dachte, und er forderte, was er wünschte und daß es von ihren

Händen schriftlich bestätigt werde, weil er bemerkt habe, daß dies unter den Weißen die übliche Art sei, zwischen Mann und Mann einen Vertrag zu schließen. All das wurde ausgeführt, und auch Tuscans Begnadigung mit eingefügt, und dann ergaben sie sich dem Gouverneur, der friedlich mit ihnen zu der Pflanzung ging, nachdem er befohlen hatte, ihre Toten zu begraben. Cäsar war mehr als erschöpft von dem Tumult des Tages; denn er hatte wie ein Rasender gekämpft, und was an Unheil angerichtet worden war, hatten er und Tuscan allein vollbracht und ihren Feinden so einen verhängnisvollen Beweis dafür gegeben, daß sie alles wagten und keine sterbliche Macht fürchteten.

Doch kaum waren sie auf dem Platz angelangt, wo die Sklaven zur Strafe ausgepeitscht werden, da legte man Hand an Cäsar und Tuscan, die schwach waren vor Hitze und Erschöpfung, überrumpelte sie, band sie an verschiedene Pfähle und peitschte sie auf die erbärmlichste und unmenschlichste Weise, wobei man ihnen das Fleisch von den Knochen riß, vor allem Cäsar, der keinen Klagelaut hören ließ oder sein Gesicht veränderte, sondern nur in wildem Grimm und tiefer Empörung die Augen gegen den treulosen Gouverneur und gegen jene rollte, welche er für schuldig hielt. (...)

Als sie glaubten, sich genügend an ihm gerächt zu haben, banden sie ihn los, der fast ohnmächtig war durch den Blutverlust aus tausend Wunden an seinem ganzen Körper, von dem sie ihm die Kleider gerissen hatten, und führten ihn so blutend und nackt fort, beluden ihn mit Eisenfesseln und rieben sodann, um ihre Grausamkeit vollständig zu machen, indianischen Pfeffer in seine Wunden, der ihn fast rasend machte, und in diesem Zustand fesselten sie ihn so fest an den Boden, daß er sich nicht zu rühren vermochte, hätten es ihm gleich seine Qualen und Wunden erlaubt. (...)

Sobald er imstande war zu gehen und sich für tauglich hielt, seinen großen Plan auszuführen, bat er Trefry, ihm zu vertrauen und ihn ins Freie zu lassen, weil er glaube, ein Spaziergang werde ihm guttun, was ihm auch gewährt wurde. Er nahm Imoinda mit, wie er es in glücklicheren und ruhigeren Tagen zu tun gepflegt, und führte sie in einen Wald hinauf, wo er ihr (nachdem er mehrmals geseufzt und lange Zeit schweigend ihr Gesicht betrachtet hatte, während ihm wider Willen Tränen aus den Augen stürzten) seinen Plan mitteilte, zuerst sie, dann

KARL VON ECKARTSHAUSEN

Isogin und Celia, eine Geschichte von einem unsrer schwarzen Brüder aus Afrika, von einem Mohren

(1787)

Ich weiß es wirklich nicht, ob es denn schon so ganz ausgemacht ist, daß wir Europäer die gesitteten Völker sind: Ich zweifle täglich mehr. Der Name Barbaren, mit dem wir so gerne andere Völker benennen, klingt mir so wunderlich, daß mir manchmal sehr schwindelt, wir könnten uns geirrt haben. Verdienten wir vielleicht den Namen Barbaren nicht eher als mancher Wilde, der doch wenigstens, wenn er auch keine andern Gesetze hat, den Gesetzen der Natur treu bleibet?

Wenn ich an mich selbst zurückdenke, was der Staat, was Erziehung aus mir gemacht haben, so finde ich oft ein sehr wunderliches Ding, ein Geschöpf, das man von Jugend auf durch tausenderlei Bemühungen von der Natur entfernte, das man mit manchen Kenntnissen anpfropfte, die ihm nichts nützen, und das man mit Systemen bekannt machte, die in der Natur nicht existieren und dem man manche Meinungen aufdrang, die bei Untersuchung große Lügen waren.

Nachdem man uns durch tausend seltsame Meinungen von Kindesbeinen an das natürliche Gefühl unsers Herzens verdorben hat, so können wir in Mannesjahren uns wieder bemühen, das zu vergessen, was wir besser niemals gelernt hätten.

Es wäre so edel, unter gesitteten Menschen zu leben, wenn das, was Sitten heißt, bei vielen einen Wert hätte; aber so hat Falschheit und Politik die gesellschaftlichen Tugenden verdrängt und Barbarei und feinere Wildheit unter Menschen gepflanzt, die in ihr Verderben rennen. Das Recht des Stärkern herrscht unter den Barbaren; das Recht des Witzigern, des Listigern unter den Gesitteten. –

Dort war des Menschen Bildung verstaltet, als er verfolgte; Zorn war im Munde, Zorn in der Hand, die sich waffnete. Jetzt ist Verstellung in der Miene, man lächelt, und tötet, weint und mordet, bemitleidet und raubt. Geschändete Natur!

Setze doch die Menschheit wieder in ihre Rechte ein! Hast du dem Menschenauge Tränen gegeben, um zu betrügen? Gabst du holdes Lächeln dem Munde, um sicherer zu schaden? Eine schmeichelnde Miene, um zu töten, und ein sanftes Auge, um zu morden? –

O, banne die schrecklichsten der Lügen aus der Menschengestalt! Laß ungeheuchelte Natur auf unserer Stirne herrschen, und erniedrige uns nicht durch unsere Verfeinerung unter den rohen Naturmenschen, manchmal sogar eine ganz edle Natur, die ganz Unschuld wie Isogin ist.

In einer wilden Gegend von Afrika war Isogin geboren, ein junger Mohr, dem die Natur Gefühle und ein edles Herz gab. Isogins Dasein war die Ursache des Todes seiner Mutter, denn der Balma kostete dies Geschenk der Liebe, das sie ihrem Freunde Jacquer gab, das Leben. –

Jacquer war Isogins Vater, ein Mann, den seine Brüder sehr schätzten, denn er war tapfer. Es war keiner in der Gegend, der es ihm im Laufen bevortat, und keiner warf den Pfeil so sicher als Jacquer: Zudem besaß er auch ein edles Herz. Wo er einen seltnen Stein oder eine schöne Muschel am Ufer des Meeres fand, brachte er sie entweder seinen Freunden, um ihnen Freude zu machen, oder er legte sie als ein Opfer auf den Altar seiner Gottheit, die er anbetete.

Jacquer liebte Balma, ein Mohrenmädchen, das seiner würdig war. Beinahe ein Jahr lang kosteten sie die unschuldigen Freuden der Natur. In stiller Eintracht wandelten sie oft Hand in Hand unter dem Schatten der hohen Palmenbäume oder saßen an einer Staude von Ysop und lebten dem sanftesten Gefühle der Natur, der Freundschaft und der Liebe. –

Balma war das schönste der Mohrenmädchen in der Gegend. Weich wie Atlas waren ihre Wangen, und Adlerschwärze war ihre Farbe. Das Weiße ihres Auges war der Schneeflocke ähnlich, die an der schwärzesten Beere der Brombeerstaude hing, Korallen waren ihre Lippen, und eine Perlenreihe ihre Zähne. Jacquer war nicht minder schön, sein Wuchs war wie ein junger Pappelbaum, seine Augen blitzten wie ein Meteor in der Nacht, und seine Lippen glichen den letzten Purpurstrahlen des Abendrots, wenn die schwärzeste Nacht im Neulicht ans Firmament steigt. Das zärtlichste einer schwarzen Lämmerherde schien seine Wolle Jacquers Haupt geliehen zu haben, wo sein Haar in tausend kleine Locken sich drehte.

Jacquers Blick war sanft, und sein Auge sprach unendlich viel, wenn es sich auf Balma richtete. (...)
Eines Tages wandelten sie, entfernt von ihren Hainen, in einer öden Gegend in Klippen und Gebüschen und betrachteten die Reize der wilden Natur. Ein jammerndes Gewinsel eines leidenden Geschöpfes machte sie aufmerksam; sie näherten sich, und eine verwundete weiße Bärin rang mit Schmerzen und Tod. An der Brust des sterbenden Tieres lag ein säugendes Junges. Jacquer eilte hinzu, zog den tötenden Pfeil aus der Bärin Wunde und wollte sie heilen, aber vergebens war seine Mühe. Das sterbende Tier lohnte den guttätigen Jacquer mit einem dankbaren Blicke. Es sah sein Junges noch an, dann sah es wieder auf Jacquer, als wollte es ihm sagen, nimm dich des armen Geschöpfes an, das ich hinterlasse, weil du mich, guter Mensch! nicht mehr retten kannst. Die Bärin war tot. Balma und Jacquer nahmen das junge Tier zu sich und erzogen es mit Sorgfalt.
Das heranwachsende Tier vergaß auch ganz seine Wildheit, ward gesellschaftlich und gut, ward Jacquers und Balmas Freude. – Tausend artige Krümmungen und Sprünge ergötzten manchen Abend die Liebenden, und es mangelte ihnen immer etwas, wenn ihre junge Bärin nicht bei ihnen war. –
Als Balma sich schwanger fühlte, bemerkte sie auch, daß ihre Bärin trächtig war. Das gute Tier verließ zwar manche Stunde lang ihre Guttäter, ging in den Wald, aber kehrte jeden Abend wieder zu ihren Freunden zurück. –
Es war Zeit zu Balmas Entbindung, und wie schlug Jacquers Herz. Die Stunde nahete sich, als Isogin geboren ward, und Balma starb. –
Wer war untröstlicher als Jacquer! Ein Blick auf sein Kind, ein Blick auf seine sterbende Gattin zerrissen sein Herz und marterten seine Seele. – (...)
O Natur, Natur! Warum gabst du mir ein Herz, fähig zur Liebe, die du so grausam die Herzen behandelst, die sich lieben? Vergebens waren Jacquers Seufzer: Balma erwachte nicht mehr. Als er sah, daß alles vergebens war, warf er einen Blick auf sein Kind. Du bist noch allein; alles, was mir übrig bleibt, sagte er, du unglücklicher Isogin! So will ich dich nennen; dein Bild wird mich immer an deine arme Mutter erinnern! Ich werde dich ansehen, trauriger Überrest meiner Liebe, werde über dich weinen, aber dich doch lieben. Dann

sah Jacquer starr um sich. Auch du wirst sterben, rief er mit heiserer Stimme, du wirst sterben, du hast ja keine Mutter mehr, die dich nährt. Was soll ich anfangen! Er nahm das Kind auf seine Arme und benetzte es mit Tränen. Da Jacquer so weinte, kam die weiße Bärin herbei, leckte seine Tränen aus seinem Auge, schmeichelte ihm mit ihrer Pfote und sah immer hinter sich, als wollte sie ihm etwas sagen. Jacquer warf einen Blick zurück und sah, daß seine Bärin zwei Junge zur Welt gebracht habe. Gutes Tier, rief Jacquer, sei du die Amme meines Isogin, nähre ihn mit deiner Milch und rette ihm das Leben, wie ich das deinige rettete! Jacquer legte das Kind zu der Bärin, und sie säugte es und leckte es und sah oft mit unverwandtem Blicke unsern Jacquer an, als wollte sie sagen: Ich kann dir deine Guttaten nicht besser vergelten. –

Seit dem Tode der guten Balma war Jacquer untröstlich; langsam verschwand sein Leben, wie der Schatten des Wanderers bei der untergehenden Sonne. Jacquer starb, als Isogin noch kaum zehn Wochen alt war.

Nach Jacquers Tode nahm die gute Bärin ihre Jungen und ihren Säugling, den Isogin, und trug sie fern von Menschen in eine Wildnis. Es war, als hätte sie sagen wollen: Ich habe die Pflichten der Dankbarkeit erfüllt, nun behaupte ich wieder die Rechte meiner Freiheit. Jacquer erzog mich, und ich will Isogin erziehen. Vergebens bemühten sich Jacquers Freunde, die Bärin auszukundschaften; alle Mühe war vergebens. – Balma und Jacquer wurden in eine Grube gelegt, und die Wilden pflanzten Zypressen und Pappeln um ihre Grabstätte.

In der Gegend, in die sich die Bärin mit Isogin flüchtete, hatte vor einigen Jahren ein Kaufmann Schiffbruch gelitten. Der Unglückliche wurde von den Wellen verschlungen, nur sein Weib, die hoch schwanger war, rettete sich aus den Fluten, und kam in diesen unbewohnten Ort, wo sie nach drei Tagen das liebenswürdigste Kind zur Welt gebar. Es war ein Mädchen, und dieses Mädchen nannte die Mutter Celia. Drei volle Jahre verlebte hier die arme Kaufmannsfrau, abgesondert von aller menschlichen Gesellschaft, mit ihrem Kinde, als sie im Anfange des vierten Jahres die weiße Bärin zur Gesellschafterin bekam. Schicksal, Hang und Bedürfnisse fesselten diese Wesen aneinander, und die weiße Bärin, Celia, ihre Mutter, Isogin und die 2 jungen Bärinnen machten bald eine kleine

Familie aus. Ganz erstaunt sah Celiens Mutter, wie die Bärin den jungen Isogin pflegte, und da gleiches unglückliches Schicksal den Unglücklichen an Unglückliche kettet, so war Celiens Mutter dem jungen Isogin ganz hold. Celia und Isogin erwuchsen. Celia war ungefähr 15 Jahre alt, als ihre Mutter starb. – (...)

CELIA Ohne dich, Isogin, möchte ich nirgends sein.

ISOGIN Und ich nirgends ohne Celia.

Hier küßten sich Celia und Isogin und weinten, sahen die Mutter an, küßten sich und weinten wieder. Ich weiß nicht, sagte Isogin, was ich fühle. Celia! mir ist so wohl, wenn ich meinen Arm um deine Schultern lege, wenn ich mein Haupt an deinen Busen senke, so wohl ist es mir, daß ich immer so sein möchte. Wenn ich weine, weinst du mit, wenn nur ich ganz du und du ganz ich wärest, daß uns nichts trennen könnte. O Celia! Warum sind wir denn zwei? Zwei kann man trennen. Wenn wir doch Eines wären: Siehst du, wenn die Mutter mit uns Eins wäre, so schliefen wir nun auch mit ihr. – Ah, Isogin, erwiderte Celia, und feurig hing sie an seinen Lippen, und Kraft der Seele zur Einswerdung wirkte tätig in ihrem Herzen. Sie umarmten sich und fühlten zum ersten Male, daß Umarmen Bestreben des im Körper gefesselten Geistes zur Einswerdung ist; so sahen sie ihren Körper als den Kerker ihrer Seelen an, und der heftige Trieb zur höhern Freiheit gab ihnen den Vorgeschmack von Fortdauer und Unsterblichkeit. – (...)

Zwanzigmal erneuerte der Mond sein Licht über die Erde seit Celias Dasein, und achtzehn Frühlinge schmückten die herrliche Gegend seit der Zeit, als Isogin lebte. Der Wink der Natur zur Freundschaft und Liebe führte auch dieses unschuldige Menschenpaar zu den heiligsten der Gefühle. Sie liebten sich und waren glücklich.

Unschuldige Liebe! du bist ein Geschenk der Gottheit; dein alles belebender Geist heiliget jedes Geschöpf dem Vergnügen. Gottes Wonne ist dein Gepräge. Verkannt von Menschen findet man dich selten mehr in Städten; nur auf einsamen Inseln oder in niedrigen Hütten erneuert man noch deine Feste. In schattigen Hainen unter Blumen wird dein Andenken gefeiert, da man deinen Tempel in Palästen entheiliget, wo die Wollust deine Stätte besitzt und Weihrauch annimmt, der einst, Göttliche! auf deinem Altar dampfte.

O ihr Menschen! Warum verkennt ihr so das herrlichste der Gefühle der reinen Liebe! – Sie strömt aus von dem, der uns schuf, und strömt wieder zu ihm zurück – zu ihm, der die Liebe ist. Alles ist herrlich mit ihr; alles elend ohne sie. Sie ist die Kette, die das niedrigste Erdengeschöpf stufenweis bis an den Menschen kettet – den Menschen an Engel, den Engel an Gott; – eine Kette, in der jedes Glied zum Ganzen gehöret; die zur Einswerdung hinzieht; – in der ich du und du ich wird – und ich und du im Mittelpunkt der reinsten Liebe, in der Gottheit, sich unzertrennlich vereint.

Isogin und Celia genossen sie, die Freuden dieser Liebe; allein ihre Glückseligkeit störte ein unglücklicher Tag auf ewig, an dem ein Schiff an dem Ufer landete, wo sie wohnten.

Ein spanischer Kaufmann kam in diese Gegend. Sein Schiff lag schon drei Tage lang vor Anker, als einige seiner Leute den dritten Tag ans Gestade schifften und den Ort besehen wollten, der so malerisch schön vor ihnen da lag.

Isogin und Celia saßen am Ufer und betrachteten schon dies wunderliche Gebäude, das so prächtig in der See schwankte, als sich ein Kahn ihrem Gestade nahete und sechs Spanier ans Land traten.

Beim ersten Anblick dieser Menschen warfen sich Celia und Isogin zu Boden und glaubten erst, daß es die Gottheit selbst wäre, die vom Himmel herabstieg. Nach einer Weile erholten sie sich von ihrer Verwunderung und wurden vertrauter, als ihnen die Fremden freundlich begegneten.

Die Spanier waren nicht minder erstaunt, eine so schöne Gestalt wie Celia zu finden und verwunderten sich über die Ungezwungenheit des Mohren, der in seiner Art nicht minder schön war. Schon berechneten sie den Gewinn, den sie aus diesen beiden Menschen ziehen könnten, und vergaßen die schöne weiße Bärin im geringsten nicht in ihrem Kalkül.

Ihr seid nun unser, sagte einer von den Spaniern, und legte ihnen Fesseln an, und Celia und Isogin reichten willig ihre Hände dar und glaubten, daß diese Fesseln ein Geschenk wären.

Bald sprachen sie auch mit den Spaniern, denn Celias Mutter war eine Spanierin, und wenn ihre Mundart gleich an Celia höchst unvollkommen überging, so sprach Celia doch so, daß man sie verstehen konnte.

Ihr werdet uns doch nichts Böses tun, sagte Celia; ihr sehet ja

so gut aus, und wir haben euch ja nichts zu Leide getan. Sorgt euch nicht, sagte einer von den Spaniern und schleppte Isogin vom Gestade, der sich immer sorgfältig nach Celia umsah.
Sie waren im Schiffe, und Isogin und Celia und die weiße Bärin segelten schon weit in die See, entfernt auf ewig von dem Wohnorte ihrer Glückseligkeit.
Isogin kehrte noch traurig sein Auge nach der verlassenen Gegend, und eine Träne fiel auf Celias Hand, die er immer an sein Herz drückte.
Was fehlt dir? Isogin! sagte Celia; du weinst. –
ISOGIN Ich weiß nicht, Celia! warum mir so schwer ums Herz ist? – Mir war noch niemals so; mir ahndet so was, das ich dir nicht sagen kann.
CELIA Glaubst du, Isogin, daß uns was Böses begegnen könnte?
ISOGIN Ich fürchte, Celia! Sieh, Liebe meiner Seele! sieh die Menschen, die da am Ruder ziehen; sie sind Menschen wie sie und werden ganz anders behandelt. Ich fürchte – ich fürchte, Celia! – – und diese Ketten – –
CELIA Sind kein Geschenk der Liebe, Isogin! Schon fühle ich ihre Last; aber gern will ich sie tragen, wenn nur du bei mir bleibst, Isogin! Du mußt dich nicht von mir trennen lassen.
ISOGIN Trennen! – Nein! bei der Gottheit nicht, die wir ehrten, trennen sollen sie mich von Celia nicht.
Hier schwieg Isogin, und tiefer Kummer bemächtigte sich das erste Mal seines Herzens; er lehnte sein Haupt auf Celiens Schultern, und die Liebenden sprachen wenig mehr, so lang sie auf ihrer Seereise waren; nur sahen sie sich sehr oft an und weinten.
Die Spanier kümmerten sich nicht viel um dieses leidende Paar und schifften glücklich mit ihrer Beute in den sichern Hafen. Als sie dort ans Land traten, waren eine Menge von Menschen am Gestade, die die Neugierde reizte, das anlandende Schiff zu sehen. Isogin, Celia und die weiße Bärin wurden aus dem Schiffe geführt, und Tausende der Menschen umzingelten diese Seltenheiten.
Don Serpino war einer der reichsten in der Gegend. Er hatte eine Tier-Menagerie, dergleichen selten eine in Europa war.
Sein Blick fiel sogleich auf die weiße Bärin, und er bot eine ansehnliche Summe für sie. Der Kauf wurde richtig, und man gab ihm die Bärin. Don Spintos, ein Reicher von Adel, wollte

Celia kaufen und handelte sie um tausend Piaster ein. Isogin stand da wie eine Bildsäule aus schwarzem Marmor. Er wußte noch nicht, was er aus alle dem machen sollte, bis man endlich Celia und die weiße Bärin fortführen wollte: Da erwachte das Naturgefühl in seinem Herzen; er zerriß seine Ketten, und mit funkelnden Augen stürzte er Serpino und Spintos zu Boden, bemächtigte sich seiner Celia und seiner Bärin wieder, und fing so zu ihnen an:

Barbaren! Welche Rechte habt ihr auf Celia? – Welche Rechte auf dies arme Tier, das mich erzog und ernährte? – – Stehen gleich Tausende von euch umher, die mich töten und morden können, so scheue ich doch euren Mord und euren Tod nicht, denn nichts soll mich von Celia trennen können und von diesem armen Tiere, das Mutterstelle an mir vertrat. – Wagt's! ich biete euch Trotz – wagt's, mir diese Geschenke der Natur zu entreißen, und ihr sollt fühlen, was beleidigte Liebe, was beleidigte Menschheit in dem Herzen desjenigen vermag, der keine andern Gesetze als die Natur kennt.

Ungeheuer! Ist das der Lohn unserer Gastfreundschaft? – Wie Götter haben wir euch empfangen: Die schönsten der Blumen pflückte euch meine Celia, die schmackhaftesten Früchte reichte euch Isogin zur Labung dar, und ihr mißhandelt uns wie Feinde an euren Ufern. – Mit Tigern muß sich der Naturmensch vermischt haben, als er nach Europa kam, und Wölfe müssen eure Mütter geschändet haben, weil sie solche Kinder, wie ihr seid, der Welt gaben. Welche Rechte habt ihr auf Celia? Welche Rechte auf meine gute Bärin? – Hat die Stimme der Natur und des Herzens bei euch noch einen Wert, so höret mich – höret meine Rechte, die sie mir gab, und habt ihr heiligere als ich, so will ich euch Celia und meine Bärin abtreten.

Erstaunt stand das Volk um den zürnenden Mohren, und voll von Erwartung hörte man ihm zu.

Celia ist meine Geliebte, fuhr er fort. Unglück und Schicksal ketteten unsere Herzen aneinander. Die Gottheit billigte unsere Liebe, denn sie lohnte unsere Tage mit stillem Vergnügen. Kein Kummer runzelte unsere Stirne; keine Sorge kränkte unser Herz, ehe ihr Barbaren ans Ufer tratet, wo wir glücklich waren – glücklich noch sein würden. Diese weiße Bärin vertrat Mutterstelle an mir, und wenn euch der Name Dankbarkeit unbekannt ist, so lernet von mir, was sie sei. Ich werde die

Kindespflichten gegen dies Tier beobachten, das mir Mutter war, so lang ich lebe. Es soll nie von meiner Seite kommen; ich nie von der seinen. Töten werdet ihr uns können, aber trennen – das soll euch unmöglich sein.

Das Gefühl, das in meinem Herzen ist; die Kühnheit, die ich fühle und die Stärke, deren ich mir beim geringsten Gedanken bewußt bin, sagt mir, das dieses heilige Gesetze der Natur sind; – daß ich Celia ewig lieben muß und ewig lieben werde, und daß meine weiße Bärin immer die gegen mich sein wird, der ich mein Leben schuldig bin.

Habt ihr heiligere Ansprüche, stärkere Rechte, so tretet auf! – Um euretwillen soll ich Natur und Liebe vergessen? Um euretwillen, die ihr euch wie schändliche Räuber in eine Insel gewagt habt, die noch nie ein Bösewicht entheiligte, ehe ihr das heilige Ufer schändetet! – Euren Eigennutz zu befriedigen, soll ich meine Bärin verkaufen lassen und meine Celia hingeben! – – Die Bärin ist mein, und Celia ist mein! Die Natur gab sie mir; meine Ansprüche gründen sich auf sie; die eurigen kennet die Natur nicht, denn euer Recht nennt sich Gewalt.

Alles, was ich um mich her sehe, verkündigt mir, daß ihr längst treulos an der Gottheit und der Natur waret. Eure Speisen, eure Kleidungen, eure Schwerter – alles verkündigt eure Verräterei. Die Natur erkennt euch nicht mehr als ihre Kinder, denn ihr habt eure Mütter vergessen; ihr seid Muttermörder an ihr geworden und habt sie verstümmelt, daß sie nicht mehr zu kennen ist. Führt uns in unsere Insel wieder zurück, denn die Natur gab euch kein Recht, uns unglücklich zu machen. Führt uns zurück; wo nicht, so stürzet uns in die See, und die stürmischen Fluten werden wohltätiger als ihr sein und werden uns entweder dem Ort wieder geben, wo wir herkamen, oder auf ewig unsere Augen schließen, ohne uns zu trennen.

So sprach Isogin und drückte Celia und seine Bärin ans Herz und sah feurig um sich her wie ein Löwe, der an der Seite seiner Löwin und seiner Jungen steht.

Man erstaunte über die Kühnheit des Mohren; allein die Stimme des Eigennutzes übertäubte die Stimme der Vernunft, und die Gesetze der Gewalt die Gesetze der Natur. Man bemächtigte sich des Mohren und entriß ihm Celia; allein Isogin verteidigte sich, raubte dem Nächsten, der bei ihm

stand, das Schwert, tötete den Räuber und wütete umher wie ein Rasender, bis er endlich ermüdet und von Wunden überhäuft an der Seite seiner Bärin, die ebenfalls im Gemenge tödlich verwundet wurde, zu Boden sank.
Blut strömte aus seinen Wunden; Celia lag ohnmächtig in der Ferne, Spintos, ihr Käufer, war getötet, und niemand nahm sich ihrer mehr an als Don Carlos, ein edler Mann, der Gefühl und Herz besaß. Er ließ die Unglückliche in seinen Palast bringen und gebot, ihr mit aller Ehrfurcht zu begegnen.
Die Kühnheit des Mohren machte eine ganze Gärung unter dem Volke. Einige verteidigten Isogin, andere den Kaufmann, und das gab Ursache, daß die gegenteilig Anhänger der Meinungen zum Streite kamen. Sie wurden handgemein, und gegen fünfzig Menschen blieben tot auf dem Ufer. Der arme Isogin wurde als das Haupt dieses Aufruhrs angesehen; er wurde in Fesseln gelegt und in den Kerker geschleppt.
Mittlerweile, als Isogin im Gefängnisse schmachtete, war Celia in Don Carlos' Palast. Dieser edle Spanier hatte ein wohltätiges Herz und einen Geist, der von allen Vorurteilen frei war. Alle Mittel wurden angewandt zu Celiens Erholung. Gleich wie eine Lilie lag sie da, und ungeheuchelte Unschuld thronte auf ihrer Stirne. Sie öffnete ihr Auge, sah umher, und ihre Wange rötete sich allgemach, wie die Narzisse beim Widerschein der Morgenröte.
Wo ist Isogin, sprach sie, mein Geliebter?
Härme dich nicht, gutes Mädchen, sagte Don Carlos; es wird für ihn wie für dich gesorgt werden. Denke nur auf deine Erholung – dein Glück laß mich besorgen.
CELIA Wer bist du, der du so guttätig bist? Bei dir möcht' ich wohl wohnen. Komm, rufe Isogin, wir wollen beisammen bleiben.
DON CARLOS Das wollen wir auch, gutes Mädchen – – O wie ganz Unschuld, wie ganz Liebe ist sie! –
Hier machte Don Carlos eine ernste Überlegung. Die Natur, sagte er, bildet doch die Menschen edler als alle Erziehung; das will aber auch heißen, unverdorbene Natur. In Staaten kennen wir dieses Wort selten mehr. Verdorben sind unsere Säfte, und Laster erben sich schon im Geblüt und pflanzen sich vom Vater zum Sohn bis zum späten Enkel. Tugend ist in der simplen Natur; Laster entstehen erst durch die Kunst. O

wie elend ist unser Zustand, wenn wir ihn gegen Einfalt und Unschuld halten! – – (...)

Binnen der Zeit, als Celia bei Carlos war, schmachtete Isogin im Kerker. Traurig staunte sein Auge die Mauern an, die ihn einschlossen. Er betrachtete die Bande, die ihn fesselten, und wußte nicht, was er aus alle dem machen sollte, was er sah und was ihm begegnete. Der erste Gedanke, der in seiner Seele aufstieg, war Zweifel, ob die Geschöpfe, die ihn so behandelten, auch Menschen wären.

Ihre Bildung, sagte er, ist zwar Celien sehr ähnlich: Sie sind weiß, wie sie ist – aber ihr Herz – – nein, das ist Celiens Herz nicht. Indem er so dachte, wurde er vom Kerkermeister zum Verhör gerufen. Ein dicker phlegmatischer Richter wartete seiner; ein Mann, der schon Hunderten das Todesurteil sprach, ohne daß je eine Träne in sein Auge stieg. Mit Freimütigkeit näherte sich Isogin seinem Richter, der gar keine Begriffe hatte, was Richten, was Verurteilen ist.

Wer bist du? fing Selpanos an; so hieß der Richter.

Ein Mensch, erwiderte Isogin, wie du; geboren zum Genuß und zur Freude; erschaffen von dem, der dich erschuf, und erhalten von der Natur, die dich nährt.

SELPANOS Weißt du die Ursache deines Verhafts?

ISOGIN Die weiß ich nicht.

SELPANOS Hast du dich keines Verbrechens schuldig gemacht?

ISOGIN Wenn ich diese Frage beantworten soll, so sage mir vorher, was Verbrechen ist.

SELPANOS Verbrechen ist, den Gesetzen zuwider handeln, Aufruhr im Volke machen und Unglück verursachen.

ISOGIN Wenn das Verbrechen ist, so weiß ich mich keines Verbrechens schuldig. Ich handelte den Gesetzen der Natur und meines Herzens niemals entgegen; ich verteidigte sie vielmehr, und der Beweis davon sind meine Wunden. Höret mich, Selpanos! ich bin ein Naturmensch; kenne eure Gewohnheiten, euer Herkommen, eure Gesetze nicht; aber etwas ist in meinem Herzen, das mir sagt, daß ich meine Denkart nicht um die eurige vertauschen wollte. Aber sage mir, wer bist denn du, der du mich so fragst?

SELPANOS Ich bin dein Richter.

ISOGIN Was will das heißen?

SELPANOS Ich bin der, den die Gottheit und der König aufgestellt haben, Recht und Unrecht zu unterscheiden, den Bösen zu bestrafen und den Guten zu belohnen.

Isogin Der bist du? – Nun wohl mir! So flehe ich zu dir um Gerechtigkeit und Rache der beleidigten Natur. Ich lebte auf einer öden, verlassenen Insel glücklich, genoß Freuden der Natur an der Seite meiner Celia; da kamen Ungeheuer an unsere Ufer, rissen mich aus den Armen der Natur, nahmen mir meine Celia, meine weiße Bärin, die mich nährte, und alles, was mir teuer war. Wenn du der Mann bist, dem die Gottheit die Gewalt gab, die Bösen zu strafen, so strafe die, die mir meine Celia raubten. (...)

Isogin wurde in den Kerker zurückgeführt und nach einigen Tagen auf die Galeere gebracht. Die weiße Bärin verließ seit der Zeit, so sehr verwundet sie war, die Türe des Gefängnisses nicht, und als man Isogin nach dem Hafen führte, folgte sie ihm bis ans Ufer. Da warf sich Isogin zu Boden, streckte seine Hände zum Himmel, und rief um Barmherzigkeit. Doch vergebens; Henkersknechte peitschten ihn mit Stöcken auf, rissen die Bärin aus seinen Armen, warfen ihn mit Gewalt in die Galeere und segelten fort, ungeachtet aller seiner Tränen. Die weiße Bärin sprang in die See und schwamm so lange dem Schiffe nach, wo Isogin war, bis sie ermüdet unterging und in den Grund sank.

Don Carlos schickte täglich in den Kerker und erkundigte sich um Isogin, und Selpanos, der seiner Guttätigkeit lachte, täuschte ihn immer, bis Don Carlos erfuhr, daß der arme Isogin fort war.

Diese Nachricht war schmerzend für Carlos Herz; er fürchtete alles für Celien; doch faßte er sich wieder, indem er sich entschloß, den König von der Sache zu benachrichtigen. Täglich brachte er die meisten Stunden bei Celien zu und schwatzte ihr immer von ihrem Isogin vor, tröstete sie und weinte manchmal lang mit ihr. Endlich war es vergebens, ihr länger ein Geheimnis zu verhüllen, das vielleicht Celien das Leben kosten würde. Sie drang so sehr in Carlos, um ihren Isogin zu sehen, daß ihr endlich Carlos das traurige Schicksal Isogins entdeckte.

Celia weinte nicht; sie heftete ihren Blick starr zur Erde, und ganze Tage lang entfloh ihrem Munde weder ein Seufzer, noch entfiel ihrem Auge eine Träne; nur drückte sie oft Carlos bei der Hand und gebärdete sich manchmal wie eine Wahnsinnige.

Celiens Schmerz marterte den guten Carlos, und er hätte die Hälfte seiner Tage gegeben, denn er liebte sie.

Alles, was erfinderische Liebe vermag, erdachte Carlos, um Celiens Schmerz zu zerstreuen; aber vergebens waren seine Bemühungen. Manchmal inmitten der Freude sank Celia hin und weinte die bittersten Tränen um ihren armen Isogin. O Carlos, sagte sie einst, wie ganz glücklich wäre ich, wenn Isogin so bei mir wäre wie du. Weißt du, Carlos, nach Isogin bist du mir der liebste der Sterblichen; wenn wir nun alle drei beieinander wären, wie wollten wir des Lebens Freuden genießen! Ich liebte Isogin und dich, Isogin liebte dich und mich, und du liebtest mich und Isogin; denke, welche Wonne, welche Seligkeit!

CARLOS Du denkst es so, gutes Kind! Allein glaube mir, Isogin würde minder glücklich sein, als du dir einbildest, wenn du auch mich liebtest; er würde eifersüchtig sein, denn die Männer wollen nur die Besitzer eines einzigen Herzens sein, ohne diesen Besitz zu teilen.

CELIA Das mag bei euch sein, aber Isogin ist gewiß nicht so. Sieh doch die Natur an, sie ist nicht geizig; niemand hat ein ausschließliches Recht in ihrem Gebiete. Ich wollte so viele lieben, so unendlich viele, die dir und meinem Isogin glichen; jeden wollte ich lieben und doch keinen mit Vorzug, und wenn ihr alle wirklich gut wäret, so müßte es euch ja lieb sein, denn wir alle wären doch nur Eins.

CARLOS Du bist ein wunderliches Mädchen und kennst dich und die Menschen noch nicht. Glaube mir, Celia, die Sache verhält sich ganz anders; unsere Mädchen sollten nur *einen* Gegenstand lieben.

CELIA Geschieht es aber nun auch?

CARLOS Das ist freilich eine andere Frage.

CELIA Ha, da siehst du, daß die Sache nicht in der Natur ist.

CARLOS Celia, warum nicht?

CELIA Es müßte ja sonst geschehen.

CARLOS Du unterscheidest Liebe und Freundschaft nicht, Mädchen! Liebe schränkt sich nur auf einen Gegenstand ein; Freundschaft umfaßt mehrere: Wenn du nun wieder in deine Insel zurück müßtest, und dürfte dich Isogin oder Carlos begleiten: Wen würdest du wählen? –

CELIA Isogin! Aber du verzeihst mir; ich bin dir doch auch gut.

CARLOS Wenn es nun aber auch von deiner Wahl abhinge, einem von uns das Leben zu retten; wem würdest du den Vorzug geben, deinem Isogin oder mir?
CELIA Beide müßtet ihr leben.
CARLOS Wenn du aber unmittelbar wählen müßtest?
CELIA So wollte ich für euch sterben.
CARLOS Wenn aber auch das nicht sein könnte?
CELIA So stürben wir alle miteinander.
CARLOS Edles Kind! Wie schön ist die Unschuld in der ungeheuchelten Natur. (...)
Carlos erlangte vom König Isogins Freiheit, und schon erwartete er ungeduldig den Tag seiner Ankunft. Isogin kam an. (...)
Carlos, als er wieder vollkommen hergestellt war, verließ die Stadt, lebte mit Isogin und Celia auf dem Lande, war ihr Freund und besorgte ihr Glück. Uneigennützig und edel, wie er war, kannte er keine andere Freude, als Isogin und Celien glücklich zu sehen. Er selbst unterrichtete sie in der Religion und lehrte sie große Begriffe von der Gottheit. Er starb in Isogins und Celiens Armen, und sein letztes Wort an seinen Freund war noch: *Wir sind alle Menschen, alle sind wir Brüder.*

JOHANN GOTTFRIED HERDER

Die Frucht am Baume

(1797)

Ich ging im schönsten Zedernhain
Und hörete der Vögel Lied,
Bewundernd ihrer Farben Glanz,
Bewundernd ihrer Bäume Pracht –
Als plötzlich aus der Höhe mich
Ein Ächzen weckte. Welch Gesicht! –
Ein Käfig hing am hohen Baum,
Umlagert von Raubvögeln, schwarz
Umwölket von Insekten. –
                                        Als
Die Kugel meines Rohres sie
Verscheucht, sprach eine Stimme: »Gib
Mir Wasser, Mensch! Es dürstet mich.«

Ich sah den menschenwidrigsten
Anblick. Ein Neger, halb zerfleischt,
Zerbissen; schon ein Auge war
Ihm ausgehackt. Ein Wespenschwarm
An offnen Wunden sog aus ihm
Den letzten Saft. Ich schauderte.

Und sah umher. Da stand ein Rohr
Mit einem Kürbis, womit ihn
Barmherzig schon sein Freund gelabt.
Ich füllete den Kürbis. – »Ach!«
Rief jenes Ächzen wieder, »Gift
Darein tun, Gift! du weißer Mann!
Ich kann nicht sterben.«
                                        Zitternd reicht'
Ich ihm den Wassertrank: »Wie lang,
O Unglücksel'ger, bist du hier?« –
»Zwei Tage, und nicht sterben! Ach,
Die Vögel! Wespen! Schmerz! o Weh!«

Ich eilte fort und fand das Haus
Des Herrn im Tanz, in heller Lust.
Und als ich nach dem Ächzenden
Behutsam fragte, höret' ich,
Daß man dem Jünglinge die Braut
Verführen wollen; und wie Er,
Das nicht ertragend, sich gerächt.
Dafür dann büße nun sein Stolz
Die Keckheit und den Übermut.

»Und der Verführer?« fragt' ich.
                                        – »Trinkt
Dort an der Tafel.«
                        Schaudernd floh
Ich aus dem Saal zum Sterbenden.
Er war gestorben. – Hatte dich,
Unglücklicher, mein Trank zum Tode
Gestärket, o so gab ich dir
Das reichste, süßeste Geschenk.

JOHANN GOTTFRIED HERDER

Die rechte Hand

(1797)

Ein edler Neger, seinem Lande frech
Entraubet, blieb auch in der Sklaverei
Ein Königssohn, tat edel seinen Dienst,
Und ward der Mitgefangnen Trost und Rat.

Einst, als sein Herr, der weiße Teufel, wütend
Im Zorn der Sklaven Einem schnellen Tod
Aussprach, trat Fetu bittend vor ihn hin
Und zeigte seine Unschuld: »Widersprichst
Du Mir? Du selbst, Du sollst sein Henker sein!«

»Sogleich!« antwortet Fetu, »nur noch einen,
Noch einen Augenblick!« Er flog hinweg,
Und kam zurück, in seiner linken Hand
Die abgehaune Rechte haltend, die
Den Henkersdienst vollführen sollte. Tief
Gebückt legt' er sie vor den Herren: »Fordre,
Gebieter, von mir, was du willst; nur nichts
Unwürdiges.«
Er starb an seiner Wunde,
Und seine Hand ward auf sein Grab gepflanzt.

*

Wie manche Arme lägen! – – Nein doch, nein!
Gar viele lägen nicht; die Willkür wird
Ohnmächtig, wenn es ihr am Werkzeug fehlt.

Sprichst du hingegen: »Wie der Herr gebeut!«
Und »tu' ich's nicht, so tut's ein anderer;
Lieb ist ja jedem seine rechte Hand«;
So henken Sklaven (das Gefühl des Unrechts
In ihrem Herzen) andre Sklaven frech
Und scheu und stolz, bis sie ein Dritter henkt.

JOHANN GOTTFRIED HERDER

Zimeo

(1797)

Ein Lärm erscholl; die weite Ebne stand
In Flammen; zwei, dreihundert Wirbelsäulen
Von rotem, grünem, gelbem Feuer stiegen
Zum Himmel auf, und vom Gebirge drückt
Ein langer schwarzer Rauch sich schwer herab,
Durch den die Morgensonne ängstlich drang,
Kaum seinen Saum vergüldend. Traurig blickten
Der Berge Spitzen aus dem Rauch hervor,
Und fern am Horizont das helle Meer.

Die herdenvolle Ebne war voll Angst-
Geschrei der Fliehenden, verfolgt von Schwarzen,
Die unter blühenden Pflanzungen Kaffee,
Kakao, Zuckerrohr und Indigo
Und Ruku in Pomranzenlauben sie
Erwürgten. In der Vögel Lied ergoß
Sich Weh und Ach der Sterbenden. –
Da trat
Ein Mann vor uns; mit Blute nicht befleckt
Und Güte sprach in seinen Zügen, die
Im Augenblick mit Zorn und Trauer, Wut
Und Wehmut wechselten. Gebietend stand
Er wie ein Halbgott da, geboren zu befehlen.

Und milde sprach er: »Höret, hört mich an,
Ihr Friedensmänner, wendet eure Herzen
Zum unglückselgen Zimeo. Er ist
Mit Blute nicht befleckt; zwar wär es nur
Gottloser Blut, denn meiner Brüder Qual
Rief vom Gebirge mein Geschlecht herab,
An Tigern sie zu rächen. Aber ich
Begleitet' sie, sie einzuhalten; wo

Ich irgend Milde fand, verschont' ich. Ich
Verschmähte, selbst mit schuldger Weißen Blut
Mich zu beflecken. Sklaven, tretet her,
Wie lebt ihr hier? – O wendet eure Herzen,
Ihr Friedensmänner, nicht vom Zimeo!«

Er rief die Sklaven unsres Hauses, sie
Befragend um ihr Schicksal. Alle traten
Mit Freude vor ihn hin, erzählend ihm
Ihr Leben. »Komm, o Edler«, sprachen sie,
»Sieh unsre Kleider, unsre Wohnungen.«
Sie zeigten ihm ihr Geld; die Freigelaßnen
Umringten uns und küßten unser Knie,
Und schwuren, nie uns zu verlassen.
                                        Tief
Gerührt stand Zimeo, die Augen jetzt
Auf uns, dann auf die Sklaven wendend, dann
Zum Himmel: »Mächtiger Orissa, der
Die Schwarzen und die Weißen schuf, o sieh,
Sieh auf die wahren Menschen; dann bestrafe
Die Frevler! – Reicht mir eure Hand! –
                                        Von nun an
Will ich zwei Weiße lieben.«
                                        Nieder warf er
Auf eine Matte sich im Schatten. »Hört
Den unglückseligen Zimeo! Er ist
Nicht grausam! Beim Orissa! nicht; nur tief
Unglücklich.« – Laut aufschluchzend hielt er ein.
Da stürzten zu ihm zwei von unsern Sklaven:
»Wir kennen dich, Sohn unsres Königes,
Des mächtgen Damiels. Ich sah dich oft
Zu Benin.« – »Ich zu Onebo.« –
                                        Sie traten
Zurück – Er rief sie freundlich zu sich:
                                        »Bleibt,
Ihr meine Landsleute bleibt mir nah!
Zum ersten Male wird Jamaikas Luft
Mir angenehm, da ich mit euch sie atme.«

Er faßte sich und sprach: »Ihr Friedensmänner,
Hört meine Qual. Mein Vater sandte mich,
Daß mich des Hofes Schmeicheleien nicht

William Blake: Negersklavenfamilie aus Loango (1796)

Verderbeten, zum Dorfe Onebo,
Ein fleißig Dorf von Ackerleuten. Da
Erzog Matomba mich, der Weiseste
Der Menschen. Ach, verloren ist er mir,
Und seine Tochter, meine Elavo,

Mein Weib.« Er weinete; dann fuhr er fort:
»Ihr Weiße habt nur eine halbe Seele,
Die nicht zu lieben, nicht zu hassen weiß.
Nur Gold ist eure Leidenschaft. – Doch höret! –

Als ich in Onebo (o schönes Land
Voll süßester Erinnrung!) mit Matomba
Ein Ackersmann, und froh und glücklich war,
Mit meiner Elavo im ersten Traum
Der Liebe, sieh, da kam ein schwarzes Schiff
Der Portugiesen an die Küste. O
Hätt ich es nie gesehn! Zu Benin werden
Verbrecher nur verkauft. Zu Onebo
War kein Verbrecher. – Also luden uns
Die Räuber auf ihr Schiff. Ein Fest begann;
Musik erklang, ein Tanz. – Noch hör ich ihn
Den fürchterlichen Schuß der Abfahrt, mitten
In der Musik. Man lichtete die Anker;
Die Küste floh, sie floh. Da half kein Flehn,
Kein Bitten, Rufen! Ach verschone mich,
Du Angedenken! – Hart gefesselt lagen
In tiefem Gram, in schwarzer Trauer wir.
Drei Jünglinge von Benin nahmen sich
Das Leben; ich nahm mir es nicht, um meiner
Geliebten Elavo, um meines guten
Matomba willen. Ihnen kannst du doch
Vielleicht noch helfen, dacht ich; sie verlassen,
Das kannst du nicht. Ihr Anblick gab mir Trost.

So kamen wir nach vielen Leiden in
Den Hafen. Und, o bittrer Augenblick!
Da wurden wir getrennt. Vergebens warf
Mein Weib, ihr Vater sich dem Ungeheur
Zu Füßen; ich mit ihnen. Wilden Blicks
Stürzt Elavo auf mich; ich faßte sie
Mit eiserm Arm. Umsonst! Man riß sie los.
Noch hör ich ihr Geschrei! Ich seh ihr Bild!
Sie trug ein Kind von mir in ihrem Schoß. –
Ich seh Matomba! –
Plötzlich stürzte Franz,
Mein guter Franz, den von den Spaniern
Aus Mitleid über seine Qualen ich

Mit seiner schönen Tochter losgekauft
Und mit mir hergeführt (er war bisher
Im Innersten des Hauses zur Bedeckung
Der Fraun gewesen), plötzlich stürzte Franz
Mit Mariannen hin auf Zimeo.
»Matomba! Elavo!« – »Mein Zimeo!
Sieh deinen Sohn! – Um seinetwillen nur
Ertrugen wir das Leben, bis wir hier
Die Guten fanden. Zimeo! Dein Sohn!« –

Er nahm das Kind in seinen Arm. »Er soll
Kein Sklave eines Weißen werden, Er,
Der Sohn, den Elavo gebar.«
»Ohn ihn
Hätt ich die Welt schon längst verlassen«, sprach
Die Weinende, »jetzt hab ich dich und ihn!«

Wer spricht das Wiedersehn der Liebenden,
Die kaum einander mehr zu sehen hofften,
Mit Worten aus? Des Vaters Auge, das
Vom Säugling auf die Mutter, auf Matomba,
Und dann zum Himmel flog, und wieder dann
Sanft auf dem Kinde ruhte. Herzensdank,
Wie nie ein Weißer ihn ausdrücken mag,
Wahnsinn des Dankes sageten sie uns,
Und schieden zum Gebirg. O führete
Ein freundlich Schiff sie bald zum Vater, der
Den Sohn beweinen, hin gen Onebo,
Den Ort der ersten Liebe, in die Luft
Des süßen Vaterlandes Benin!

FERDINAND FREILIGRATH

Der Mohrenfürst

(1833)

1.

Sein Heer durchwogte das Palmental.
Er wand um die Locken den Purpurschal;
Er hing um die Schulter die Löwenhaut;
Kriegerisch klirrte der Becken Laut.

Wie Termiten wogte der wilde Schwarm.
Den goldumreiften, den schwarzen Arm
Schlang er um die Geliebte fest:
»Schmücke dich, Mädchen, zum Siegesfest!

Sieh', glänzende Perlen bring' ich dir dar!
Sie flicht durch dein krauses, schwarzes Haar!
Wo Persias Meerflut Korallen umzischt,
Da haben sie triefende Taucher gefischt.

Sieh', Federn vom Strauße! laß sie dich
schmücken,
Weiß auf dein Antlitz, das dunkle, nicken!
Schmücke das Zelt! bereite das Mahl!
Fülle, bekränze den Siegespokal!«

Aus dem schimmernden weißen Zelte hervor
Tritt der schlachtgerüstete fürstliche Mohr;
So tritt aus schimmernder Wolken Tor
Der Mond, der verfinsterte, dunkle, hervor.

Da grüßt ihn jubelnd der Seinen Ruf,
Da grüßt ihn stampfend der Rosse Huf.
Ihm rollt der Neger treues Blut,
Und des Nigers rätselhafte Flut.

»So führ' uns zum Siege, so führ' uns zur Schlacht!«
Sie stritten vom Morgen bis tief in die Nacht.
Des Elefanten gehöhlter Zahn[1]
Feuerte schmetternd die Kämpfer an.

Es fleucht der Leu, es fliehn die Schlangen
Vor dem Rasseln der Trommel, mit Schädeln
  behangen,
Hoch weht die Fahne, verkündend Tod:
Das Gelb der Wüste färbt sich rot. –

So tobt der Kampf im Palmental!
Sie aber bereitet daheim das Mahl;
Sie füllt den Becher mit Palmensaft,
Umwindet mit Blumen der Zeltstäbe Schaft.

Mit Perlen, die Persias Flut gebar,
Durchflicht sie das krause, schwarze Haar,
Schmückt die Stirn mit wallenden Federn, und
Den Hals und die Arme mit Muscheln bunt.

Sie setzt sich vor des Geliebten Zelt;
Sie lauscht, wie ferne das Kriegshorn gellt.
Der Mittag brennt und die Sonne sticht:
Die Kränze welken, sie achtet's nicht.

Die Sonne sinkt, und der Abend siegt;
Der Nachttau rauscht, und der Glühwurm fliegt.
Aus dem lauen Strom blickt das Krokodil,
Als ob es der Kühle genießen will.

Es regt sich der Leu und brüllt nach Raub,
Elefantenrudel durchrauschen das Laub.
Die Giraffe sucht des Lagers Ruh',
Augen und Blumen schließen sich zu.

Ihr Busen schwillt vor Angst empor;
Da naht ein flüchtiger, blutender Mohr.
»Verloren die Hoffnung! verloren die Schlacht!
Dein Buhle gefangen, gen Westen gebracht!

Ans Meer! den blanken Menschen verkauft!«
Da stürzt sie zur Erde: das Haar zerrauft,
Die Perlen zerdrückt sie mit zitternder Hand,
Birgt die glühende Wange im glühenden Sand.

2.

Auf der Messe, da zieht es, da stürmt es hinan
Zum Zirkus, zum glatten, geebneten Plan.
Es schmettern Trompeten, das Becken klingt,
Dumpf wirbelt die Trommel, Bajazzo springt.

Herbei, herbei! – das tobt und drängt;
Die Reiter fliegen; die Bahn durchsprengt
Der Türkenrapp und der Britenfuchs!
Die Weiber zeigen den üppigen Wuchs.

Und an der Reitbahn verschleiertem Tor
Steht ernst ein krausgelockter Mohr;
Die türkische Trommel schlägt er laut,
Auf der Trommel liegt eine Löwenhaut.

Er sieht nicht der Reiter zierlichen Schwung,
Er sieht nicht der Rosse gewagten Sprung.
Mit starrem, trocknem Auge schaut
Der Mohr auf die zottige Löwenhaut.

Er denkt an den fernen, fernen Niger,
Und daß er gejagt den Löwen, den Tiger;
Und daß er geschwungen im Kampfe das Schwert,
Und daß er nimmer zum Lager gekehrt;

Und daß Sie Blumen für ihn gepflückt,
Und daß Sie das Haar mit Perlen geschmückt –
Sein Auge ward naß, mit dumpfem Klang
Schlug er das Fell, das rasselnd zersprang.

GOTTFRIED KELLER

Don Correa und Zambo-Maria

(1881)

Nachdem infolge kurzer Beratung alle Angeklagten zum Tode verurteilt worden, ließ er das Gericht durch ein paar geistliche Kapitelsherren, die an Bord waren, vervollständigen und seine Ehe mit der Verbrecherin feierlich auflösen. Die Gültigkeit dieser letzten Verhandlung kam nicht mehr in Frage, weil die Feniza Mayor von Cercal gleich nachher mit ihren Genossen ans Land zurückgebracht und an der geschwärzten Mauer des ausgebrannten Turmes aufgehangen wurde, worauf der Admiral die Anker lichten ließ und die Fahrt nach Westen fortsetzte. Nach vollen zehn Jahren erst nahm er auf ebenso ungewohnte, aber glücklichere Weise die zweite Frau.

Um diese Zeit nämlich segelte der Admiral Correa von Brasilien aus mit einer bedeutenden Flotte nach der Westküste von Afrika, um die dortigen Besitzungen den Holländern wieder abzunehmen, welche sich während des portugiesischen Verfalls darin festgesetzt hatten. Er erschien unversehens vor St. Paul von Loanda, belagerte und erstürmte diesen und andere Plätze und zwang überall die Holländer zur Übergabe und zum Rückzuge, so daß er in zwei Monaten die Gebiete von Benguela, Loanda, kurz, die südliche Westküste von Afrika der Herrschaft seiner Fahnen und seines Landes wieder unterwarf und seinen Namen mit neuen Ehren erschallen ließ. Dazu brachte er an die zwanzig kleinere Negerkönige unter die Gewalt seines Stabes, sah sich dann aber veranlaßt, haltzumachen und zur größeren Sicherheit und Ausbreitung der portugiesischen Herrschaft den Weg des Unterhandelns einzuschlagen, eh er die Waffen wieder ergriff. (...)

Voraus wurde als Geschenk des Königs eine Herde wilder Tiere, Elefanten, Giraffen, Löwen, Tiger und dergleichen an Ketten geführt, und zwar von Männern, die mit ihrem hohen Wuchs und trotzigen Aussehen die Kraft und Überlegenheit des Volkes zeigen sollten, mit welchem man es zu tun habe.

Albert Eckhout: Afrikanerin mit Mulattenkind (1641)

Dann ritt ein Dutzend persönlicher Vasallen der Annachinga auf ziemlich bunt geschirrten Ochsen vorüber, jeder von einigen schild- und speertragenden Reisigen oder Knappen begleitet, wahrscheinlich seinen Untervasallen; denn auch diese gingen schlank wie Tannen und elastisch einher, gleich Leuten, die auch noch irgend etwas unter sich haben. Auf einem mit Ochsen bespannten Wagen schwerfälligster Form, der mit Decken behangen war, erschien endlich die Fürstin, in kostbare, offenbar sehr alte Stoffe gekleidet, Hals und Arme mit einer Last von Ketten und Ringen geschmückt. Sie saß nach abendländischer Weise auf ihrem Sitze, eine kalte Unbeweglichkeit zur Schau tragend, von welcher manche große Frau des Okzidents hätte lernen können. (...)
Zwei Herren, die sie hereinbegleitet hatten und sich jetzt aufrecht auf die Seite stellten, wiesen stumm auf das Kissen, als Annachinga sich umsah, wo sie Platz nehmen solle. Sie bemerkte nichts als das Trüpplein ihrer Frauen hinter sich und winkte eine derselben herbei. Diese kniete unverweilt hinter das Kissen, indem sie die Arme auf den Boden legte und so in der Stellung einer ägyptischen Sphinx einen Ruhesitz bildete. Auf diesen Sitz ließ sich die Fürstin würdevoll nieder, die Füße auf das vor ihr liegende Kissen streckend, stolz und immer schweigend gewärtig, was weiter geschehen werde. (...)
Als er hierauf sich wieder in das große Zelt zurückzog, um zunächst die Angelegenheit für sich allein zu überlegen, bemerkte Don Correa mit einiger Überraschung, daß in dem verlassenen Raume das junge Weib noch immer still und reglos auf seinen Knien und Ellbogen lag.
Er trat näher, ging um das schöne Bildwerk herum, welchem das Mädchen, oder was es war, eher glich als einem Lebewesen, und betrachtete mit Erstaunen und auch mit Verlegenheit die Erscheinung, mit der er nichts anzufangen wußte. Sie war in weißes Baumwollenzeug gekleidet, das von den Schultern bis zu den Füßen ging und unter den Armen bis gegen die Hüften hin mit Binden von gleicher Farbe umwickelt war. Nur die hellbraunen Schultern und die Arme waren bloß und in Formen von vollkommener Schönheit und Ebenmäßigkeit gebildet. Das Haar erschien trotz seiner Ebenholzschwärze nicht so wollig wie bei den Negern, sondern fiel in weicheren breiten Bändern rings vom Haupte, nachdem es ein auf diesem befestigtes, kronenartiges Körbchen von Weidenzweigen durch-

flochten. Von dem Gesichte konnte Don Correa nichts sehen, weil es zur Erde gerichtet und von dem niederhängenden Haar verschleiert war.

Obgleich gegen Sklaven und farbige Menschen gleichgültig und verhärtet wie die ganze gebleichte Welt, bückte er sich endlich doch ein wenig und sagte in mitleidigem Ton: »Wie lange wirst du noch liegen? Steh auf!«

Das arme Weib erriet den Sinn dieses Befehles und richtete sich empor; doch waren die Glieder von der unnatürlichen Lage beinah erstarrt und der Atem beengt; sie schwankte im Aufstehen und wußte sich nicht recht zu helfen, so daß Don Correa ihr die Hand reichen und sie einen Augenblick halten mußte, um sie vor dem Umfallen zu schützen. Da stand sie nun vor ihm mit vor Scham niedergeschlagenen Augen, und eine Purpurröte wallte sichtbar über die braunen Wangen. Übrigens war die Gesichtsbildung edel, wenn auch an den Schnitt altägyptischer Frauengesichter erinnernd oder sonst an verschollene Völkerstämme alter Zeiten. Verwundert über die vornehme Anmut der ganzen Erscheinung, legte er die Hand unter ihr kurzes Kinn und drückte es sanft in die Höhe, so daß sie den Kopf zurückbiegen und ihn mit den mandelförmigen großen Augen ansehen mußte. Da sah er sowohl in diesen dunklen Augen als auf dem kirschroten Munde die stumme Klage und Trauer der leidenden Natur, die immer das Herz des Menschen rührt, während ihre triumphierenden Schrekken es nicht bezwingen können. Der Mann, der seit zehn Jahren an den schönsten und glänzendsten Frauen achtlos vorübergegangen und für ihre Blicke unempfindlich geblieben, wurde jetzt urplötzlich wie von einem Zauber oder einer Offenbarung bewegt; er vermochte nicht eine Sekunde der Versuchung zu widerstehen, das stille, fremde Menschenbild in den Arm zu nehmen und leis auf beide Wangen zu küssen. Damit zeichnete er es sänftlich als sein Eigentum und schwur in seinem Innern, dasselbe niemals zu verlassen; denn trotz der schlechten Erfahrung, die er einst gemacht, glaubte er jetzt der Eingebung, daß dieses weibliche Wesen ihn nicht betrüben werde.

Zugleich beschloß er auf derselben Stelle, die heidnische Sklavin in den Besitz der menschlichen und christlichen Freiheit und des Selbstbewußtseins zu setzen, eh er weiterging, und rief zu diesem Ende hin seinen Pagen herbei, durch welchen er das Weib sofort nach Loanda in das Haus eines seiner Offiziere bringen ließ, dessen Familie dort wohnte. Ein zurückkehrender Proviantwagen unter der Aufsicht eines ergrauten Soldaten kam der nicht eben großen Reise zustatten.

Als sodann Don Correa die Unterhandlungen mit der angolesischen Königsschwester bis zu einem gewissen Punkte weitergeführt und diese sich mit ihrem Troß hinwegbegeben hatte, eilte er ebenfalls nach Loanda St. Paul. Er fand die Sklavin bei den Frauen des Offiziers wohl aufgehoben und schon in christlicher Tracht einhergehend, das dunkle Haar nach der Art der portugiesischen Mägde bescheiden geflochten und aufgebunden. Es wollte ihm beim ersten Anblick fast vorkommen, als hätte sie mit der einfachen Weidenkrone und dem weißen Wickelgewande einen guten Teil ihres geheimnisvollen Reizes verloren, und er bedauerte beinah schon die Umwandlung; doch sah er bald, daß die unschuldige und weltursprüngliche Demut ihres Antlitzes, verbunden mit dem natürlich edlen Gang, der ihr eigen war, jedes Kleid beherrschten, das man ihr geben konnte. Während des Verkehrs mit Annachinga hatte er diese einmal beiläufig, wie man sich etwa aus Höflichkeit über die Beschaffenheit eines Geschenkes bei dem Geber erkundigt, befragt, welcher Rasse die Sklavin eigentlich angehöre und woher sie dieselbe erhalten habe. Er sprach überdies vorsichtigerweise in dem Tone, mit welchem ein Fant sich nach der Nahrung eines geschenkten Vögelchens erkundigt, ob man es mit Würmern oder mit Körnern füttere usw. Annachinga sagte ihm, die Person stamme von Sonnenaufgang her, wahrscheinlich von einem ausgerotteten Volke, und sei mit ihrer Mutter auf dem Wege der Eroberung und des Handels quer durch den Weltteil bis gegen Westen geraten. Sie selbst habe sie als zehnjähriges Kind erhalten und seither besessen; jetzt möge sie siebzehn Jahre alt sein; sie verstehe weiße und bunte Zeuge zu weben, sonst aber sei sie noch zu roh und unwissend, da sie noch nie aus Frauenhand gekommen. Sie schicke sich am besten für den Dienst seiner Gemahlin oder Fürstin, der er sie schenken möge; die Art sei immerhin rar geworden. Wolle er sie aber bei sich behalten, so solle er sie nur mit der Peitsche dressieren, wenn sie zu ungelehrig sei. Im übrigen habe man noch nichts an sie gewendet hinsichtlich der modegerechten Aufstutzung; noch seien die üblichen Zähne nicht ausgebro-

chen, die Wangen nicht tätowiert und noch kein Ring durch die Nase gezogen, zu was allem das Alter jetzt da sei.
Höflich, aber leichthin, der Geringfügigkeit des Gegenstandes entsprechend, dankte Don Correa der Dame für ihren sportmäßigen Rat und nahm das Gespräch über die wichtigeren Staatsgeschäfte wieder auf.
In Loanda fand er jetzt die Angaben der Annachinga durch das, was man inzwischen der Sklavin hatte abfragen können, so ziemlich bestätigt. Sie erinnerte sich dunkel, als kleines Kind steinerne Häuser an einem Wasser gesehen und einen großen Lärm und Rauch erlebt zu haben, dann an der Hand oder auf dem Arm der Mutter durch unendliche Landstrecken gekommen zu sein, bis die Königsschwester von Angola Mutter und Kind gekauft. Deutlicher war ihr das Spätere gegenwärtig, wie die Mutter von der Fürstin hart behandelt worden und frühzeitig gestorben sei. Sonst wußte sie von sich nichts weiter, als daß sie Zambo hieß.
Das nächste, was der Admiral nun tat, war, daß er sie taufen ließ und hierfür ein kleines Fest veranstaltete, ohne im übrigen sein Vorhaben zu verraten. Die Kirche wurde mit Palmenzweigen und Blumen geschmückt, unter dem Vorwande, diesen ersten Sieg über das noch zu unterwerfende Königreich zu feiern, und der Altar flimmerte von Lichtern. Ein Dutzend Jesuiten sangen und musizierten während des Hochamtes gleich hundert Nachtigallen, und der dreizehnte hielt die Predigt, in welcher er die erbauliche Vorstellung ausmalte, daß Zambo ein letzter Nachkomme der weisen Königin von Saba sei und nun erst das Heil erworben habe, das diese merkwürdige Vorfahrin im Alten Testamente bei den Juden vergeblich gesucht.
Don Correa selbst war der Taufpate und die vornehmste Frau in Loanda die Patin, als die Handlung nun vollzogen und Zambo mit dem Namen Maria getauft wurde. (...)
Das Trauungsfest, welches er ohne Zaudern herbeiführte, machte trotz der verhältnismäßig großen Einfachheit ein allgemeines Aufsehen, obschon kein so schreiendes, wie es heutzutage der Fall sein würde. Selbst der König und die Königin sandten Vertreter mit ihren Glückwünschen, und die Versammlung war eine glänzende, wenn auch nicht sehr zahlreiche. Die Braut durfte sich trotzdem sehen lassen. Zambo war in einen schweren weißen Seidenstoff gekleidet, der in schma-

len Streifen mit Goldfäden abgenäht worden. Der breite stehende Spitzenkragen, der silberdurchwirkte Schleier und die in das Haar geflochtenen Perlenschnüre, das auf dem freien Teile des Busens liegende Diamantkreuz hoben ihre dunkle oder vielmehr hellbraune Farbe wie etwas Selbstverständliches, ja Einzigmögliches hervor, und ihre angeborene schlanke und grade Körperhaltung war so edel, daß Don Correa, als ein gelehrter Geistlicher unter den Gästen ihm flüsternd anerbot, einen Stammbaum zu verfassen und ihre Abkunft auf die Königin von Saba zurückzuführen, stolz auf ihre Haltung hinwies und sagte, es sei nicht nötig.

Der fremdartige Reiz der ganzen Erscheinung wurde aber noch erhöht durch die über sie ausgegossene natürliche Demut und den träumerischen Glanz ihrer Augen, welche verrieten, daß sie nicht recht wußte, was mit ihr vorging, da sie von den Nonnen in keiner Weise auf weltliche Dinge vorbereitet worden. (...)

Eines Tages, als das Geschwader dem Ziele seiner Fahrt näher kam, erging sich Don Correa mit der Frau auf dem obersten Verdecke und führte sie in den luftigen Pavillon, der über dem Stern des Schiffes errichtet war. Die Zeltdecken schützten hier vor den Sonnenstrahlen und den Blicken des Schiffsvolkes. Sie schauten still auf den unendlichen Ozean hinaus, dessen gleichmäßig schimmernde Wellen in zahllosen Legionen heranrauschten und die Schiffe ruhig weitertrugen.

»Hat das Meer auch eine Seele, und ist es auch frei?« fragte die Frau.

»Nein«, antwortete Don Correa, »es gehorcht nur dem Schöpfer und den Winden, die sein Atem sind! Nun aber sage mir, Maria, wenn du ehedem deine Freiheit gekannt hättest, würdest du mir auch deine Hand gereicht haben?«

»Du frägst zu spät«, erwiderte sie mit nicht unfeinem Lächeln; »ich bin jetzt dein und kann nicht anders, wie das Meer!«

Da sie aber sah, daß diese Antwort ihn nicht befriedigte und nicht seiner Hoffnung entsprach, blickte sie ihm ernst und hoch aufgerichtet in die Augen und gab ihm mit freier und sicherer Bewegung die rechte Hand.

RICHARD HÜLSENBECK

Afrika in Sicht

(1928)

Es kommt nur auf das Glück der Gesamtheit an, die einzige Frage, die auch die einzig wesentliche ist, ist die, wie man dieses Glück am schnellsten und sichersten herstellt. Frau Adrian läutet, kurz bevor ich abfahre, bei mir an und erzählt mir von einer schrecklichen Szene, die ihr ihr geschiedener Mann gemacht habe. Ich entsinne mich, daß mir Frau Adrian ihre Verhältnisse schon früher erzählt hat, nun scheint also die »Seelenfreundschaft«, die sie trotz der Trennung noch mit ihrem Mann verband, endgültig in die Brüche gegangen zu sein.

Bevor ich das graue Europa verlasse, um zu erfreulicheren Gestaden zu gehen, möchte ich nichts mehr von den Seelenfreundschaften hören, die in dieser erfinderischen Stadt die ehrliche Verbundenheit zwischen Mann und Frau diskreditieren.

Die Männer, die keine Verantwortung mehr auf sich nehmen wollen, weil sie auf die Maschinerie der Allgemeinheit (die mit Gemeinschaft nichts zu tun hat, so wie die öffentliche Meinung nichts mit wirklicher Meinung zu tun hat) bauen und alles einem Abstraktum aufbürden, was sie selbst nicht zu tragen gewillt sind, diese Männer, die den Namen der Männlichkeit mit Unrecht sich verpflichten, wie sie überhaupt und an ihrer schwächlichen Konstitution gemessen vielleicht mit einem biologischen Recht, sich jede Verpflichtung fernhalten, suchen sich zuerst der Ehe zu entledigen.

Der Zerfall der Ehe, zusammenbrechend unter der Verantwortungslosigkeit des Mannes, schuf die Emanzipation der Frau, die einer solchen Freiheit hilflos gegenübersteht. Denn dieser Freiheit entspricht keine erhöhte Schätzung, aus der allein Freiheit hervorgehen könnte.

Es ist mehr als Zeit, daß man sich auf den Weg zu den Negern macht. (...)

Jan Barentzszoon Muyckens: Bildnis einer Mulattin (1646)

Die Straße ist bunt und lebhaft in der Sonne. Unter schattenlosem Himmel schreien Fischverkäufer, bieten Kleinkramhändler sich und ihre Waren an. Sie alle fordern ein Vertrauen, ein Eingelebtsein in den Zirkel negerhaften Daseins, das ich nicht aufbringen kann. Es bleibt mir manches fremd. Die Zeit, die ich hier bin, ist zu kurz, ich möchte nicht zu den Reportern gehören, die nach zweimonatlicher Reise Erlebnisse aus drei Weltteilen berichten.
Ich glaube, man könnte einen Neger am besten in Europa beobachten, wenn man ihn aus der Atmosphäre des Bestarrtwerdens, des Sensationellen, der flimmernden Sonne, die

Gegensätze auslöscht und Schatten auflöst, herausgehoben hätte. Ein Neger muß im einzelnen als Phänomen wirken, um uns sonderbar zu erscheinen, in einer Gesellschaft von Niggern bleibt er ein Nigger, sonst nichts.
Ich entsinne mich, in Paris Neger gesehen zu haben, die am Arm zarter, weißer Frauen hingen. Ich sah diese Paare eng aneinandergedrückt durch dämmernde Straßen gehen, den Vorgeschmack der Freude auf erlöschenden Gesichtern.
Die Zukunft ist da, wo noch keine Wolkenkratzer stehen, wo noch keine Busineßstunden die Ströme verkümmern lassen, die kraftvoll vom Mann zum Weibe schwingen, ich fürchte, daß im entscheidenden Momente unsere Frauen zu den Negern übergehen werden. (...)
Vor dem Hotel, von dessen Veranda mir ein Dutzend Tropenhelme zusehen, muß ich die Münzen, die ich meinem Führer geben will, mühsam aus meiner Tasche suchen. Der Schwarze wartet geduldig und sieht mit warmen Tieraugen auf das, was ich tue. Als ich ihm das Geld gebe, nimmt er es mit unzufriedenem Seufzer. Es ist immer zu wenig und muß immer zu wenig sein, ein armer Nigger kann nie genug Geld haben.
Die Jazzband der Nigger entzückt uns wegen ihres primitiven Rhythmus, die Primitivität entzückt uns, weil wir sie nicht mehr besitzen. Wir lassen uns gern eine Vitalität vormachen, die bei uns nur in den Heldensagen zu finden ist. Der dürrre Verstandestrick muß die schwingende Muskulatur durch Jazzband und Niggersport beleben.
Ach wie wenig haben wir von dem Neger, zu dem wir doch werden hinabsteigen müssen – wie sehr ist er uns in vielen menschlichen Dingen überlegen. Wie sehr ist dieses geldmachende Amerika darauf angewiesen, von seiner dunkelen Bevölkerung Gesittung anzunehmen.

YVAN GOLL

Johann Ohneland an seinen schwarzen Bruder

(1936)

Bruder der Nacht! Milchbruder! Bruder mein!
Die Welt ist schwarz an den vier Tagesgrenzen
Der Wind ist schwarz vor deinen Pantherschrein
Die Frau ist schwarz bei deinen Liebestänzen

Schwarz ist der Himmel schwarz das Altarbild
Das Meer ist schwarz darin dein Leib sich badet
Schwarz ist der Wein der deine Dürste stillt
Das Laken schwarz das dich zum Schlafe ladet

Mehr Licht als du gibt selbst dein Schatten her
Du trägst ein Leichenhemd auf Lebensdauer
In deinem Blick wird Sonnengold zu Teer
Und deine Nacktheit ähnelt langer Trauer

Du aber lachst aus vollem Negermund
Aus dem die sternenklaren Zähne grüßen
Mit deinen keuschen magren Händen und
Mit deinen heißen rhythmentrunknen Füßen

Du lachst wie eine Quelle die zerfließt
Wie Sägen die sich in Metalle graben
Und wie der Fluß der durch die Schleusen schießt
Du lachst wie Pferde lachen oder Raben

Und wenn der Sommer geil die Hügel mäht
Wie dann dein Blut den Sonnenwein veredelt
Das Nilpferd deine Nasenflügel bläht
Die Schlange sich um deine Zehen fädelt!

Und wie dein Fuß sich auf die Wiesen senkt
Auf schwarze Iris blaue Lilienlanzen:
König der absolut das Leben lenkt
Und eine Frau verschleißt beim Tangotanzen

Stampf mit dem Fuß! Der Erde Lavablut
Wird Antwort schmettern wie mit Trommelklängen
Dem Sklaven wieder Freiheit leihn und Mut
Den Kerker seiner eignen Haut zu sprengen

Tanze! Zerstampf das Land der Bitternis
Und laß es deine Wut und Anmut kennen
Laß in den Tiefen deines Asphaltblicks
Den Rückstand deiner wilden Angst verbrennen

Spring auf! Entschlüpfe deiner Einsamkeit!
Dein Harlem deine Welt mußt du verlassen!
Befreie dich! Entfleische dich! So schreit
Dein Mannesgeist aus dunklen Fleischesmassen

Tanz gegen Takt und Rhythmus! Tanze nur
Dem ewigen Trott entgegen! Gegen Zeit und Leute!
Entgegen jeder Schwerkraft! Jeder Uhr!
Und gegen das verräterische Heute!

Du der die tausendjährige Schmerzenskohle hehlt
In seines Leibes mitternächtigem Reiche
Du bist der Arzt der dieser armen Erde fehlt
Um sie zu heilen von der Todesbleiche

Südseeinsulaner

Sydney Parkinson: Ein Maori-Häuptling
(Stich von T. Chambers, 1773)

PHILIBERT COMMERSON

Tahiti

(1769)

Die Reise um die Welt, welche ich mit Herrn de Bougainville unternommen für den Fortschritt der Naturgeschichte, hat mir das Material für unermeßlich viele Bemerkungen geliefert, aber unter den eigentümlichen Dingen, die das Publikum am meisten interessieren dürften, gibt es nichts, was bemerkenswerter wäre als die Entdeckung einer neuen Insel im Südmeere, von der Herr de Bougainville einen der bedeutendsten Bewohner[1] mitgebracht.

Diese Insel schien mir so beschaffen, daß ich ihr schon den Namen Utopia beigelegt, den Thomas Morus seiner idealen Republik gegeben. Ich wußte noch nicht, daß Herr de Bougainville sie Neu Kythera[2] genannt, und erst später hat ein Prinz dieser Nation (nämlich jener, den man nach Europa gebracht) uns erklärt, daß sie bei ihren Bewohnern Tahiti heiße. Der Name, den ich ihr bestimmte, kam einem Lande zu, vielleicht dem einzigen auf der Erde, wo Menschen ohne Laster, ohne Vorurteile, ohne Mangel, ohne inneren Zwist leben.

Geboren unter dem schönsten Himmelsstrich, genährt von den Früchten eines Landes, das fruchtbar ist, ohne bebaut zu werden, regiert eher von Familienvätern als von Königen, kennen sie keinen anderen Gott als die Liebe; jeder Tag ist ihr geweiht, die ganze Insel ist ihr Tempel, alle Frauen sind ihre Priesterinnen, alle Männer ihre Anbeter. Und was für Frauen das sind! Die Rivalinnen der Georgierinnen im Hinblick auf die Schönheit und ohne Hülle die Schwestern der Grazien. Weder die Schande noch die Scham üben ihre Tyrannei aus; der zarteste Schleier flattert stets nach dem Winde und den Begierden. Der Akt der Zeugung ist ein religiöser Akt; das Vorspiel dazu wird durch die Wünsche und die Lieder des zu diesem Zwecke vereinten Volkes angeregt, und das Ende wird mit allgemeinem Beifall gefeiert. Jeder Fremde wird zur Teilnahme an diesen glücklichen Mysterien zugelassen, ja es ist sogar eines der Gesetze der Gastfreundschaft, ihn dazu einzuladen, so daß der gute Tahitier unaufhörlich genießt – entweder das Gefühl seiner eigenen Wonnen oder das Schauspiel der Sinnenlust der anderen. Ein puritanischer Sittenrichter sieht darin vielleicht nur Zügellosigkeit der Sitten, grauenvolle Prostitution, den dreistesten Zynismus, aber ist es nicht der Zustand des natürlichen Menschen, der in seinem Ursprung wesentlich gut, von jedem Vorurteil frei ist und der ohne Argwohn und ohne Gewissensbisse den sanften Trieben eines stets sicheren Instinktes folgt, welcher noch nicht zur Vernunft degeneriert ist.

Eine sehr klangvolle, harmonische Sprache, welche sich aus etwa 400 oder 500 undeklinierbaren und unkonjugierbaren Worten zusammensetzt, das heißt eine Sprache, welche frei ist von jeder Syntax, reicht aus, um alle ihre Vorstellungen wiederzugeben und alle ihre Bedürfnisse auszudrücken. Eine edle Einfachheit, welche die Modifikation der Töne und leidenschaftliches Gebärdenspiel nicht ausschließt, bewahrt sie vor jener so prächtigen Tautologie, welche wir den Reichtum der Sprache nennen und durch welche wir im Labyrinth der Worte die Reinheit der Wahrnehmungen und die Schnelligkeit des Urteils einbüßen. Der Tahitier bezeichnet indes jeden Gegenstand, sobald er ihn bemerkt. Der Ton, in dem er den Namen dieses Gegenstandes ausspricht, drückt schon aus, was er bei seinem Anblick empfindet. Wenige Worte schaffen eine schnelle Unterhaltung. Die Vorgänge in der Seele, die Regungen des Herzens geschehen gleichzeitig mit der Bewegung der Lippen. Derjenige, der spricht, und derjenige, der zuhört, sind stets in Übereinstimmung. Unser tahitischer Prinz, welcher in den 7 oder 8 Monaten, die er mit uns zusammen war, nicht einmal 10 von unseren Worten gelernt hat, wußte sich, meistens betäubt von unserer Zungenfertigkeit, keinen anderen Rat, als sich die Ohren zuzuhalten und uns ins Gesicht zu lachen.

Dies hier ist wahrhaftig keine Horde von grobschlächtigen und stumpfsinnigen Wilden; alles bei diesem Volke trägt den Stempel der vollkommensten Intelligenz. Ihre Pirogen sind von einer Bauart, welche kein bekanntes Vorbild hat, in der Schifffahrt lassen sie sich von der Beobachtung der Sterne leiten, ihre Häuser sind groß, von eleganter Form, bequem und

regelmäßig gebaut. Sie beherrschen die Kunst, ihre Stoffe nicht Faden um Faden zu weben, sondern sie auf einmal in einem Stück unter dem Schlegel herzustellen und sie im Purpurbad zu färben. Die Fruchtbäume stehen klug verteilt auf Feldern, welche die ganze Anmut unserer Obstgärten ohne deren langweilige Symmetrie besitzen. Alle Klippen an ihren Küsten sind mit Merkzeichen versehen und des Nachts beleuchtet zur Sicherheit derer, die auf dem Meere sind. Alle ihre Pflanzen sind ihnen bekannt und durch Namen unterschieden, die sogar die Ähnlichkeiten bezeichnen. Ihre Handwerksgeräte sind, obwohl aus rohem Material hergestellt, dennoch des Vergleichs mit den unsrigen würdig auf Grund der Wahl ihrer Formen und ihrer sicheren Wirkungsweise.
Mit welcher Geschicklichkeit bearbeiten sie nicht schon das Eisen, dieses für sie so kostbare Metall, welches sie allein zu nützlichem Gebrauche formen, indes es für uns, die wir daraus Werkzeuge der Verzweiflung und des Todes gefertigt, so verächtlich ist. Mit welchem Grausen stießen sie Messer und Scheren von sich, die wir ihnen anboten, da sie den Mißbrauch zu ahnen schienen, welchen man damit treiben kann. Wie eilig kamen sie dagegen herbei, um unsere Boote, unsere Schaluppen, unsere Segel, unsere Zelte, unsere Fässer auszumessen, in einem Worte, alles, was sie mit Vorteil nachmachen zu können glaubten.
Wir bewunderten die Einfachheit ihrer Sitten, die Artigkeit ihres Verhaltens vor allem ihren Frauen gegenüber, welche bei ihnen keineswegs unterdrückt sind wie bei den Wilden insgemein, ihre Brüderlichkeit untereinander, ihren Abscheu vor dem Vergießen menschlichen Blutes, ihren abgöttischen Respekt vor ihren Toten, die sie als Schlafende ansehen, und schließlich ihre Gastfreundschaft den Fremden gegenüber.
Wir luden ihre Oberen zu unseren Mahlzeiten ein; alles, was auf den Tisch kam, erregte ihre Neugierde. Sie wollten, daß man ihnen über jedes Gericht Aufklärung erteile. Wenn ihnen eine Gemüsesorte mundete, verlangten sie sofort Samenkörner; wenn sie diese bekamen, erkundigten sie sich sogleich danach, wo und wie man sie auslegen müsse und wieviel Zeit sie brauchten, bis sie Früchte brächten. Unser Brot schien ihnen vorzüglich, aber wir mußten ihnen das Korn zeigen, aus dem es hergestellt wurde, die Mittel, um dieses zu zermahlen, den Vorgang, das Mehl in Brotteig zu verwandeln, ihn gären

zu lassen und zu backen. Alle diese Vorgänge wurden in ihren Einzelheiten verfolgt und erfaßt; meistens genügte es sogar schon, ihnen die eine Hälfte der Sache zu sagen, die andere konnten sie dann voraussehen und erraten. Ihre Abneigung Wein und Branntwein gegenüber war unüberwindlich. Da sie in allem kluge Menschen sind, empfangen sie vertrauensvoll aus den Händen der Natur Speise und Trank; es gibt bei ihnen weder gegorene Flüssigkeiten noch gekochte Speisen. Daher hat man niemals schönere Zähne und eine schönere Hautfarbe gesehen. Es ist sehr schade, daß der einzige Mann, den wir von dieser Nation zeigen können, vielleicht der häßlichste ist. Man sollte sich deshalb hüten, nach diesem zu urteilen. Aber wenn ich auch gezwungen bin, ihn in dieser Hinsicht herabzusetzen, so muß ich aufrichtigen Herzens gestehen: er verdient es, daß man sich gründlich mit ihm beschäftigt, da er ein wirklich interessantes Individuum ist, das aller Aufmerksamkeit des Ministeriums würdig ist und das um der Gerechtigkeit willen vielfach entschädigt werden müßte für all die freiwilligen Opfer, die er für uns brachte aus dem Gefühl einer schwärmerischen Anhänglichkeit heraus. (...)

Ich werde mich von diesen teuren Tahitiern nicht trennen, ohne sie von einem Schimpf rein gewaschen zu haben, den man ihnen antat, indem man sie als Diebe bezeichnete. Es ist wahr, daß sie uns viele Dinge weggenommen, und dies sogar mit einer Geschicklichkeit, die dem gewitztesten Spitzbuben von Paris alle Ehre gemacht hätte. Aber verdienen sie deshalb die Bezeichnung Diebe? Was ist Diebstahl denn? Der Raub einer Sache, welche Eigentum eines anderen ist. Damit einer sich zu Recht beklagt, bestohlen worden zu sein, muß man ihm also einen Gegenstand weggenommen haben, bei dem vorher festgesetzt und anerkannt wurde, daß er ein Recht auf dessen Besitz habe. Aber gibt es dieses Besitzrecht in der Natur? Nein, es ist reine Konvention. Keine Konvention verpflichtet, es sei denn, sie ist bekannt und wird akzeptiert. Der Tahitier, der nichts hat, der großzügig alles anbietet und verschenkt, was er andere begehren sieht, erhebt darauf keinen ausschließlichen Anspruch; wenn er uns also eine Sache wegnimmt, die seine Neugierde erregt, so ist dies für ihn nur ein Akt des natürlichen Ausgleichs, durch welchen er uns tun läßt, was er selbst tun würde. Das ist eine Umkehrung der Vergeltung, durch welche man sich all das Gute schafft, das man den anderen getan hätte. Unser tahitischer Prinz war ein drolliger Dieb: er nahm mit der einen Hand einen Nagel, ein Glas oder einen Zwieback weg, aber nur um diese Dinge mit der anderen Hand an den erstbesten der Seinen, dem er begegnete, weiterzugeben, denen er wiederum Enten, Hühner und Schweine wegnahm, die er uns brachte. Ich sah den Rohrstock eines Offiziers über ihm schweben, als er bei einem solchen Betrug ertappt wurde, dessen großzügiges Motiv man sehr wohl kannte. Ich warf mich entrüstet zwischen die beiden, auf die Gefahr hin, den Schlag selbst zu erhalten.

LOUIS-ANTOINE DE BOUGAINVILLE

Tahiti und Aoturu

(1771)

Den folgenden Tag wandten wir an, unser Lager in Ordnung zu bringen. Der Platz war gut vermacht und mit einer Art von Matten bedeckt. Es bekam nur einen Ausgang, und dieser war mit einem Tore versehen und mit Wache besetzt. Ereti, seine Weiber und Freunde hatten nur den Zutritt, die übrigen mußten alle draußen bleiben. Ein Mann mit einer Spießrute war hinreichend, um sie abzuwehren. Die Einwohner brachten uns von allen Seiten Früchte, Hühner, Schweine, Fische und Leinwand hierher und tauschten diese Sachen gegen Nägel, Werkzeuge, falsche Perlen, Knöpfe und dergleichen Kleinigkeiten um, die in ihren Augen Kostbarkeiten waren. Sie gaben auf alles, was uns gefiel, genau acht. Sie merkten, daß wir Pflanzen gegen den Scharbock und Muscheln sammelten. Es währte nicht lange, so brachten uns Weiber und Kinder um die Wette ganze Körbe voll solcher Pflanzen und Muscheln und ließen sich mit einer Kleinigkeit befriedigen.
An eben diesem Tage ersuchte ich den Regenten, mir einen Ort zum Holzfällen anzuzeigen. Auf dem niedrigen Lande, wo wir uns aufhielten, wuchsen nur Fruchtbäume und eine Art von weichem Holze, das viel Gummi gab. Das harte Holz steht auf den Gebirgen. Ereti wies mir solches an und zeigte mir, auf welche Seite die Bäume fallen müßten. Die Einwohner halfen uns viel bei unserer Arbeit. Unsere Leute fällten das Holz, und sie trugen die in Klaftern gesetzten Scheite nach den Booten. Sie halfen auch die Gefäße mit Wasser füllen und brachten sie an die Schaluppen. Wir bezahlten sie mit Nägeln, deren Anzahl sich nach ihrem Fleiße richtete. Das einzige Übel dabei war, daß man alles, was ans Land gebracht wurde, und sogar seine Taschen hüten mußte, weil es in ganz Europa keine so geschickten Hände zum Stehlen gibt als hier.
Gleichwohl scheint der Diebstahl unter ihnen nicht üblich zu sein. In ihren Häusern ist nichts verschlossen, alles liegt und

hängt umher, ohne Schloß oder daß jemand acht darauf gibt. Die Neugierde, weil ihnen alles fremde Gegenstände waren, reizte ihre Begierden; und es gibt überall Menschen von schlechtem Charakter. In den beiden ersten Nächten war, der Schildwachen und Patrouillen ungeachtet, gestohlen worden. Die Diebe versteckten sich in dem Schilfe hinter unserem Lager. Es ward zum Teil weggeräumt, und ich befahl, künftig auf die Diebe Feuer zu geben. Ereti gab mir selbst diesen Rat, aber er zeigte erst etlichemal sehr sorgfältig seine Wohnung und bat sich aus, ja auf die andere Seite zu schießen. Ich schickte auch alle Abende drei mit kleinen Kanonen besetzte Fahrzeuge ab, die sich bei dem Lager hinlegen mußten. (...)
Da die Schiffe nunmehr in Sicherheit sind, wollen wir noch einen Blick auf die Insulaner zurücktun. Als sie mit Anbruch des Tages unsre Anstalten zur Abreise sahen, sprang Ereti in die erste Pyroge, die er fand, und kam an Bord. Bei der Ankunft umarmte er uns alle, hielt uns mit Tränen fest und schien über unsere Abreise sehr gerührt. Kurz darauf kam seine große Pyroge mit allerlei Lebensmitteln und Früchten. Seine Weiber saßen darin nebst dem Insulaner, welcher den ersten Tag unsrer Ankunft an Bord der Etoile kam und darauf blieb. Ereti nahm ihn bei der Hand, präsentierte mir ihn und gab mir zu verstehen, daß dieser Mann namens Aoturu uns begleiten wolle, und bat mich, es zu erlauben. Er präsentierte ihn darauf an alle Offiziere insbesondere, setzte hinzu, es wäre sein Freund, den er seinen Freunden anvertraue, und empfahl uns solchen aufs eifrigste.
Wir machten dem Ereti noch Geschenke von allerlei Art, darauf nahm er Abschied und verfügte sich zu seinen Weibern, welche die ganze Zeit über, da die Pyroge am Bord lag, weinten. Es befand sich ein junges artiges Mädchen darunter, der unser Insulaner beim Abschiede drei Perlen, die er in den Ohren hatte, schenkte, sich mit einem Kuß aus ihren Armen riß und an Bord stieg. Wir trennten uns also von diesem gutherzigen Volke, über deren Kummer bei unsrer Abreise ich mich ebensosehr als über ihr gutes und liebreiches Betragen bei der Ankunft verwunderte. (...)
Die Berge, welche mitten auf der Insel Taiti liegen, sind nach Proportion des Umfangs der Insel erstaunlich hoch. Sie geben ihr aber kein trauriges ödes Ansehen, sondern liefern sozusagen auf jedem Schritte reizende und abwechselnde Prospekte.

Die Landschaften sind reichlich von der Natur mit allen ihren Schätzen versorgt und zeigen allenthalben eine angenehme Unordnung, welche die Kunst nicht nachzuahmen vermag. Von den Bergen rieseln eine Menge kleiner Bäche herab, die dem Lande die größte Fruchtbarkeit mitteilen und sowohl zur Bequemlichkeit als zur Zierde der Landschaft dienen. Das platte Land vom Ufer bis an die Berge ist ganz mit Fruchtbäumen besetzt, darunter die Wohnungen der Insulaner ohne Ordnung zerstreuet liegen und also kein Dorf ausmachen. Man glaubt, in die elysischen Felder versetzt zu sein. Die öffentlichen Fußsteige werden sorgfältig unterhalten und erleichtern die Verbindung der Einwohner untereinander.

Das vornehmste, was die Insel hervorbringt, sind Kokosnüsse, Bananen, die sogenannte Brotfrucht, Ignamen, Curassol, Giraumon und verschiedene andere Wurzeln und Früchte, die dem Lande eigen sind: Viel Zuckerrohr, das aber nicht gebauet wird, eine Art von wildem Indigo und eine sehr schöne rote und gelbe Farbe, von der ich aber nicht sagen kann, wo man sie hernimmt. Herr Commerson hat hier die ganze Botanik von Westindien gefunden. Aoturu hat, die Zeit über, da er bei uns war, viele von unsern Früchten und Hülsenfrüchten gekannt und zu nennen gewußt, so wie auch viele Pflanzen, welche die Liebhaber in den Treibhäusern ziehen. Das Holz, welches zum Arbeiten taugt, wächst auf den Bergen, die Einwohner machen aber selten Gebrauch davon. Ihre großen Pyrogen verfertigen sie bloß von Zedernholz. Wir haben auch Spieße von einem schwarzen harten und schweren Holze, welches dem sogenannten eisernen Holze gleicht, bei ihnen gesehen. Zu ihren gemeinen Pyrogen bedienen sie sich des Baumes, der die Brotfrucht trägt. Dies Holz spaltet nicht, sondern ist so weich und voll Gummi, daß es sich nicht arbeiten läßt.

Ob die hiesigen Berge gleich sehr hoch sind, so sind sie doch zu sehr mit Bäumen und Pflanzen bewachsen, als daß man vermuten könnte, Metalle darin zu finden. Wenigstens ist gewiß, daß die Einwohner keine Metalle kennen. Sie hießen alle Metalle, die wir ihnen zeigten, Auri, und unter diesem Namen forderten sie Eisen von uns. Woher sie Eisen kennen, darüber werde ich bald meine Meinung sagen. Ich weiß nur einen Artikel, der zu einem ergiebigen Handel dienen könnte, das sind die kostbaren Perlen. Die Vornehmen lassen solche ihren Weibern und Kindern in den Ohren tragen. Sie haben sie aber, solange wir uns bei ihnen aufhielten, versteckt. Von den Schalen dieser Perlenmuscheln machen sie eine Art von Kastagnetten, deren sie sich beim Tanze bedienen. (...)

Ihre vornehmste Nahrung besteht in Vegetabilien und Fischen. Sie essen selten Fleisch, die Kinder und jungen Mädchen niemals, und das trägt ohne Zweifel so wie ihr Getränke, welches reines Wasser ist, das meiste zu ihrer Gesundheit bei. Der bloße Geruch von Wein und Branntwein, der Toback, das Gewürz und alles was stark riecht und schmeckt, ist ihnen sehr zuwider.

Die Einwohner von Taiti bestehen aus zwei verschiedenen Gattungen, die aber einerlei Sitten und Sprache haben und sich auch ohne Unterschied miteinander zu vermischen scheinen. Die erste Gattung ist die zahlreichste und bringt große Leute hervor, die gemeiniglich sechs Fuß und höher sind. Ich habe niemals so wohlproportionierte Männer gesehen: Um einen Mars oder Herkules zu malen, würde man nirgends schönere Muster finden. Ihre Züge kommen mit der Europäer ihren vollkommen überein, und sie würden auch ebenso weiß sein, wenn sie sich nicht beständig in der freien Luft und Sonne aufhielten. Überhaupt haben sie schwarzes Haar. Die zweite Gattung ist von mittelmäßiger Größe, hat krause und harte Haare, wie Pferdehaar. Ihre Farbe und Züge kommen mit der Mulatten ihren überein. Der Insulaner, welcher mit uns zu Schiffe gegangen ist, gehört zu der letztern Gattung, obgleich sein Vater Regent über einen gewissen Strich der Insel ist. Was ihm an Schönheit abgeht, das besitzt er desto mehr am Verstande.

Sie lassen die Haare am Kinn wachsen, scheren sich aber die Backen und Oberlippen ab. Sie lassen den Nägeln auch ihren Wachstum, ausgenommen den Nagel des Mittelfingers der rechten Hand. Einige schneiden sich die Haare kurz ab, andere binden sie oben auf dem Kopfe zusammen. Sie schmieren solche durchgängig, so wie auch den Bart mit Kokosöl. Ich habe nur einen einzigen gebrechlichen Mann gesehen, der dieses Unglück von einem Fall bekommen zu haben schien. Unser Feldscherer versicherte, daß er bei einigen Spuren der Kinderblattern bemerket. Ich trug soviel möglich Sorge, daß sie durch unser Schiffsvolk nicht mit venerischen Krankheiten angesteckt werden sollten, weil dieses Übel vermutlich nicht bei ihnen bekannt ist.

Man sieht die Einwohner oft nackend und nur mit einer bloßen Binde um den Leib, ihre Blöße zu decken. Die Vornehmen tragen ein Stück Zeuges um den Leib, das bis auf die Knie hinabhängt. Dieses ist auch die einzige Kleidung der Weiber, und manche wissen solche so artig umzuhängen, daß sich auch dabei Spuren von Koketterie zeigen. Sie gehen niemals in die Sonne, ohne sich zu bedecken und einen kleinen Hut von Schilf, mit Blumen besteckt, aufzusetzen, daher sind sie viel weißer als die Männer. Sie haben feine Züge, ihre größte Schönheit besteht aber in einem schön gebildeten Leibe, welcher von Jugend auf durch keine Schnürbrust verdorben worden.

So wie die französischen Damen sich die Backen rot anpinseln, so streichen die Damen in Taiti den Hinterteil ihres Leibes blau an. Es gehört zum Putze und ist ein Zeichen, daß sie vornehmer sind als andere. Die Männer tun ein gleiches. Die Farbe läßt sich nicht herunter bringen, vermutlich durchstechen sie sich die Haut und reiben den Saft gewisser Kräuter hinein, wie ich es bei den Wilden in Kanada gesehen habe. Als Cäsar seine erste Landung in England tat, fand er dieselbe Gewohnheit, sich anzustreichen. Der sinnreiche Verfasser der philosophischen Betrachtungen über die Amerikaner gibt zur Ursache dieser allgemeinen Gewohnheit an, daß man sich dadurch in den wenig angebauten Ländern für den Stich der Insekten, die sich auf eine unglaubliche Art vermehren, hüten muß. Diese Ursache fällt aber in Taiti weg, weil es dort, wie bereits erinnert worden, gar keine solche unbequemen Tiere gibt. Die Gewohnheit, sich anzustreichen, ist hier also eine Mode wie in Paris. Ein anderer Gebrauch sowohl bei den Männern als Weibern in Taiti ist, daß sie sich Löcher durch die Ohren stechen und Perlen oder allerlei Arten von Blumen daran hängen. Die größte Reinlichkeit trägt zu dem Reize dieses liebenswürdigen Volkes viel bei. Sie baden sich beständig und essen und trinken niemals, ohne sich vor- und nachher zu waschen.

Der Charakter der Einwohner von Taiti hat uns sanft und guttätig geschienen. Wir haben in der Insel nichts von innerlichen Kriegen, von einem Hasse untereinander bemerkt, ob das Land gleich in kleine Striche abgeteilt ist, deren ein jeder

John Webber: Eine junge, tanzende Frau von Tahiti
(Stich von J. K. Sherwin, 1784)

seinen eigenen Regenten hat. Es muß eine allgemeine Ehrlichkeit und gar kein Mißtrauen unter ihnen stattfinden, denn ihre Wohnungen stehen Tag und Nacht offen, sie mögen zu Hause sein oder nicht. Ein jeder pflückt die Früchte von dem ersten Baume, den er antrifft, und nimmt sich soviel er will, wenn er in ein fremdes Haus tritt. Es scheint, daß die zum menschlichen Leben unentbehrlichen Dinge bei ihnen allgemein sind und daß also kein Eigentum stattfindet. Gegen uns waren sie zwar geschickte Diebe, aber dabei so furchtsam, daß man sie mit der geringsten Bedrohung verjagen konnte. Ihre Regenten mißbilligen dergleichen Diebereien und verlangten wohl gar, daß wir den Täter töten sollten. Ereti war aber nicht so strenge, als er es von uns verlangte. Wenn wir ihm einen Dieb anzeigten, so lief er ihm nach, und wenn er ihn einholte, welches gemeiniglich geschahe, weil er hurtig und unermüdet im Laufen war, so bestand die Strafe in einigen Stockschlägen, und der Schuldige mußte das Gestohlene wieder ausliefern. Ich glaube nicht, daß sie schärfere Strafen kennen. Wenn wir einen von unsern Leuten in Ketten legen ließen, so bezeigten sie ein großes Mitleiden darüber. Ich habe nachgehends mit Gewißheit erfahren, daß sie die Diebe an Bäumen aufhängen, wie man es bei uns mit den Soldaten im Felde macht.

Sie führen fast beständig mit den Bewohnern der benachbarten Inseln Krieg. Sie gebrauchen ihre großen Pyrogen zu den Landungen und Seegefechten. Ihre Waffen bestehen in einem Bogen, einer Schleuder und einem Spieße von sehr hartem Holze. Sie führen auf eine grausame Art Krieg. Nach den Berichten des Aoturu töten sie die Männer und Knaben, welche sie gefangen bekommen, und ziehen ihnen die Haut vom Kinn nebst dem Bart ab und tragen solche als ein Siegeszeichen. Die Weiber und Mädchen lassen sie leben, würdigen solche aber nicht, sich mit ihnen zu vermischen. Aouturu ist gleichwohl der Sohn eines Regenten von Taiti und einer Gefangenen von der benachbarten Insel Opoa, mit der sie oft Krieg führen. Vielleicht kommen die beiden verschiedenen Gattungen Menschen davon her, die man auf dieser Insel wahrnimmt. Übrigens weiß ich nicht, wie sie ihre Wunden heilen; unsere Feldscherer haben die Narben bewundert. (...)

Die Vielweiberei scheint bei ihnen allgemein zu sein, wenigstens bei den Vornehmen. Ihre einzige Leidenschaft ist die Liebe, daher ist die Menge der Weiber auch der einzige Aufwand der Vornehmen. Vater und Mutter teilen die Sorge für die Kinder. In Taiti ist es nicht gewöhnlich, daß die Männer sich allein mit dem Fischfange und Kriege beschäftigen und dem schwächern Geschlechte die mühsame Besorgung des Hausstandes und des Landbaues überlassen. Die Weiber bringen ihre Tage in Ruhe und Muße zu, und ihre größte Beschäftigung ist die Sorge zu gefallen. Ich kann nicht sagen, ob die

Ehe bei ihnen eine bürgerliche und durch die Religion befestigte Verbindung ist, ob sie getrennet werden kann oder nicht. Dem sei wie ihm wolle, die Weiber sind ihren Männern vollkommen unterworfen. Sie würden eine wider Wissen des Mannes begangene Untreue mit dem Leben bezahlen müssen. Die Einwilligung zur Liebe mit andern ist aber nicht schwer zu erhalten, weil man gar keine Eifersucht kennt und die Männer die ersten sind, welche ihre Weiber nötigen, sich einem andern in die Arme zu werfen.

Ein unverheiratetes Mädchen kann ihrer Neigung und ihren sinnlichen Trieben ungehindert folgen. Es scheint, daß man kein Bedenken trägt, eine Person zu heiraten, wenn sie gleich noch so viele Liebhaber zuvor gehabt hat. Sie braucht also ihren verliebten Neigungen keinen Zwang antun, da sie so viele ähnliche Beispiele vor Augen siehet. Das Klima, das Singen, das Tanzen und die dabei üblichen wollüstigen Stellungen, alles reizt zur Liebe. Sie tanzen nach einer Art von Trommel, und wenn sie singen, wird eine leise Flöte dazu gespielt, welche drei bis vier Löcher hat und, wie gesagt, durch die Nase geblasen wird. Sie haben eine Art von Ringen, und dies ist zugleich eine Übung und ein Spiel.

Die Gewohnheit, beständig ruhig und vergnügt zu leben, macht, daß die Einwohner einen besondern Trieb haben, sich lustig zu machen. Daher zeigt sich in ihrem Charakter eine Leichtsinnigkeit, darüber wir täglich Gelegenheit hatten, uns zu verwundern. Alles rührt sie außerordentlich, aber nichts erhält sie bei einer Sache beständig. Wenn wir ihnen auch etwas Neues zeigten, so konnten wir ihre Aufmerksamkeit nie zwei Minuten darauf heften. Das geringste Nachdenken scheint ihnen eine unerträgliche Arbeit zu sein: Sie scheuen sich noch mehr, den Geist anzustrengen, als den Körper.

Ich spreche ihnen aber deswegen nicht alle Einsicht und das Nachdenken über eine Sache ab. Bei den wenigen Arbeiten, dazu sie bei dem Überfluß des Klimas und des herrlichen Bodens genötigt sind, bemerkt man einen gewissen Fleiß und Geschicklichkeit. Man muß sich wundern, wie geschickt ihre Fischerinstrumente gemacht sind. Ihre Hamen sind so fleißig von Perlenmutter gearbeitet, als wenn sie die Werkzeuge der Europäer hätten. Ihre Netze gleichen den unsrigen vollkommen und sind von Faden aus Pite geknüpft. Wir haben das Sparrwerk ihrer großen Häuser bewundert, und wie artig sie die Dächer mit Blättern von Latanier (einer Art von Palmbäumen) zu decken wissen. (...)

Ich will zu Ende dieses Kapitels noch die Ursachen anzeigen, warum ich mich der Neigung des Aoturu, eine Reise mit uns zu tun, die seiner Meinung nach nicht so lange währen sollte, nicht widersetzt habe und zugleich anführen, was ich während der Zeit, daß er bei mir gewesen, in Ansehung des Zustandes seines Landes in Erfahrung habe bringen können.

Das Verlangen dieses Insulaners, mit uns zu reisen, äußerte sich sehr deutlich. Er hat uns solches gleich von den ersten Tagen unsrer Ankunft an auf eine dringende Art zu erkennen gegeben, und die ganze Nation schien mit seinem Vorhaben zufrieden zu sein. Da wir unbekannte Meere zu durchreisen hatten und im voraus wußten, daß unsere künftige Wohlfahrt von der menschlichen Gesinnung der zu entdeckenden Völker, ob sie uns mit Lebensmitteln an die Hand gehen wollten oder nicht, abhängen würde, so war es ein wichtiger Vorteil für uns, einen angesehenen Einwohner dieser Insel bei uns zu haben. Wir konnten mit Grunde mutmaßen, daß er mit seinen Nachbarn einerlei Sprache redete, dieselbe Lebensart hätte und daß sein Ansehen sehr vorteilhaft für uns sein würde, wenn er andern Nationen unsre Aufführung gegen die seinige erzählte. Vorausgesetzt, daß Frankreich von dem Bündnisse mit einem zwischen den beiden wichtigsten Weltteilen wohnenden mächtigen Volke Nutzen ziehen wollte, so war dies ein wichtiger Grund, uns dieses Volk auf das stärkste zu verbinden, wenn wir ihnen ihren Mitbürger wiederschickten, nachdem wir ihn wohl bei uns aufgenommen und in den nützlichsten Wissenschaften und Kenntnissen unterrichtet hatten. Möchte doch ein gütiges Geschick unsre guten Absichten für den herzhaften Aoturu für ihn keinen unglücklichen Ausgang nehmen lassen!

Ich habe weder Sorge noch Kosten gespart, um ihm seinen Aufenthalt in Paris so angenehm und nützlich wie möglich zu machen. Er hat während seines Aufenthaltes von elf Monaten auch keine Spur von Widerwillen und Langeweile blicken lassen. Man ist sehr neugierig gewesen, ihn zu sehen. Da die meisten leere, aber ihrer Einbildung nach kluge Köpfe waren, die nach vorgefaßten Meinungen urteilen, und gleichwohl mit einem entscheidenden Tone reden, wenn sie auch nie etwas außer Paris gesehen, so hat ihre unnütze Neugierde zu nichts genutzt, als ihnen neue Vorurteile und Irrtümer beizubringen. Einige fragten mich wohl gar, ob man in dem Lande dieses Wilden weder Französisch noch Englisch noch Spanisch redete? Was konnte ich antworten? Inzwischen war es nicht die Verwunderung über diese einfältigen Fragen, die mich stumm machte; ich war an dergleichen kurzsichtige Fragen gewohnt, weil bei meiner Zurückkunft einige, die gleichwohl für unterrichtet und als kluge Leute angesehen sein wollten, gleichwohl behaupteten, daß ich die Welt nicht umsegelt wäre, weil ich nicht in China gewesen.

Andre Klüglinge machten sich von diesem armen Insulaner schlechte Begriffe, und zwar aus keinem andern Grunde, als weil er nach einem Aufenthalte von ein paar Monaten kaum ein paar französische Wörter aussprechen konnte. Lernen doch, sagten sie, Deutsche und Engländer, wenn sie eine Zeitlang in Paris gewesen, die Sprache. Ich hätte ihnen darauf mit Grunde antworten können, daß es dem Insulaner durch physikalische Hindernisse an seinen Organen unmöglich wäre, viele unsrer Wörter auszusprechen, und daß er dreißig Jahre erreicht, ohne daß er seine Verstandeskräfte auf irgend eine Art geübt hätte, daß andre Nationen zwar in einem Jahre ziemlich Französisch reden lernen, daß sie aber bereits Kenntnisse von ihrer Grammatik, von allerlei moralischen, physikalischen und andern Begriffen haben, die sie in ihrer Sprache so gut ausdrücken können als wir in unserer, und daß sie gleichsam nur die Übersetzung dieser Begriffe ihrem Gedächtnisse einprägen müssen. Mein Insulaner hat nur eine geringe Anzahl von Begriffen, so wie man sie von einer Nation, welche so simpel lebt und so wenige Bedürfnisse hat, verlangen kann. Man hätte also einem bisher gar nicht geübten Verstande erst unzählige erste Begriffe von Dingen beibringen müssen, ehe er die Worte, die solche in unserer Sprache ausdrücken, lernen konnte. Dieses hätte ich ungefähr antworten können; allein, dazu wären einige Minuten nötig gewesen, und ich bemerkte, daß diejenigen leichtsinnigen Köpfe, die mich mit ihren Fragen am meisten quälten, insgemein schon wieder den Rücken wandten, ehe ich mich auf eine Antwort gefaßt machen konnte.

Ob Aoturu gleich nur wenige Worte unsrer Sprache herausbringen konnte, so ging er doch täglich allein in der Stadt umher, ohne sich zu verirren, und kaufte zuweilen Kleinigkei-

John Webber: Ein Mann von Hawaii (Stich von J. K. Sherwin, 1784)

ten, die er selten über ihren wahren Wert bezahlte. Von den Schauspielen gefiel ihm nur die Oper, weil er den Tanz sehr liebte. Er wußte die Tage, wenn sie gespielet wurde, sehr genau, ging allein hin und bezahlte beim Eingange. Unter den vielen Personen, die ihn sehen wollten, wußte er sich diejenigen, die ihm Gutes erwiesen, sehr wohl zu merken und war zu dankbar gesinnt, als daß er sie vergessen sollte. Er hielt insbesondere viel von der Herzogin von Choiseul, die ihn mit Wohltaten und Freundschaft überhäufte, wodurch er mehr gerührt ward als durch Geschenke. Er ging allein hin, ihr seine Aufwartung zu machen, wenn er wußte, daß sie in Paris war.

Er reiste im März 1770 wieder aus Paris ab und ging aus Rochelle mit dem Schiffe Brisson nach der Isle de France unter Segel. Man hat ihm der Sorgfalt eines Kaufmanns, der dahin reiste und das Schiff zum Teil mit ausgerüstet hatte, anvertrauet, und der König hat dem Statthalter der Insel befehlen lassen, den Aoturu von dort nach seiner Insel Taiti zu schaffen. Ich habe eine weitläuftige Nachricht mitgeschickt, wie man von dort aus nach Taiti fahren muß, und selbst neuntausend Taler, den dritten Teil meines Vermögens, hergegeben, um ein Schiff, das ihn nach Taiti bringen soll, auszurüsten. Die Herzogin von Choiseul hat eine Summe Geldes bezahlt, um eine Menge von allerlei benötigten Werkzeugen, Samenkörnern und Rindvieh für die Insulaner anzuschaffen, und der König von Spanien erlaubet, daß dieses Schiff im Notfall an den Phillippinischen Inseln landen darf. Möchte Aoturu so glücklich sein und seine Nation bald wiedersehen!

Tagebuch einer Entdeckungsreise
Der häßliche Omai

(1781)

Während des langwierigen Zwischenraums dieses unvermeidlichen Aufschubes wird eine kurze Nachricht von Omai, dem Eingebornen von Ulietea, welcher sich mit Kapitän Cook an Bord der Resolution einschiffte, um nach seiner Heimat zurückzukehren, denjenigen, die ihn niemals gesehen haben, einen kleinen Begriff von seiner Person und seinem Charakter geben. (...)
Dieser Mann, wie aus dem Zeugnisse des Kapitän Cook erscheint, hatte einst ein kleines Eigentum in seinem eigenen Lande, woraus er von den Einwohnern von Bola-Bola vertrieben wurde. Kapitän Cook wunderte sich zuerst, daß sich Kapitän Furneaux mit einem so häßlichen Menschen beladen wollte, der nach seiner Meinung gar kein schickliches Muster vor den Einwohnern dieser glücklichen Inseln war; und Herr Forster sagt, er tue ihm kein Unrecht, wenn er behauptete, daß unter allen Einwohnern von Otahaite und den Societäts-Inseln wenige so häßliche Leute als Omai zu finden wären. Auch schien er keine Vorzüge des Ranges und der Geistesgaben, ebensowenig als der Gestalt und Gesichtsfarbe zu haben, um die Aufmerksamkeit einer erleuchteten Nation an sich zu ziehen. Vielmehr, setzt Herr Forster hinzu, war er einer von den gemeinen Leuten, wie sein Betragen auf dem Schiffe beweist, da er der Gesellschaft des Kapitäns den Umgang mit dem Waffenschmiede und den gemeinen Matrosen vorzog. Doch ohngeachtet der verächtlichen Meinung, welche die beiden Herren zuerst von ihm gehabt zu haben scheinen, gab er sich, sobald er das Vorgebirge der guten Hoffnung erreicht hatte und ihm der Kapitän seine eigenen Kleider gegeben und ihn in die beste Gesellschaft eingeführt hatte, für keinen Tautau oder von der gemeinen Klasse aus, sondern für einen Hoa oder einen aus dem Gefolge des Königs. Und Kapitän Cook gesteht, daß er, seitdem er in England angekommen,

zweifle, ob irgendeiner der Eingebornen die allgemeine Erwartung mehr befriedigt haben würde als Omai. (...)
»Omai«, sagte Herr Forster, »ward in England für sehr dumm oder auch für besonders gescheit angesehen, je nachdem die Leute selbst beschaffen waren, die über ihn urteilten. Seine Sprache, die keine rauhen Mitlaute hat und in welcher alle Worte mit einem Vokal enden, hatte seine Organe so wenig geläufig gemacht, daß er unfähig war, die mehr zusammengesetzten englischen Töne hervorzubringen: Dieser physische oder vielmehr Gewohnheitsfehler ward aber oft unrecht ausgelegt. Kaum war er in England angekommen, so führte man ihn in große Gesellschaften, machte ihn mit den schimmernden Lustbarkeiten der wollüstigen Hauptstadt bekannt und stellte ihn im glänzenden Kreise des höchsten Adels bei Hofe vor. Natürlicherweise ahmte er jene ungezwungene Höflichkeit nach, die an allen diesen Orten üblich und eine der größten Zierden des geselligen Lebens ist; die Manieren, Beschäftigungen, Ergötzlichkeiten seiner neuen Gesellschafter wurden auch die seinigen und gaben ihm häufige Gelegenheit, seinen schnellen Verstand und lebhafte Einbildungskraft sehen zu lassen. Um von seinen Fähigkeiten eine Probe anzuführen, darf ich nur erwähnen, daß er es im Schachspiel sehr weit gebracht. Er konnte aber seine Aufmerksamkeit nicht besonders auf Sachen richten, die ihm und seinen Landsleuten bei seiner Rückkehr hätten nützlich werden können: Die Mannigfaltigkeit der Gegenstände hinderte ihn daran. Keine allgemeine Vorstellung unsers zivilisierten Systems wollte ihm in den Kopf; und folglich wußte er auch die Vorzüge desselben nicht zum Nutzen und zur Verbesserung seines Vaterlandes anzuwenden. Schönheit, Symmetrie, Wohlklang und Pracht bezauberten wechselsweise seine Sinne; die wollten befriedigt sein, und er war gewohnt, ihrem Ruf zu gehorchen. Der beständige Schwindel des Genusses ließ ihm keinen Augenblick Zeit, auf das Künftige zu denken; und da er nicht von wahrem Genie belebt war, wie Tupaia, der an seiner Stelle gewiß nach einem festgesetzten Plan gehandelt hätte, so blieb sein Verstand immer unbebauet.«
Herr Forster setzt hinzu, daß, nachdem er beinahe zwei Jahre in England zugebracht, seine Beurteilungskraft doch noch kindisch war; daher verlangte er auch wie ein Kind nach allem, was er sah, und vorzüglich nach Dingen, die ihn durch irgend-

Nathaniel Dance: Omai (1775)

Joshua Reynolds: Omai (1775)

eine unerwartete Wirkung vergnügt hatten. Diese kindischen Triebe zu befriedigen, (denn aus bessern Absichten konnte es wohl nicht geschehen) gab man ihm eine Drehorgel, eine Elektrisier-Maschine, ein Panzer-Hemd und eine Ritter-Rüstung.

Dies sind die Nachrichten und der Charakter von diesem Sohne der Neugierde, der sein Vaterland und seine Verbindungen verließ, um nach einem unbekannten Lande ohne Absicht zu reisen, und dem nie einfiel, die Künste, Manufakturen und den Handel seiner Landsleute zu verbessern oder irgendeine nützliche Wissenschaft unter ihnen einzuführen.

Omais Erzählungen
(1792)

Unter allen seltsamen Dingen, die ich in meinem Leben unternommen, ist wohl dies das Seltsamste, daß ich es wage, die Berichte davon niederzuschreiben, mit der schmeichelhaften Hoffnnung, sie würden vielleicht die Aufmerksamkeit der Bewohner der großen Welt auf sich ziehen. Europäer! ihr, die ihr das übrige Menschengeschlecht in so mancher Hinsicht übertrefft, habt Nachsicht mit einem Wilden, der nur eine kurze Zeit und wenig Mittel hatte, sich in eurer Schule zu bilden. Ich werde einfach und wahr erzählen, und in dieser Hinsicht, so wie von Seiten der Talente, von dem größten Teil meiner Muster mich merklich unterscheiden. (...)
Ulietea ist also mein Vaterland, wo mich die Götter von den beiden edelsten Kreaturen geboren werden ließen, die je ihr Geist beseelt hat. Zu ihren Wohltaten rechne ich noch, daß sie mir mehrere Brüder und zwei liebenswürdige Schwestern geschenkt haben, deren jüngere mit mir zu Huaheine lebt, die älteste aber an Ooteo, einen der vornehmsten Oberhäupter von Otaheite der Großen, verheiratet wurde. Meine Familie besaß große Felder mit Bananen, Ignamen, Brotbäumen usw. besetzt, worauf bequeme und sehr geräumige Wohnungen mit allem, was zum Angenehmen und Notwendigen erfordert wird, zu sehen sind. Ferner besaßen sie eine Menge Pirogen zum Krieg, zum Fischen und zum Reisen, schöne Waffen für die Männer und allerlei Schmuck und Zierrat für die Weiber. Wir tranken Ava[1] und zogen Schweine und Federvieh auf, welche Kost nur den Vornehmen und Reichen zukam.
Furneaux, der Kapitän des englischen Schiffs Endeavour, bemerkte bald meinen Eifer und bot mir Nägel und Beile an, welche damals für uns unschätzbare Geschenke waren; um so mehr staunte er, als ich sie ausschlug. Er ließ mich durch denselben Matrosen, der unsre Sprache verstand, fragen, warum ich sie ausschlüge und ob mir seine Geschenke zu gering

William Hodges: Omai (Stich von J. Caldwall, 1777)

wären? »Der Himmel ist mein Zeuge«, sagte ich, »daß ich dich als ein höheres Wesen betrachte, dessen Vollkommenheit an die des Eatou grenzt. Deine Geschenke sind kostbar, aber lieber wünschte ich, du erlaubtest mir derselben entbehren zu können.« – »Ich verstehe dich nicht«, sagte Furneaux. – »Ich wünschte«, fuhr ich fort, »immer um dich zu sein, mich an dich

zu ketten und dir dort hinunter... dorthinunter an die Grenzen des großen Meers zu folgen.« – »Und von wem hängst du hier ab?« – »Von mir allein!« – »Von dir allein?« – »Nicht anders; ein Tyrann hat meinen Vater und der Kummer meine Mutter getötet, ich habe kein Vaterland mehr.« (...)
Furneaux beratschlagte sich mit seinen vornehmsten Offizieren; ich hatte sie mir durch meine Dienstfertigkeit alle günstig gemacht, und sie willigten ein, mich unter sich aufzunehmen und ihr Schicksal mit mir zu teilen; worauf der Kapitän zu meiner großen Freude erklärte, daß ich von nun an sein unzertrennlicher Reisegefährte sein sollte.
Hiermit waren noch nicht alle Schwierigkeiten überwunden, denn Cook, der Oberbefehlshaber des Schiffs Resolution, mußte auch seine Einwilligung dazu geben, und diese erteilte er nicht sogleich, vielmehr fehlte sehr wenig, daß er mir mein Gesuch nicht gänzlich abschlug. Aber Gefälligkeit gegen seinen Reisegefährten, mein dringendes Bitten und vielleicht die Eingebung eines Gottes bewogen ihn endlich, Furneaux' Entschluß gutzuheißen.
Sogleich verbreitete sich das Gerücht auf Huaheine, daß Omai nach England reisen würde. Man glaubte allgemein, daß mich bloß die Armut dazu trieb, doch waren einige gerechter und nahmen als Beweggrund an, daß ich neben Opoony, dem Unterdrücker meines Vaterlandes und Mörder meines Vaters, nicht länger leben wollte. (...)
Ich kann dreist behaupten, daß ich zu London großes Aufsehen erregte, doch war der Eindruck, den ich auf andere machte, bei weitem nicht so stark, als den ich selbst empfand. Mehrere Tage lang war ich vor Verwunderung gleichsam außer mir selbst und nicht imstande, die Gegenstände voneinander zu unterscheiden. Welche Menge von Torheiten, Sonderbarkeiten und Widersprüchen! Welches seltsame Gemisch von Feigheit und Stolz, Reichtum und Armut, Geiz und Großmut! Welche Verwechslung von Tugenden und Lastern, die nur dadurch sich voneinander unterschieden, daß Ehre und gesellschaftliche Vorteile mit den letztern verknüpft waren, während die ersten in der Stille der Vergessenheit seufzten und sich noch glücklich schätzten, wenn sie nicht verfolgt wurden.
Ich habe zwei Jahre lang am Hof und in der Stadt gelebt, habe alle Stände kennengelernt, meine Absichten waren rein, ich

suchte aufrichtig die Wahrheit, und die Vorurteile der Europäer blendeten mich wenigstens nicht. Ich habe eine Menge nicht unwichtiger,vielleicht neuer und origineller Bemerkungen gesammelt, die vielleicht nicht ganz ohne Nutzen sein mögen, wenn es möglich wäre ein zahlreiches Volk zur Natur zurückzurufen, von der es durch alle Schleichwege der Kultur abgewichen ist. Ich werde sie hier nicht anführen, denn ich bin willens, sie noch sorgfältiger zu studieren, und sie zu einem Geschenk zu bestimmen, das ich am Abend meines Lebens den Leuten des festen Landes zudenke, welche durch Neugierde oder Eigennutz in unsere Gegenden gelockt werden.

Unmittelbar nach meiner Ankunft zu London hatte ich die Ehre, dem König durch den Grafen Sandwich vorgestellt zu werden. Dieser große Monarch, gegen welchen unsre Könige in Nichts versinken, empfing mich mit einer Güte, die mir soviel Liebe als sein Anblick Ehrfurcht einflößte. Meine Freude war ohne Grenzen, und doch kannte ich damals noch lange nicht den Wert, den man in Europa mit den Worten, dem Lächeln und sogar mit den bloßen Blicken der Könige verknüpft. Jetzt, da ich dies alles kenne, erinnere ich mich noch mit Entzücken, daß mich der Monarch von Großbritannien auf seinem Schloß zu Kew einer vertrauten Unterredung würdigte. Ich staunte, daß man mich nicht nötigte, in seiner Gegenwart die Schultern zu entblößen, und daß ich stehend mit ihm reden durfte, aber nachher sah ich ein, daß diese Zeichen der Verehrung bloß willkürlich von Menschen angenommen und folglich unsre südländische Höflichkeit in England für Unhöflichkeit gelten konnte.

Die Großen folgten dem Beispiel des Monarchen und nahmen mich ebenso gütig auf. Da war kein Fest, wozu Omai nicht eingeladen wurde, überall war ich, und überall wollte man mich haben. Selbst die Damen wetteiferten, mich bei sich zu sehen, und ich muß zu meiner Schande gestehen, daß ich ihnen anfangs Ursache gab, über mich zu klagen; ich spielte gewissermaßen den Spröden, war ungefällig und behandelte sie mit einem ziemlich leichtsinnigen Ton. Aber statt böse darüber zu werden, wollten sie vor Lachen außer sich geraten, hauptsächlich wenn sie erfuhren, daß ich mich nach meiner Landesart gegen sie betrug, wo die Weiber wenig oder gar keine Achtung erhalten. Sie unternahmen es, mich zu bekehren, und es gelang ihnen über alle ihre Erwartung; in der Folge wird man sehen, daß diese Veränderung meiner Gesinnungen auf unsern Inseln den Keim zu einer wichtigen Umschaffung der Dinge legte.

In der ersten Zeit meines Aufenthalts zu London erwies mir die minder vornehmste, aber vielleicht die schätzbarste Dame meiner Gesellschaft einen Dienst, den ich ihr nie vergessen werde. Sie hatte bemerkt, daß mir der Stolz anfing den Kopf zu verwirren, daß ich durch den Vorzug, den ich überall erhielt, eitel wurde, und daß ich binnen kurzem gegen gewöhnliche Menschen stolz, und gegen Große ungezogen werden mochte. Mir war ein Heilmittel nötig, und ich erhielt es in seiner ganzen Stärke.

»Ich sehe wohl«, sagte diese Dame, »Omai bildet sich ein, als wenn wir ihn für etwas rechneten; der arme Mann ist bei diesem Irrtum sehr zu bedauern! Wir sind vertraut mit ihm, weil sein Umgang ganz ohne alle Gefahr ist und weil uns diese Seltenheit belustigt. Wäre er unter uns geboren, würde man ihn kaum ansehen, aber die Etikette, der wir unterworfen sind, macht im Hinblick auf ihn eine Ausnahme, denn er steht außer allem Rang. Außerdem reist er wieder fort und ist der einzige seiner Art, den wir sehen. Die Torheiten, die man um seinetwillen begeht, können also weder dauern noch gefährlich werden.«

Diese derbe Lektion öffnete mir die Augen. (...)

Ich erhielt kurz nachher zu meiner großen Beruhigung die Nachricht, daß Cook eine dritte Reise nach den Societätsinseln unternehmen und ich ihn wieder begleiten sollte, aber vor meiner Abreise wollte man mich durchaus inokulieren[2] lassen. Das ganze Ansehen meiner Freunde mußte aufgeboten werden, um mich zu bewegen, diese seltsame Kur mit mir vornehmen zu lassen, wodurch man sich freiwillig eine Krankheit selbst schafft, damit man derselben verschont bleiben möchte.

(...) Mußte ich nicht befürchten, daß durch die Inokulation ein Keim der Verderbnis in meine Säfte kam, der mit der Zeit sich entwickeln und mir den Tod zuziehen könne? Endlich, wenn ich an diesem Vorbauungsmittel starb, welches zwar unwahrscheinlich, aber doch möglich war, mit welcher Stirne konnte ich als Selbsturheber meiner Zerstörung in dem Land der Geister erscheinen?... Man lachte über alle diese Besorgnisse. Aoturu hieß es, der von Herrn von Bougainville nach

Europa geführt worden, ist an den Pocken gestorben, weil man es unterlassen, ihn zu inokulieren, der gute Omai soll nicht gleiches Schicksal mit ihm haben. Ich ergab mich also, weil ich nicht weiter widerstehen konnte. Die Kur war sehr glücklich, aber noch jetzt bin ich wegen der Folgen nicht gänzlich beruhigt.

Endlich benachrichtigte man mich, daß ich nach Plimouth gehen müßte, wo Kapitän Cook mit der Resolution nur noch auf Omai und guten Wind wartete, um unter Segel zu gehen.

Interessante und rührende Geschichte des Prinzen Li-Bu
(1792)

Vorbericht

Als der Herausgeber folgender Blätter des Herrn Keate Nachricht von des Kapitän Wilsons erlittenem Schiffbruche bei den Pelew-Inseln las, ward er von dem Charakter des jungen Prinzen, eines Bewohners derselbigen, der besagten Kapitän zurück nach England begleitete, so hingerissen, daß er der Begierde nicht widerstehen konnte, von seiner kurzen Geschichte seinen jungen Landsleuten einen Abriß vorzulegen.
In der Tat mag man dieses jungen Fremdlings Betragen, Sitten und Fähigkeiten betrachten von welcher Seite man will, so ist darinne etwas Interessantes.
Das ungezwungene, menschenfreundliche Wesen, wodurch er sich in den artigsten Gesellschaften auszeichnete, die fröhliche Heiterkeit und von aller Verlegenheit freie Lebhaftigkeit, die er bei jeder Gelegenheit äußerte, die wißbegierige und scharfsichtige Neugier, die er bewies, indem er jeden Gegenstand, der ihm vorkam, auf das genaueste prüfte: Vor allem aber die Güte seines unvergleichlichen Herzens, die liebenswürdige Einfalt seiner Sitten und die standhafte Gelassenheit, mit der er seinem Tode entgegenging und die selbst einem erleuchteten Christen Ehre würde gemacht haben, bilden einen Gegenstand, dergleichen in Absicht des Nützlichen, Unterhaltenden und wahrhaftig Lehrreichen vielleicht selten unter ähnlichen Umständen vorkommt.

Li-Bu

Li-Bu ging sehr gern in die Kirche, und obgleich er nicht die Worte der Gebetsformeln verstand, so begriff er doch die Absicht derselbigen sehr gut und bezeigte allezeit die größte

Aufmerksamkeit und Ehrfurcht. Als einstens Kapitän Wilson zu ihm sagte, die Menschen würden durch das Beten besser, so daß, wenn sie stürben und begraben würden, sie wieder dort oben, (hier wies er nach dem Himmel) auflebten, antwortete Li-Bu mit vieler Ernsthaftigkeit: *Alles so zu Pelew – böse Menschen in der Erde bleiben – gute Menschen in Himmel gehen – sehr schön werden* – Hier hielt er seine Hände empor und gab dabei seinen Fingern eine flatternde Bewegung – gleich als wollte er dadurch den Glauben seiner Landsleute von dem Leben der Seele nach der Auflösung des Körpers anzeigen.

Kapitän Wilson ließ ihn selten und mit vieler Vorsicht ausgehen, teils um ihn vor der Ansteckung zu bewahren, teils aber auch, um wegen Erlernung der englischen Sprache zu verhüten, daß er nicht zu sehr zerstreut würde; denn vermittelst dieser mußte ihm der Unterricht beigebracht werden, und der Anblick von neuen Gegenständen würde ungleich mehr Vergnügen gewähren. Er nahm ihn also bloß bei seinen Freunden zu Besuche mit, ließ ihn auch die meisten öffentlichen Gebäude der Hauptstadt, den Strom, das Schiffwesen und die Brükken sehen, welches alles auf ihn einen großen Eindruck machte. Es gereichte ihm auch zu keinem geringen Vergnügen, als man ihn zu verschiedenen Malen in St. James Park führte, wo er die Garden exerzieren sah; denn alle militärischen Übungen fesselten seine Aufmerksamkeit außerordentlich. Einem Jünglinge in seinen Verhältnissen, dessen Auge und Verstand unaufhörlich Belehrung suchten, stießen täglich noch mehr dergleichen Dinge auf, welche damals seine Freunde interessierten, jetzt aber vergessen worden sind.

Etwas Sonderbares zeigte sich in Li-Bus Gedanken über das Aufsteigen in dem Luftballon, das die Neugierde des Volks in diesem Lande zur Zeit seiner Ankunft so sehr auf sich zog. Er äußerte sie in der Unterredung mit seinem Freunde, dem Herrn Keate, dessen Worte wir dem Leser selbst vorlegen wollen.

»Den Morgen«, sagte er, »nachdem Lunardi zum erstenmal mit seinem Ballon in die Luft gestiegen war, besuchte ich meinen Freund Li-Bu, in der Überzeugung, daß ein Schauspiel, welches unsre eigne Neugier so sehr gereizt hatte, ihn in Erstaunen würde gesetzt haben. Allein zu meiner Verwunderung schien es ihn auch nicht im geringsten interessiert zu

Miß Keate: Prinz Lee Boo (Stich von H. Brocas, 1788)

Miß Keate: Prinz Li-Bu (Stich von Frentzel, Leipzig 1792)

haben. Er sagte mir ganz trocken, *es sei doch gar zu närrisch, wie ein Vogel in der Luft schweben zu wollen, da man weit angenehmer zu Pferde oder zu Wagen reisen könne.«* – »Entweder«, setzt Herr Keate hinzu, »begriff er die Schwierigkeit oder die Gefahr des Unternehmens nicht, oder, welches nicht unwahrscheinlich ist, er glaubte wohl gar, daß es in einem Lande, wo er beständig so viel wunderbare Dinge sah, nichts Ungewöhnliches sei, einen Menschen, an einem Luftballon hängend, durch die Wolken fliegen zu sehen.«

Sooft er einen Garten besah, erkundigte er sich genau nach allen Pflanzen und Obstbäumen, legte den Umstehenden allerlei Fragen darüber vor, und sagte ihnen, wenn er in sein Vaterland zurückkehre, wolle er die Samen von solchen, die dort fortkommen könnten, mit sich nehmen. Oft redete er von allerlei Veränderungen und Verbesserungen, die er dem Könige vorschlagen wolle, und überhaupt schien er alles mit Rücksicht auf den Nutzen, den es in seinem Lande haben könne, zu betrachten.

Dieser wißbegierige und unermüdete Jüngling, fing nunmehr an, starke Fortschritte in der Erlernung der englischen Sprache zu machen und war bereits mit der Feder so geschickt, daß er in kurzem eine sehr schöne Hand würde geschrieben haben, wenn ihn, leider! nicht eben jene Krankheit ergriffen hätte, zu deren Verhütung man so viele Vorsicht gebraucht hatte. Schon den 16. Dezember befand er sich sehr übel, und nach ein paar Tagen erschien der Ausbruch schon überall an seinem ganzen Körper. Kapitän Wilson, voller Besorgnis, nahm sogleich seine Zuflucht zu Herrn Dr. Carmichael Smyth, um ihn zu dem kranken Prinzen zu rufen.

Dieser, ein geschickter Arzt und zugleich ein Gelehrter von großer Belesenheit, besuchte ihn sogleich und sagte auf den ersten Anblick, daß es die Blattern wären; er bedauerte zugleich, daß nach allen Kennzeichen wenig Hoffnung zu einem erwünschten Ausgange vorhanden sei. Er verschrieb ihm inzwischen die nötigen Arzneimittel und versprach auf inständiges Bitten des Kapitäns Wilson, seine Besuche fortzusetzen und, ungeachtet der weiten Entfernung, solche bis zum Ende der Krankheit täglich zu wiederholen. (...)

Während seiner schmerzhaften Krankheit bewies Li-Bu die größte Standhaftigkeit, und da er einen sehr hohen Begriff von des Doktor Smyths Geschicklichkeit hatte, so weigerte er sich

niemals, seinen Vorschriften aufs genaueste zu folgen; ein lehrreiches Beispiel für junge Personen, die sich in solchen Umständen befinden und oft die größte Widerspenstigkeit gegen eine bittere Arzenei bezeigen, die ihre Genesung befördern soll. (...)
Den Donnerstag vor seinem Ende, als er in seinem Zimmer umherging, sah er sich im Spiegel, und als er sein Gesicht sehr verschwollen und verstellt fand, schüttelte er den Kopf, kehrte seine Augen weg, als ob ihm vor seinem Anblicke selbst ekelte, und sagte zu dem Herrn Sharp, *sein Vater und Mutter wären sehr betrübt, denn sie wüßten, daß er krank sei.* Dies wiederholte er mehrmals.
Gegen Abend befand er sich schlechter und fing an, die Gefahr zu fühlen. Er ergriff Herrn Sharps Hand, sah ihn mit unverwandten Augen an und sagte sehr ernsthaft zu ihm: *Mein guter Freund! Wenn Du nach Pelew kommst, so sage dem Abba-Thulle; Li-Bu hat viel zu trinken eingenommen, damit die Blattern weggingen, aber er ist gestorben. Der Kapitän und die Mutter (Madame Wilson) waren sehr gütig – alle Engländer sehr gute Menschen – es tut ihm sehr leid, daß er dem Könige nichts von allen den herrlichen Sachen erzählen kann, die die Engländer besitzen.* Er zählte hier auch die Geschenke her, die man ihm gemacht hatte, und bat Herrn Sharp, selbige, wann er nach Pelew zurückkäme, unter die Rupacks auszuteilen; insbesondere empfahl er seiner Sorgfalt die beiden Tönnchen von blauem Glase mit ihren Untersätzen, die er dem Könige bestimmt hatte.

OSTINDISCHE HANDELSGESELLSCHAFT

Inschrift des Grabsteins für Li-Bu

(1785)

Zum Gedächtnisse
des Prinzen
Li-Bu
eines Eingeborenen der Pelew-Inseln und Sohnes des
Abba Thulle
Königs der Insel Kururaa.
Er starb
am 27. Dezember 1784
in einem Alter von zwanzig Jahren.
Die Ostindische Handelsgesellschaft
ließ ihm dies Denkmal zum Zeugnis ihrer Dankbarkeit
und Hochachtung errichten
für
die menschenfreundliche und edle Behandlung
welche
sein Vater
der Mannschaft der am 9. August 1783 nahe bei
seiner Insel gescheiterten
Antelope
unter dem Kommando
des Kapitäns Henry Wilson
angedeihen ließ.
Leser
verweile und weine der sanften Natur
eine Träne
auf Li-Bus Grab
denn
er war ihr unverdorbener Sohn!

GEORGE KEATE

Nachrichten von den Pelew-Inseln

(1788)

Vorrede

Die Inseln, welche ich hier beschreibe, wurden nicht auf einer absichtlich zur Erweiterung der Wissenschaften angestellten Reise, sondern zufällig, durch den Schiffbruch eines von Capitain Wilson geführten ostindischen Paketboots oder Postschiffes, entdeckt. Dem gutgearteten Charakter der dortigen Einwohner verdanken wir einzig und allein die glückliche Wiederkunft unserer Landsleute, welche sich auf diesem Postschiffe, der Antelope, befanden, und mich in Stand setzten, das Publikum mit einer Nachricht von jenem merkwürdigen Volke zu unterhalten. Die Beschreibung der neuerlich in die unbekannten Gegenden des Südmeeres unternommenen Reisen hat den Forschungsgeist so sehr gereizt, und die Wißbegierde, zumal in Absicht des Menschengeschlechts und seiner Geschichte, so lebhaft angefacht, daß ein Werk, welches Neuheit und Authentizität vor sich hat, wohl keiner weitern Schutzrede bedarf und sich eine günstige Aufnahme versprechen kann. Inwiefern aber jene beiden Eigenschaften unserer Nachricht von den Pelew-Inseln zukommen, wird am besten aus der nachstehenden Erzählung erhellen.

Die Inseln, wovon hier die Rede ist, wurden vermutlich zuerst von Spaniern, aus den Philippineninseln her, gesehen und von ihnen die Palos-Inseln genannt, weil die hohen Palmbäume, welche daselbst in so großer Anzahl wachsen, in der Ferne mit den Masten der Schiffe eine Ähnlichkeit haben. Daß dies der wahre Ursprung des Namens sein müsse, wird noch wahrscheinlicher, wenn man bedenkt, daß die Spanier alle diese zahlreichen Inseln dieses Archipelagus, wovon bei weitem der größte Teil sonst unter dem Namen der neuen Karolinen bekannt ist, anfänglich Palos nannten. (...)

Allgemeiner Charakter der Eingeborenen

Das Betragen der Pelewaner gegen unsere Engländer blieb vom ersten bis zum letzten Augenblick sich selbst gleich, gefällig und freundlich, mit einer Art von Höflichkeit, welche die Unsrigen wirklich in Erstaunen setzte. Sie äußerten jederzeit eine Besorgnis, lästig zu werden, welcher sie oft ihre Neugierde aufopferten. Bei der Abreise der Engländer, da so mancher das Beste, was er hatte, hergab, und zwar oft von Dingen, womit sie nichts weniger als reichlich versehen waren, bewies ihre Freigebigkeit ein menschenfreundliches, von Wohlwollen erglühendes Herz. Als aber unsere Landsleute aus Mangel des Raums zuletzt die Freundschaftsgaben, womit man sie überhäufte, von sich ablehnen mußten, sah man in ihren bittenden Augen und Gebärden, womit sie um die Annahme ihrer Geschenke flehten, den lebhaftesten Ausdruck des Schmerzes, mit dem Opfer ihrer Liebe zu spät gekommen zu sein.
Es lag nichts Prahlerisches in diesem Betragen gegen die Fremden. Waren sie nicht von aller Welt abgesondert, und hatte sich der Charakter eines Fremdlings ihrer Einbildungskraft je darstellen können? Es war genug, daß sie die Not der Unsrigen empfanden, um den Wunsch rege werden zu lassen, alles, was sie hatten, mit ihnen zu teilen; sie kannten nicht jene weltliche Freigebigkeit, die ihre Gaben nur alsdenn erst reicht, wenn sie in der Ferne schon die Wiedervergeltung sieht. Ihre Brust hatte nie diesem unreinen Eigennutz Raum gegeben; ihr Wohltun floß aus inwohnender Güte, aus dem reinen Quell der Liebe, welche Menschen mit Menschen einigt. Jene unvergeßliche Szene war folglich der Triumph der menschlichen Natur; die Freigebigkeit der guten Pelewaner befriedigte den Sinn, aber ihre Tugend rührte zugleich das Herz.
Unsere Landsleute haben vielfältig bemerkt, daß eben dieser zuvorkommende, hilfreiche Geist der wahren Höflichkeit in allen Verhandlungen der Insulaner unter sich hervorleuchtete. Auffallend war ihre zärtliche Sorgfalt für das andere Geschlecht und nicht minder gefällig das Betragen der Männer gegeneinander. Daher hatten die Engländer bei aller Verschiedenheit der Auftritte, denen sie während ihres Aufenthalts in jenen Inseln beiwohnten, nie Gelegenheit, etwas, das einem Streit oder einem Ausbruch der Leidenschaften ähnlich sah,

zu bemerken; ein jeder schien das Seinige zu tun, ohne sich um die Geschäfte des Nachbarn zu bekümmern. Die Mannspersonen arbeiten in ihren Pflanzungen oder sie fällen Holz, verfertigen Äxte, drehen Schnüre und kleine Stricke, bauen Häuser oder Canoes oder stricken Netze und machen andere Fischergerätschaften. Viele beschäftigen sich mit der Verfertigung der Speere, Wurfspieße und anderer Waffen; einige machen Ruder für ihre Kähne oder schnitzen Hausgerät oder bereiten und brennen den Muschelkalk. Wer Geschicklichkeit genug besitzt, eine nützliche Arbeit zu dirigieren, wird von den Eingeborenen ein Tackalby genannt; dahin gehören die Baumeister der Canoes und diejenigen, welche die Kunst verstehen, Stücke von Muschelschalen einzulegen, ebenfalls die Arbeiter in Schildkrötenschale und die Töpfer. (...)
So fließen die Jahre des Lebens in geduldiger Geschäftigkeit dahin, ohne daß man bei der aufgeweckten Gemütsart dieses Völkchens besorgen darf, daß es viele trübe oder niedergeschlagene Augenblicke hat. Die Pelewaner kennen weder die Leidenschaften, welche der Ehrgeiz weckt, noch die Sorgen, welche von dem Überfluß unzertrennlich sind. Ihr Dasein ist einem Strom ähnlich, der ruhig und eben fließt; die Ereignisse des Lebens können zwar seine Oberfläche kräuseln, allein wie bald kehrt nicht die Stille des Gleichgewichts zurück, wo Stärke des Geistes herrscht? Ihr Glück steht fest auf unerschütterlichem Grunde; das Wenige, was die Natur und die Vorsehung ihnen darbieten, genießen sie mit Zufriedenheit und frohem Sinn, und ihre Brust hegt keine Wünsche, deren Befriedigung ihnen versagt ist. Daß die gesitteten Nationen das Gegenstück zu diesem Gemälde liefern, wird, dünkt mich, niemand leugnen können. Man sehe nur die vielen trübseligen Gesichter der trägen, geschäftlosen Menschenklasse und die zügellose Frechheit jener andern, die ihre Zwecke mit Gewalt und Ungerechtigkeit zu erreichen und die heiligen Bande der Gesellschaft zu zerreißen sucht! Der Leser wird uns wenigstens zugestehen, daß unsere Pelewaner, nach diesen Hauptzügen ihres Charakters zu urteilen, der Menschheit Ehre machen, und daß die Einfalt ihrer Sitten bei aller Unwissenheit ein rührendes Schauspiel gewährt. (...)
Ich kann mir leicht vorstellen, daß die Verheerung der Pflanzungen und Häuser auf einer kleinen zu Pelew gehörigen Insel und der Brauch, die Gefangenen niederzumachen, manchem

Arthur W. Devis: Abba Thulle, König von Pelew
(Stich von H. Kingsbury, 1789)

Leser, mit der in diesem Werke den Pelewanern durchgängig zugeschriebenen Menschlichkeit und Sanftmut einen häßlichen Kontrast zu bilden scheinen werden. Was das erstere betrifft, so könnte ich zwar behaupten, daß die Verwüstung in Feindes Land keine unerhörte Maßregel in den Annalen der Geschichte sei und daß man wohl wisse, sie mit der politischen Notwendigkeit zu bemänteln; allein, ich gestehe selbst, daß sich ein so hartes Verfahren mit der in Pelew herrschenden Maxime, den Feind nicht unvermutet zu überfallen und ihm sogar von einem vorhabenden Angriff im voraus Nachricht zu geben, schlecht zusammenreimem läßt. Ich bin daher sehr geneigt, zu glauben, daß diese neue Kriegsmanier sich von dem malayischen Günstling des Königs herschreiben möchte, weil sie dem Edelmut, womit man hier sonst gegeneinander zu streiten pflegte, so gar sehr entgegen gesetzt ist. (...)
Ein Schriftsteller sollte billig im voraus darauf bedacht sein, wie er jeden Tadler entwaffnen und jedem Einwurf begegnen möge. Bei so manchen guten Anlagen im Charakter der Pelewaner wird man ihnen vermutlich doch ihren Hang zum

Diebstahl vorwerfen, wie solches vielleicht mit gar zu großer Strenge gegen die Eingeborenen der Südseeinseln geschehen ist. In Pelew schränken sich indessen die Beispiele dieser Vergehungen lediglich auf die niedrigste Volksklasse ein, und auch alsdann dünkte es den König und seine Vornehmen eine Verletzung der Gastfreundschaft; sobald man über eine heimliche Entdeckung klagte, ruhten sie nicht eher, bis das Gestohlene aufgesucht, und wenn er sich finden ließ, zurückgegeben ward. Sollte ein orientalischer Fürst in seinem prächtigen Schmuck zufällig einen Diamanten von seinem Kleide verlieren und ein armer Bauer, der sich vom Wert des Steines einen Begriff machen könnte, ihn auf seinem Wege im Staube glänzen sehen, so dürfte man fragen, wo der Mann zu finden wäre, der Selbstverleugnung und Gewalt genug über sich selbst besäße, um vorüberzugehen und ihn nicht zu berühren? Ein Nagel, ein Werkzeug, ein Stück altes Eisen ist für jene Insulaner dieser Diamant. Sie wissen nichts von einem Kriminalgesetz, welches den Diebstahl verbietet, und wenn es ihnen einfiel, sich das Eigentum eines Fremden zuzueignen, hatten sie die Erleichterung ihrer täglichen Arbeit zum Augenmerk und begriffen, wieviel leichter sie vermittelst jener Werkzeuge oder jenes Metalls verrichten würden, was ihr unermüdetes Beharren doch nur auf eine unvollkommene Weise darstellen konnte. Ich darf mich also kühnlich auf das Zeugnis der Vernunft berufen, wenn ich behaupte, daß sie mehr als Menschen hätten sein müssen, wenn sie weniger menschlich gehandelt hätten. Fürwahr, das wäre das tugendhafteste unter allen Völkern, wo das Gewissen jedes einzelnen Einwohners im Augenblick der ruhigen Überlegung ihm keiner größern Sünde als der Benutzung eines Stückchens Eisen, welches vor seinen Füßen lag, zeihen könnte!

So laßt uns denn im Namen der Menschlichkeit unsere Mitmenschen nicht so strenge beurteilen. Ist jemand geneigt, die liebreichen Einwohner von Pelew wegen eines so kleinen Fehlers zu tadeln, so will ich wenigstens hoffen, daß er kein Mitglied aufgeklärter und gesitteter Nationen sei. Diese müssen ja vor allen andern von der Unwirksamkeit der vortrefflichen Gesetze und von der gänzlichen Unfähigkeit ihrer eigenen Polizei, die Laster der Menschen zu verhüten, überzeugt sein. Sind doch die Vorkehrungen der Klugheit, die weisesten Entwürfe und aller Nachdruck der Gewalt oftmals nicht hin-

Arthur W. Devis: Ludee, eine der Frauen
des Abba Thulle
(Stich von H. Brocas, 1788)

reichend, um des Nachts ihr Eigentum, und am hellen Tage ihre Person ganz sicher zu stellen! Sie dürfen es nicht vergessen, daß jedes Schloß und jeder Riegel eine Satire auf alle bürgerlichen Verträge ist. Mit Schmerz und Unwillen müssen sie sich erinnern, daß der freche Räuber nicht der einzige Widersacher ist, gegen welchen sie auf ihrer Hut sein müssen; denn sie liegen jenem gefährlichen Angriff offen, welcher unter der Larve der Freundschaft geschieht und nur zu oft den Edlen, der sich ihr mit vollem Zutrauen überläßt, außer den Grenzen alles gerichtlichen Schutzes hinausrückt. Es gibt vielleicht keine Art Leiden, welche gefühlvollen Menschen so fürchterliche Qual verursacht als diese Folgen eines Verbrechens, das nicht unter der Ahndung des Gesetzes steht.
Indem wir also jener sehnlich erwarteten Zeitläufte harren, wenn Aufklärung, Wissenschaft und Philosophie uns in allen echten Tugendübungen befestigt haben werden, ziemt es uns, diejenigen Fehler, von denen wir uns selbst noch nicht haben losmachen können, an unserm Nächsten mit Nachsicht zu behandeln. Haben die erleuchteten Söhne Europens, mitten

Arthur W. Devis: Ludee, eine der Frauen
des Abba Thulle
(Stich von H. Kingsbury, 1789)

Arthur W. Devis: Ludee
(Stich von A. Clar, Hamburg 1789)

im Genuß jener Vorzüge, welche andern Weltgegenden nicht zuteil wurden, so langsame Fortschritte zur moralischen Vollkommenheit gemacht, so können sie sich selbst nicht nachdrücklicher verdammen, als indem sie von den hilflosen, unwissenden Kindern der südlichen Welt noch mehr als von sich selbst erwarten.

FRIEDRICH WILHELM ZACHARIAE

Tayti oder Die glückliche Insel

(1778)

Vorbericht. Dieses kleine Gedicht wurde schon vor mehreren Jahren entworfen, da des Herrn von Bougainville Reise um die Welt, seine neu entdeckte Insel Tayti und der Wilde Aoturu, welchen er von daher mitgebracht, nicht allein ganz Paris, sondern auch halb Europa neugierig und aufmerksam machte.

Die langweiligen und trüben Stunden, die uns nach einer tödlichen, schmerzhaften Krankheit leider auch nachher noch lange zuteil bleiben, auf irgendeine angenehme und nicht ganz unnütze Weise auszufüllen, hat mich veranlaßt, diese Kleinigkeit wieder vorzunehmen, auszubessern und zu vollenden. Sie findet vielleicht wenig Liebhaber. Wer nicht einen solchen unwiderstehlichen Hang hat wie ich, Reisebeschreibungen zu lesen, der muß wenig Geschmack daran finden. Zum Glück indes gibt es einige wenige Leser, die ebenso gern wie ich von ihrem Zimmer aus vermöge guter Reisebeschreibungen und Karten mit um die Welt fahren und noch bequemer als ein Banks und Solander[1] mit auf Entdeckungen neuer Länder ausgehen. Nicht etwa, um sich auf eine kindische Art an den verschiedenen Moden und Kleider-Trachten der neuen Wilden zu belustigen, sondern, wo möglich, durch die Vergleichung so vieler neu entdeckter Völkerschaften und ihrer von den unsrigen oft ganz abweichender Sitten und Denkungsarten untereinander in der wahren Geschichte der Menschheit etwas mehr Licht herauszuschlagen und vornehmlich die gütigen Anstalten der höchst weisen Vorsehung immer mehr und tiefer zu bewundern, die auch dem fernsten und seltensten Lande gerade das reichlich zugeteilt hat, was den Bewohnern desselben nach ihrem Klima und ihrer Lage das angemessenste ist.

Die unter dem Namen Tayti durch Herrn von Bougainville dazumal zuerst bekanntgewordene neue Insel ist, wie Herr von Bougainville selbst ohne Rückhalt erzählt, noch vor ihm durch den englischen Capitain Wallis entdeckt und nachher unter dem Namen Georgsland oder Prinz Wallisland bekannter geworden. Bougainvilles Beschreibung dieser Länder verdient in allem Betracht gelesen zu werden. Man sieht aus seiner Art zu erzählen, daß er ein Mann von Genie und von Wissenschaften ist, wie er auch selbst in seinem Vorbericht meldet, daß er in seiner Jugend sich eigentlich den Studien gewidmet und in älteren Jahren erst das Seehandwerk gewählt habe. Ich werde seine Reisen hier nicht ausschreiben, sondern mich begnügen, eines und das andere meiner Absicht gemäß auszuwählen und meine Anmerkungen einzustreuen. Nur schade, daß sich dieser verdienstvolle Mann so wenige Tage – wegen Beschleunigung seiner Fahrt nach Batavia – auf der Insel hat aufhalten können!

Die glückliche Insel

Was für ein Silberlaut schwebt um mein Ohr,
Der sanft mir zuzulispeln scheint: Heb auf
Aus langer Lethargie dein Haupt! Schläft ganz
Sein Saitenspiel? Hast du vergessen ganz
Der Liebe zum Gesang, mit der ich dich
Beim ersten Atemzug begeisterte?
Wohlan! Zur Hand der Lieder Schöpferin,
Die mächtge Leier, die ich dir gereicht;
Und singe dir die trüben Stunden weg,
Die, kummerlastend, unerheiterbar,
Um deine Tage sich gleich Wolken ziehn.

Wer bist du, Stimme, die mir rufen darf,
Gebietend so mir rufen darf? O du,
Gewiß nur du, o mächtge Muse! Komm!
Begeistre mich mit deiner sanften Glut,
Und laß den stillen Trübsinn, der mich quält,
In Lieder ausgegossen, nach und nach
Verschwinden, wie den Tau das Erdreich trinkt.

Jetzt, da mein Schritt des Lebens rauhe Bahn
Vielleicht schon mehr als halb zurückgelegt,
Jetzt such ich öfter noch den sichern Schirm
Der Einsamkeit, und meine Seele schwebt
In Träumereien süßen Tiefsinns fort.

Schon meiner Jugend warst du, Göttliche,
Vom Schicksal zugesellt. Einsiedelei
Schien mir der Ort, wo, Schmetterlingen gleich,
Der Freude Kinder schwärmten. Eingehüllt
Tief in mich selbst, sucht ich den dunklen Wald,
Das öde Haintal, des Gebirges Fuß,
Des großen Stromes Ufer, wo ich oft
Im Schatten dichter Erlen saß und starr
Die Wogen sich auf Wogen wälzen sah,
Das Bild des ewgen Wechsels der Natur.

Ruf mir zurück, geschäftge Phantasie,
Die überirdsche Szene, da, versenkt
In ernstere Gedanken, sich mein Geist
Wie aus der Körperwelt verlor! Ich saß
Einsiedlerisch in einem heilgen Hain,
Indem im schwarzen Pompe jetzt die Nacht
Herauffuhr an dem Horizont und rings
Um mich herum die schaudervolleste
Geweihte Stille herrschte. Wohlgeruch
Von jeder Blume, die des Abends nur
Verschämt den Busen öffnet, wallte hoch
Wie Opferrauch der feiernden Natur,
Von allen Wiesenauen zum Olymp.
Am Himmel hing der sanfte blasse Mond,
Verschleiert halb vom falben Taugewölk,
Das seine Strahlen brach. Ein schwaches Licht,
Mit Schatten untermischt, durchfloß den Hain,
Und, wie erwartend, lag die Schöpfung da.
Auf einmal, sieh! trat langsam feierlich
Die edelste jungfräuliche Gestalt,
Göttinnen gleich, aus einem heilgen Kreis
Bejahrter Eichen auf mich zu. Vom Haupt
Fiel langes schwarzes Haar mit weißem Flor,
Nachlässig eingewunden, nieder. Weiß
War ihr Gewand. Ein dunkelgrüner Zweig
Von immergrünem Lorbeer war der Schmuck
Der lockenreichen Scheitel. Ihr Gesicht
War reizend blaß, doch hoher Anmut voll.
Aus edlen Zügen leuchtete hervor
Des Geistes Größe, tiefe Seelenruh

Und inneres Bewußtsein wahren Werts,
Die eitlen Schimmer haßt. Ihr lag im Arm
Ein güldnes Saitenspiel, das, wie von selbst,
Nur kaum berührt vom Hauch der milden Luft,
Erhabne Harmonien säuseln ließ.
Ein heilger Schauder strömte durch mein Blut,
Da sich die Göttliche mir nahte. Wer,
Rief ich bestürzt, wer du auch immer seist,
Du mehr als Sterbliche! denn dich verrät
Das Himmlische in deinem mächtgen Blick,
Wer du auch seist! verschmäh das Opfer nicht
Der reinen Ehrfurcht, das mein Herz dir weiht!
Sie nahete sich mir, indem ich sprach,
Und in Akzenten, wie der Laute sie
Entströmen, floß ihr so der Ton:
War ich dir unbekannt? Ich, die ich stets
Um dich geschwebt, im dichterischen Hain,
Im öden Tal, am klagemurmelnden,
Von finstern Tannen überhangnen Bach?
In hellen Wiesen, am kristallnen Quell,
Im bunten Blumenstück und unterm Dach
Der Rosenlauben, deren hohe Wand
Mit Geißblatt und Jasmin durchflochten war?
Die Sprache Sterblicher heißt Verskunst mich,
Doch Muse nennen mich die Himmlischen,
Nur bloß dem blöden Blick der Vorurteils
Schein ich die Freundin leeren Müßiggangs,
Ein kraftlos Reimgeklingel, doch
Auch ich bin Weisheit! Weisheit höhrer Art
Als die in Wolken dicken Bücherstaubs
Der Phrasenritter zu erkämpfen hofft,
Der Dichter liest und nur an Worten klaubt,
Noch die, die der Pedant der Kanzelei
Allein für Wissen schätzt. Du kennest sie,
Die höhern Weisheitslehren! Längst erkor
Zu meinem mir Geweihten dich mein Herz,
Nimm hin dies güldne Saitenspiel! Und wo
Ein finstrer Wald dich in die Schatten ruft,
Wo irgend sich der strauchbewachsne Fels
Von selbst zur Grotte wölbt,
Am wilden Strom, am öden Meeresstrand,

Wenn jetzt Aurorens erster Purpurstrahl
Den fernsten Saum der grünen Wellen matt
Mit Golde rötet, und das schnelle Schiff,
Das auf Entdeckung fern zu andern Welten eilt,
Die noch kein Blick gespäht, jetzt eben sich
Im güldnen Glanz den Augen untertaucht,
Da folge der Begeistrung, die dich faßt,
Und singe dir die schwarzen Stunden fort.

Sie sprachs und reichte mir mit holdem Blick
Die goldne Leier und verschwand. Wie oft
Ist sie, die Kummerwenderin, allein
Mir mehr als Schätze, mehr als leerer Schall
Geträumter Ehre! Sie ergriff ich oft
In stillen Stunden, und, hört nur die Zahl
Der Edlen, deren Lob die Wange mir
Mit Feuer rötet, ihnen nah zu stehn,
Mit stillem Beifall zu: So flicht auch mir
Unsterblichkeit den amarantnen Kranz.

Und ihr, ihr Edlen, deren Blick mir winkt
Zu singen, sagt, was tönet euch
Die Leier? Stets das Einerlei,
Das tausendmal gespielte Puppenspiel
Der Europäer Welt? Nein! Hört mir zu
Von jener Insel, welche die Natur
Dem Europäer noch verbarg. Wo Ruh
Und Fröhlichkeit und Unschuld, Lieb und Tanz
Nur mit Vergnügen den Bewohner kränzt,
Wo Cocos, Bananas, Igramen, Curassol
Und Girauman und Brodfrucht, alle gleich
Mit stetem Überfluß verschwendrisch speist;
Dem Ankommling ein neues Paradies.

Tayti! o des süßen Namens Schall
Drang mir ins Herz, als Bougainville dich
Den Erdkreis nannte. Er, mehr als Ulyß,
Der kühne Schiffer, der den Ozean
Der Süderwelt durchschnitt und dich zuerst
Mit in das Band der Nationen schloß,
Noch werd er nach Jahrhunderten mit Dank
Den Inseln, die er ausgespäht, genannt.

Tayti! o wie schwebt noch oft dein Bild
Mir vor dem Auge! Du, die treueste,
Gefälligste Gefährtin auf der Bahn
Des Lebens; wie umschränkt! wie dornenvoll!
Du stille Freundin meiner Einsamkeit,
Die eben mich aufs neu zum Saitenspiel
Und feinen Zauberklang ermunterte.
O Muße, reiße mich aus dem Tumult
Der Laster dieser Europäerwelt,
Wo Krieg und Hunger und Verfolgungsgeist
Sich unaufhörlich peitschen! Laß uns fliehn
In stillen Fluren in des Eilands Schoß,
Wo Liebe, Ruh und Fried und Unschuld herrscht.

Wie dort der neuere Columbus schwebt
Auf fernen Meeren! Wie er eilt, die Furt,
Der du, o Magellan, den Namen gabst,
Zurückzulassen, wider wilde Flut
Und Sturm und Ströme kämpfend, stets umringt
Von Syrten, vom verräterischen Fels
Und halbverborgnen Inseln. Sieh! er faßt
Sein zaubernd Sehrohr, schauet weit umher;
Und, o Freude, die des Seemanns sich
Bemeistern muß! der Pfeiler türmend Kap
Hält ihm ins Aug; der hohen Wellen Schlag,
Aus Westen hergewälzt, verkündiget
Die große Weltsee, und im kurzen liegt
Der weite Horizont des Südmeers da.

Sei mir gegrüßt, du, stiller Ozean!
Ihr hohen Wogen, aus dem Westen her,
Seid mir gegrüßt! Ja! Schiffer! Bald soll euch
Juan Fernandez oder Tinian[2]
In ihren Schoß empfangen! Heitre Luft,
Von Balsamblüten duftend, sollt ihr da
In Wollust atmen; von der Wange wird
Die Totenblässe fliehn; der Cocos soll
Mit Milch euch sättigen; ihr sollet ruhn
Am kristallinen Quell, der euch erfrischt,
Und wachsend Brod von jenem Götterbaum,
Der diesem Eden eigen ist, wird euch
Mit Wohlgeschmack nähren bis zum Überfluß.

Doch wie? ihr laßt noch stets der Segel Zug
Nach Westen steuern? Ja, des Helden Schiff
Führt euch zum fernsten Ziel! Manch neues Land,
Manch fremdes Volk, von keinem Namen noch
Schiff-Fahrender benannt, erwartet euch,
Und sieh, nach langem Laufe, den das Schiff
In grenzenloser Weltsee wandelte,
Erhebt auf einmal aus der Wellen Schoß
Ein mildes Land sein grünend Haupt empor!
Wie klopfte Bougainville dir das Herz,
Da du das Ende deiner Wallfahrt sahst?
Dir Kränze winken sahst, die oft im Geist
Sich um das Haar dein Durst nach Ruhm gewünscht!

Sing, o du Göttin süßer Harmonie
In güldne Saiten, was dem Seemann noch
Für seltne Szenen sich eröffneten!
In des Vergnügens Übermaß wandt er
Zum edlen Nassau[3] sich, aus deutschem Blut
Ein junger Held, der, durch die Ehr entflammt,
Den Erdball zu umsegeln größer hielt,
Als in den Armen niedrer Weichlichkeit,
Am unschmackhaften Hof nur im Geräusch
Von Kinderspielen (große Welt genannt)
Das Leben zu verträumen. Prinz, sieh auf!
(Rief ihm der große Jason zu) sieh auf!
Und jauchze mit mir, jauchze mit dem Volk,
Das, Hurra! rufend, uns umschlossen hält
Und um das Ziel der langen Reisen schaut.
Noch wenig Stunden nur, so küssen wir
Ein neues Erdreich, das Jahrhunderte
Das große Wasserlabyrinth verbarg!

So, Bougainville. Lautes Lustgeschrei
Stieg in die Luft; der frische Seewind blies
Noch stets das Segel auf, bis im Triumph
Das edle Schiff die Anker fallen ließ.

Indessen breitete die Mitternacht
Weit übers Meer die schwarzen Flügel aus;
Die Sterne flimmerten am Horizont
Und spiegelten sich in der stillen Flut,

Als Bougainville, der gerettet nun
Sein krankes Schiff, geendigt nun die Fahrt,
Nach einer Freistatt in der Südsee sah,
Mit leichter Brust dem Schlaf sich überließ.
So schlummerte der Guelphe Ferdinand
In Mindens Ebnen, nach dem Sturm der Schlacht,
In welcher Er sein Vaterland gerächt
Und Deutschland Ruh und Freiheit wiedergab.
Ihm flatterten ums Heldenangesicht
Des Feindes Fahnen, die der Kriegsgott
Zum Haupt ihm türmte; jeder Genius
Der deutschen Tapferkeit sah ehrfurchtsvoll
Auf Ihn herab, und ein lichtheller Kreis
Der Schatten seiner Ahnen schloß ihn ein.

Indessen, war es bloß des Zufalls Werk?
War es der Zauberstab des Genius
Taytis, der erzürnt den Wolkenschleier
Hervorrief aus dem Meer? Ein dicker Dunst
Lag weit umher auf See und Land. Zuletzt
Behielt der Sonne Macht den Sieg, und ganz
Im Rosenschimmer lag die Insel da!
Wie sanft vergüldete das Morgenrot
Des Meeres ersten Rand; kaum zog die Schar
Des Seegevögels um den roten Fels
Mit lautem Ruf, als von dem Schlummer auch
Des Schiffes Führer sich erhob. Er warf
Mit Nassaus hohem Abkömmlinge sich
Hinab ins Boot. Der schnelle Ruder Schlag
Zog lange Furchen durch der Wellen Schaum,
Und itzo sprang ans neue Land der Held,
Begleitet von dem Kern des kühnen Schiffs.

Sogleich schloß ihn und seine tapfre Schar
Ein Kreis der friedlichen Bewohner ein.
Laut sprach die Freud auf ihrem Angesicht,
Und jedes Auge funkelte den Gruß
Des freundlichsten Willkommens. Süß erscholl
Die Flöte, von der Pauke tiefern Ton
Begleitet, und so mit Musik und Tanz
Ging unterm Laubdach manchen fremden Baums
Und unter jener Wunderweide Schirm,

Der unaufhörlich seiner Zweige Reih
Zum Mutterlande senkt und wieder wächst
Und stundenlange Schattengänge zieht,
Mit stetem Jubelton der frohe Zug
Zum Sitz der Gastfreiheit, zur Hütte, fort,
Worin der Insel Haupt, Ereti, saß.
Die Silberlocken spieleten dem Greis
Um seine Schläfe; Feuer strahlte noch
Aus hellem Blick, und Kraft und Stärke wies
Im Alter noch sein nervenvoller Arm.

Seid mir gegrüßt, ihr Fremdlinge! (so floß
In seiner Sprache sanften Lauten jetzt
Des Greises Rede hin) seid uns gegrüßt!
Bewohner einer andern Welt! Seid ihr,
Geleitet von dem Geist der Menschlichkeit,
In Frieden angeschwommen an dies Land:
So findet ihr hier Brüder! Alles steht
Zu eurem Wink, und den geheimsten Wunsch
Kann die Natur euch hier befriedigen.

Er sprachs; und augenblicklich nahten sich
Der schönsten Mädchen sechs, so schön, wie kaum
Des Europäers Phantasie sie träumt.
Sie waren nackt, nur daß ein leicht Gewand
Um dunkelblau bemalte Lenden floß.
Ihr schalkhaft Auge, güldner Pfeile voll
Der unverstellten Liebe, lächelte,
Des Siegs bewußt, den weißen Männern zu.
Sie breiteten vor ihren Sitzen hin
Den Teppich aus, und schnell war er bedeckt
Mit Cokos und der Frucht gewachsnen Brods,
Die, Anson, dich auf Tinian erquickt;
Mit manchen andern Wunderfrüchten; selbst
Mit jener Nahrung, die die reifre Kunst
Aus des Geflügels und der Fische Reich
Bereitete. Hierzu den lautern Trank
Des Perlenquells, der von den Felsen schoß,
In Cokos-Schalen dargereichet. Scherz
Und heitres Lachen süßer Fröhlichkeit
Umflatterte das Gastmahl. Die Musik
Ward schmelzender, und lockender als sonst

Der nackten Nymphen Tanz. Sie fingen an,
Im lichten Reigen fortzuschweben, nach dem Takt
Der Flöten und der Kastagnetten Schall
Aus Perlenmuscheln, alle gleich geziert
Mit kleinen Hüten, die ein Blumenkranz
Umgürtete, den Schäferinnen gleich
In dir, Arkadien! Zufrieden sah
Von Rosenwolken auf das Brudervolk
Die schlaue Venus nieder und, gereizt
Von gleichen Sympathien, küßte sich
Der Tauben Paar, das ihren Wagen zog.

Wie schnell entflohn die heitern Tage so
Den Schiffern, die so lang in der Gefahr
Der Stürme, mit des Mangels Last beschwert,
Auf unwirtbarer See geschwebt! Wohin
Ihr Auge blickte, sah es Reizungen
Der schöpfrischen Natur. Hier türmte sich
Ein steiler Berg empor, vom Fuß zur Höh
Voll Waldes, daß er Pyramiden gleich
Und wie umwunden von Girlanden stand.
Dort öffnete der wonnereiche Schoß
In bunter Pracht das blumenvolle Tal
Und hallte wider von dem Liebesruf
Vertrauter Turteltauben, deren Hals
Im schönsten Grün sich spiegelte. Der Bach
Floß silberhell in Schlangenkrummen fort
Durch duftende Gefilde. Brausender
Fiel dort ein andrer von dem schroffen Fels
Und ward zu Wasserstaub, in welchem sich
Des Regenbogens Farben bilderten.
Das schönste Land! Vom schönsten Himmel noch
Umschlossen! Und vom schönsten Volk bewohnt!
Dem Seemann wars ein Paradies! Nun kam
Dem Siechen wieder Farb ins Angesicht
Und Munterkeit ins Herz und Kraft ins Blut.
Im Schatten jedes hohen Cokosbaums,
An jedem Silberquelle saß vermischt
Der Weiße mit dem Wilden; und der Schall
Der Hymenäenflöten tönete
Auf jeder Au, in jedem frischen Hain.

Und dennoch konntest du, blutdürstge Brut
Der mördrischen Europa, das Recht
Der heilgen Gastfreiheit (dir unbekannt!)
Nur wenig Tag erfüllen! Grausam fuhr
Dein Pulverdonner und dein blanker Stahl,
Entehrt in niedriger Barbaren Faust,
Durch deiner neuen Freunde nackte Brust!
Voll Zürnens weinete Ereti laut,
Mit ihm sein harmlos Volk, bis Schmeichelei
Verstellter Freundlichkeit und manch Geschenk
Vom Europäerland die Zürnenden
Besänftigt hatte. Damals kam ans Schiff,
Das seinen Anker schon dem Meer entwandt,
Ereti. An der Rechten ging ihm stolz
Ein edler Jüngling. Dieser (hob er an)
Will, Führer dieses mächtgen Schiffes, dich
Begleiten! Aoturu nennet ihn
Sein Fürstenstamm; nimm ihn als Zeugen mit,
Daß dich Tayti schätzt, obgleich dein Volk
So edel nicht war als du, edler Mann!

Ereti sprachs, als mit zerstreutem Haar
Und wildem Blick der Insel Schönste sich
Zu Aoturu dränget; um den Hals
Ihm zärtlich fällt, und so mit Tränen ruft:
Wohin, mein Aoturu, reißet dich
Dein feindliches Geschick? Willst du der Wut
Der Wellen dich, der Weißen Falschheit dich
Vertraun? O welchen Wunsch ließ unerfüllt
Dein Mutterland? Was sucht, was hoffet noch
Dein brausend Herz? Was willst du sehn, so nicht
Dein Blick schon schöner sah? Komm in den Arm
Der Liebenden zurück! Opoa ruft
Zurück dich in den liebevollen Arm!

So strömte sanft ihr qualenvolles Herz
In Klagen aus. Mit starrem, trübem Blick
Betrachtete sie Aoturu. Kaum bemerkt
Opoa neuen Strahl von Hoffnungen,
Als unvermerkt sie mit der schönen Hand
Die letzte Hülle von den Hüften strich

John Webber: Eine junge Frau von Hawaii
(1778, Zeichnung)

Und nackend[4], wie im Bade Venus steht,
Mit jeder Schönheit Siegesreiz geschmückt
Vor Aoturu trat. Blaß und bestürzt
Warf der betroffne Jüngling wild sein Aug
Auf ihre Reize. Zwischen Lieb und Furcht
Wankt sein Entschluß. Jedoch der Flammentrieb
Nach Ruhm, nach andern Welten entfacht aufs neu
Die wagenden Gedanken auf. Bewegt
Riß er zwei stolze Perlen aus dem Ohr,
Gab sie der Weinenden mit einem Kuß
Und sagte zitternd: Edles Mädchen, laß
Mich diese Fremdlinge begleiten! Laß
Mich, deiner würdiger, mit größerm Geist,
Mit weiterm Herzen wiederkehren! Dein
bleib ich auf ewig. Mein bleibt ewig auch
Opoa! Weine nicht und laß mich fliehn!

John Webber: Eine junge Frau von Hawaii
(Stich von J. K. Sherwin, 1784)

Er wand aus ihrem holden Arm sich los,
Und traurig schweigend nahm Ereti sie
An freundschaftliche Hand und leitete
Sie unter Tränen mit sich in sein Boot
Und eilete nach dem Gestade zu.
Hier stand die Schar des liebenswürdgen Volks
Und rief gerührt das letzte Lebewohl
Den Weißen zu. Der laute Widerhall
Rief es zurück vom Hain und Tal und Fels,
Bis jetzt das mächtge Schiff den Anker hob
Und seinen Weg zu fernern Meeren nahm.

Indes vom Ufer ab das Segel fliegt
Und hinter sich die grünen Küsten läßt,
Saß an dem hohen Katarakt, von dem
Der wilde Strom lautdonnernd niederschoß,
Auf einem Felsen mit umwölkter Stirn

Taytis Schutzgeist. Zu dem dumpfen Schall
Hinstürzender Gewässer mischt er so
Die schweren Seufzer der empörten Brust.

O einst so selig Volk, das die Natur
Vor europäischer Erobrungssucht
Und der Verheerer heißen Durst nach Gold
In ferner unbekannter Meere Schoß
So mütterlich verbarg! Wie heiter floß
Dein Leben hin! So heiter wie die Luft,
Die ambrahauchend unser Haupt umwölbt;
So ungetrübt wie jener Silberquell,
Der, Wohllaut murmelnd, sich ins Meer ergießt!
Doch ach! der güldnen Jahre lange Reih
Ist allzu schnell entflohn! Der Donnersturm
Hängt schon in schwarzen Wolken über dir,
Bald unverkündigt, unvorhergesehn
Strahlschießend loszubrechen und dein Glück
Auf ewig zu verwüsten! Und hat nicht
Der Tiger schon die blutge Klau gezeigt?
Hat ihres Feuerrohres Donnerstrahl
Der Meinen Brust nicht schon durchbohrt?
Schwebt nicht
Dort Aoturu auf der wilden See?
Getrennt von seinem Mutterland, getrennt
Von seiner jammernden Geliebten, tief
Vom süßen Gift berauscht, der Laster Gift,
Des er zu viel nur trank im Schwindelgeist
Der törichten Bewundrung falschen Volks?
Unglücklich Land! Bald wird der Segelflug
Der Europäer wiederkehren! Trug und Mord
Wird unverhohlner wüten! Tränend wird
Schuldlose Freiheit fliehen und mit ihr
Der Sitten Gleichheit und des Eigentums
Erquickende Gemeinschaft! Tyrannei
Wird dich beherrschen! Eine finstre Schar
Von Vorurteilen schwärmt dann über dir,
Und Priesterfurcht und Aberglaube wird
Die Freuden dir vergiften, so die Gunst
Des Schicksals über dich so reichlich goß!
Noch glücklich, wenn nicht selbst der Seuche Glut

Europens Brandmark wilder Ausschweifung
Auf ewig dich verpestet! Glücklich noch,
Wenn deine Jünglinge nicht, fortgeschleppt
In ferne Zonen, deinen Räubern Gold
Tief aus der Bergkluft scharren müssen, wenn,
Gesengt von heißer Mittagssonne Strahl,
Nicht Barbarei sie zwingt mit blutgem Schweiß
Für sie der Zuckerpflanze Süßigkeit
Im tiefsten bittern Elend auszuziehn;
Sie selbst auf ewig arm, auf immerdar
Der Sklavenkette, der Verzweiflung Raub!

So jammerte Taytis Genius
Am lauten Wasserfall, bis seinem Blick
Der Europäer Segel sich entzog
Und an des Meeres letztem Saum verschwand.

GEORG FORSTER

Die Tänzerin Teinamai von Raietea

(1773/1784)

Nachmittags kam *U-Uru*, der König von *Raietea,* nebst *Orea* und verschiednen Damen ans Schiff, um Kapitän *Cook* zu besuchen. Er brachte ein Schwein zum Geschenk mit und erhielt dagegen allerhand europäische Waren. Unter den Frauenzimmern, die ihn begleiteten, war auch die Tänzerin, deren schöne Farbe wir so sehr bewundert hatten. Sie hieß *Teina* oder *Teinamai,* und die gewöhnliche Kleidung, in welcher sie jetzt erschien, stand ihr ungleich besser als der schwerfällige theatralische Habit. Ihr langes unverschnittnes Haar war mit einem schmalen Streif weißen Zeuges nachlässig durchflochten und fiel in natürliche Locken, schöner als die Phantasie

William Hodges: Die Tänzerin Teinamai von Raietea
(1773, Zeichnung)

eines Malers solche je geformt hat. Ihre Augen blickten voll Feuer und Ausdruck aus dem rundlichen Gesicht hervor, über welches ein angenehmes Lächeln verbreitet war. Herr *Hodges* suchte sie bei dieser Gelegenheit abzuzeichnen, ihre Lebhaftigkeit und Flüchtigkeit aber machten es ihm ungemein schwer, ja fast unmöglich. Dies ist auch wahrscheinlicherweise die Ursache, weshalb es ihm mit diesem Bildnis, welches sich in Kapitän *Cooks* eigner Nachricht von gegenwärtiger Reise befindet, nicht so gut als sonst hat glücken wollen. So meisterhaft dasselbe auch von Herrn *Sherwin* in Kupfer gestochen ist, so bleibt es dennoch unendlich weit unter der Delikatesse des reizenden Originals. Fehlt ihm indessen gleich die Ähnlichkeit mit der Person, die es eigentlich vorstellen soll, so kann man es doch als eine Probe von der gewöhnlichen Gesichtsbildung dieser und der benachbarten Insulaner gelten lassen. (...) Gegen Untergang der Sonne gingen unsre vornehmen Gäste, mit der genossnen Aufnahme ungemein zufrieden, allerseits wieder ans Land; von dem gemeinen Volk hingegen blieb eine Menge Frauenspersonen im Schiffe und bezeigte sich gegen die Matrosen ebenso gefällig als die *Tahiti*schen Mädchen.

William Hodges: Die Tänzerin Teinamai von Raietea
(Stich von J. K. Sherwin, 1777)

Tahitierin (Paul Gauguin zugeschrieben, 1891)

HERMAN MELVILLE

Die schöne Nymphe Fayaway

(1846)

Zu den dauernden Bewohnern der Hütte gehörten auch mehrere liebliche junge Mädchen, die, statt auf dem Klavier herumzuhämmern und Romane zu lesen wie gebildete junge Damen, eine feine Tapaart herstellten; meist aber liefen sie von Haus zu Haus, besuchten einander und schwatzten mit ihren Bekannten.

Der schönen Nymphe Fayaway, die mein erklärter Liebling war, gebührt ein besonderer Platz. Ihre biegsame Gestalt war der Inbegriff weiblicher Schönheit und Anmut. Ihr Teint war dunkelolivfarben, und wenn ihre Wangen glühten, hätte ich schwören mögen, daß unter der durchsichtigen Haut ein zartes Scharlachrot schimmerte. Das rundlich-ovale Gesicht war in jedem einzelnen Zug so vollendet gebildet, wie es sich das Herz oder die Phantasie eines Mannes nur wünschen kann. Wenn sich ihre vollen Lippen zu einem Lächeln öffneten, zeigten sie blendend weiße Zähne, und wenn sich ihr rosiger Mund in einem Heiterkeitsausbruch weit auftat, sahen sie aus wie die milchweißen Samen der »arta«, einer Frucht des Tales, bei der, wenn man sie spaltet, zwei Reihen Kerne in dem saftigen Fruchtfleisch eingebettet liegen. Ihr dunkelbraunes Haar war in der Mitte unregelmäßig gescheitelt und floß in natürlichen Locken über die Schultern, und sooft sie sich neigte, fiel es über ihren lieblichen Busen und verhüllte ihn. Schaute man ihr tief in die merkwürdigen blauen Augen, wenn sie gerade in einer nachdenklichen Stimmung war, dann schienen sie sanft, aber unergründlich zu sein; wurden sie durch ein lebhaftes Gefühl erleuchtet, strahlten sie den Betrachter wie Sterne an. Fayaways Hände waren weich und zart wie die einer Gräfin; denn als Mädchen und auch noch als junge Frau ist man im Taipital von jeder schweren körperlichen Arbeit befreit. Ihre bloßen Füße waren so winzig und schön geformt, wie man sie unter den Rocksäumen einer Dame aus Lima hervorschauen sieht. Die Haut dieses jungen Geschöpfes war durch häufiges Baden und den Gebrauch milder Salben unvorstellbar glatt und weich.

Vielleicht gelingt es mir, einzelne Züge von Fayaways Schönheit zu treffen, die ganze Lieblichkeit ihrer Erscheinung, zu der sie alle beitrugen, versuche ich gar nicht erst zu schildern. Die ungezwungene Anmut eines Naturkindes, das seit der Kindheit die Luft eines ewigen Sommers atmete und sich von den einfachen Früchten der Erde nährte, das sorglos und fern von allen schädlichen Einflüssen lebte, läßt sich in ihrer Wirkung auf den Betrachter nicht wiedergeben. Dieses Bildnis ist keine Skizze der Phantasie; es ist nach den allerlebendigsten Erinnerungen an die dargestellte Person gezeichnet.

Sollte man mich fragen, ob die schöne Gestalt Fayaways vollkommen frei von dem häßlichen Makel der Tätowierung war, müßte ich mit Nein antworten. Aber die Meister dieser barbarischen Kunst, die so erbarmungslos die sehnigen Glieder der Krieger schinden, sind sich anscheinend bewußt, daß es nicht ihrer Kunst bedarf, um die Reize der Mädchen des Tales zu erhöhen.

Das weibliche Geschlecht zeigt nur wenig Verschönerungen dieser Art, und Fayaway und ihre Altersgenossinnen noch weniger als die Frauen in vorgerückteren Jahren. Den Grund für diese Eigentümlichkeit werde ich später erwähnen. Die ganze Tätowierung, die diese Nymphe an ihrer Person zur Schau trug, läßt sich leicht beschreiben. Drei winzige Pünktchen, nicht größer als Nadelköpfe, schmückten jede Lippe und waren schon in geringer Entfernung überhaupt nicht zu sehen. Auf die Rundung der Schulter waren zwei parallele Linien von etwa drei Zoll Länge gezeichnet, den Raum zwischen ihnen, der vielleicht einen halben Zoll betrug, deckten zart ausgeführte Figuren. Diese schmalen tätowierten Bänder auf der Schulter erinnerten mich immer an die Goldlitzenstreifen, die Offiziere in Zivil tragen und die statt der Epauletten den Rang anzeigen.

Das war Fayaways Tätowierung – die kühne Hand, die ihre entweihende Arbeit bis dahin geführt hatte, hörte auf, weil sie offenbar nicht wagte, sie fortzusetzen.

Doch ich habe noch nicht das Kleid beschrieben, das die Nymphe des Tales trug. Fayaway – das muß ich zugeben – hielt sich meist an die ursprüngliche Sommermode des Paradieses.

Aber wie gut stand ihr das Kostüm. Es zeigte ihre feine Gestalt sehr vorteilhaft, und nichts konnte für ihren Schönheitstyp besser passen. Für gewöhnlich war sie genauso gekleidet wie die beiden jungen Wilden, die wir bei unserer Ankunft im Tal gesehen hatten. Zuweilen, wenn sie in den Wäldern herumstreifte, trug sie einen Rock aus weißer Tapa, der ihr von der Taille bis etwas über die Knie reichte, und wenn sie lange in der Sonne war, schützte sie sich vor den Strahlen durch einen weiten Mantel aus demselben Stoff, den sie lose umhing. Ihr Festgewand werde ich später beschreiben.

Wie die Schönen unseres eigenen Landes gern phantastische Geschmeide tragen, das sie in die Ohren hängen, um den Hals oder die Arme legen, so schmückten sich auch Fayaway und ihre Gefährtinnen gern.

Flora war ihr Juwelier. Manchmal trugen sie Halsbänder aus kleinen roten Nelken, die wie Rubine auf eine Tapafaser gefädelt waren, oder eine einzelne weiße Knospe, deren Stiel sie nach hinten durchs Ohrläppchen steckten, so daß die zarten Blütenblätter nach vorne kamen, die, kugelrund zusammengefaltet, wie eine makellose Perle aussahen. Auch Kränze setzten sie sich oft auf die Stirn, die aus Blättern und Blüten so gewunden waren, daß sie der Erdbeerkrone glichen, die von der Gemahlin eines englischen Pairs getragen wird, und häufig sah man Armbänder und Fußreifen in demselben geschmackvollen Muster. Die jungen Mädchen der Insel liebten die Blumen leidenschaftlich und wurden nie müde, sich damit zu schmücken, ein liebenswerter Charakterzug, von dem wir bald noch ausführlicher reden werden.

Wenn auch Fayaway, zumindest in meinen Augen, unbestreitbar das lieblichste Mädchen war, das ich in Taipi sah, trifft diese Beschreibung doch bis zu einem gewissen Grade auf alle jugendlichen Vertreterinnen ihres Geschlechts im Tal zu. Urteile also selbst, lieber Leser, was für schöne Geschöpfe sie gewesen sein müssen.

WILLIAM SOMERSET MAUGHAM

Der Teich

(1921)

Erst vor kurzem von England abgereist, um in der Filiale einer englischen Bank zu arbeiten, war er in Samoa zu Beginn der trockenen Jahreszeit angekommen und hatte sich im Hotel ein Zimmer genommen. Schnell machte er die Bekanntschaft von allen und allem. Das Leben auf der Insel ist angenehm und bequem. Er genoß die langen, müßigen Gespräche im Vestibül des Hotels und die heiteren Abende im englischen Klub, wo er mit einigen jungen Leuten Billard spielte. Auf seinen Wanderungen am Rande der Lagune erwachte seine Liebe zu Apia mit all den Läden und Bungalows und den Eingeborenendörfern. Oft ritt er über das Wochenende zu irgendeinem Pflanzer und verbrachte ein paar Nächte in den Bergen. Nie zuvor hatte er Freiheit oder Muße gekannt. Und die Sonne berauschte ihn vollends. Beim Ritt durch den Busch schwindelte ihm der Kopf angesichts der Schönheit ringsum. Das Land war unbeschreiblich fruchtbar. Es gab Gebiete in den Wäldern, die noch nie betreten worden waren. Sie bestanden aus einem fast undurchdringlichen Gewirr seltsamer Bäume, üppigem Unterholz und wilden Ranken. Hier hindurchzureiten, war geheimnisvoll und betörend.

Aber die Stelle, die ihn am meisten bezauberte, war ein Teich, ein bis zwei Meilen von Apia entfernt, zu dem er sich oft des Abends begab, um dort zu baden. Ein kleiner Fluß war da, der in raschem Lauf über die Steine plätscherte und, nachdem er eine tiefe, teichartige Erweiterung gebildet hatte, seicht und kristallen weiterfloß, vorbei an einer Furt, wo große Steine lagen und wohin die Eingeborenen kamen, um zu baden oder ihre Kleider zu waschen. Die Kokospalmen mit ihrer leichtfertigen Eleganz wuchsen dicht bis ans Ufer und spiegelten sich, umwachsen von Schlingpflanzen, in den grünen Wassern. Es war eine Landschaft, der man auch irgendwo in Devonshire begegnen konnte, und doch unterschied sie sich durch einen tropischen Reichtum, eine Leidenschaft, einen schmachtenden Duft von allem, was man sonstwo sehen kann, und griff einem ans Herz. Das Wasser war frisch, aber nicht kalt, und köstlich nach der Hitze des Tages. Dort zu baden, erquickte nicht nur den Leib, sondern auch die Seele.

Zu der Stunde, die Lawson für sein Bad wählte, war kein Mensch weit und breit dort, und er säumte lange; bald müßig im Wasser liegend, bald am Ufer, um sich von der Abendsonne trocknen zu lassen, erfreute er sich der Einsamkeit und der freundlichen Stille. Damals vermißte er London nicht und ebensowenig das Leben, das er verlassen hatte, denn das Dasein, das er hier führte, war vollkommen und über alle Maßen köstlich.

Hier war es, wo er Ethel zum ersten Male sah.

Da das monatliche Postboot am nächsten Tage abfuhr, hatte er Briefe zu schreiben und ritt deshalb eines Abends später als sonst an den Teich. Das Licht war bereits im Schwinden. Er machte das Pferd fest und wanderte hinunter zum Ufer. Ein Mädchen saß da. Sie schaute sich um, als er kam, und glitt lautlos ins Wasser. Wie eine durch das Erscheinen eines Sterblichen erschreckte Najade[1] verschwand sie. Er war überrascht und belustigt. Schließlich fragte er sich, wo sie sich wohl verbergen mochte. Er schwamm mit der Strömung und sah sie bald auf einem Felsen sitzen. Sie schaute ihn ohne Neugier an. Auf samoanisch rief er ihr einen Gruß zu. »*Talofa!*«

Sie antwortete ihm, lächelte plötzlich und tauchte rasch wieder ins Wasser. Sie schwamm geübt, und ihr Haar wallte hinter ihr her. Er schaute ihr zu, wie sie den Teich überquerte und ans Ufer kletterte. Wie alle Eingeborenen badete sie im landesüblichen Kittelkleid, das jetzt durch die Nässe eng an ihrem schlanken Körper klebte. Sie wrang ihr Haar aus, und als sie dort ganz unbekümmert stand, glich sie mehr denn je einem wilden Geschöpf des Wassers oder der Wälder. Jetzt sah er, daß sie ein Mischling war. Er schwamm zu ihr hinüber und sprach sie, als er aus dem Wasser kam, auf englisch an.

»Ein bißchen spät zum Schwimmen.«

Sie warf das Haar zurück, das sich sogleich in üppigen Locken über ihre Schultern ausbreitete.

»Ich bin gerne allein«, sagte sie.

»Ich auch.«

N. Maurin: Königin der Karolinen (Lithographie von Villain, 1839)

Sie lachte mit der kindlichen Offenheit der Eingeborenen. Rasch stülpte sie sich ein trockenes Kleid über den Kopf, zog das nasse herunter und trat heraus. Dann wand sie es aus und machte sich zum Gehen bereit. Einen Augenblick lang zögerte sie unentschlossen, dann schlenderte sie fort. Plötzlich wurde es Nacht.

Lawson ging ins Hotel zurück. Nachdem er sie den Männern, die im Vestibül um Drinks würfelten, beschrieben hatte, wußte er bald, wer sie war. Ihr Vater, ein Norweger namens Brevald, wurde oft in der Bar des Hotels Metropole gesehen, wo er Rum mit Wasser trank. Der kleine Mann, jetzt knotig und knorrig wie ein alter Baum, war vor vierzig Jahren als Maat eines Segelschiffes auf die Inseln gekommen. Als Schmied, Händler und Pflanzer hatte er sein Leben verdient, und eine Zeitlang war es ihm sehr gut gegangen. Doch durch den großen Wirbelsturm in den neunziger Jahren ruiniert, besaß er jetzt außer einer kleinen Plantage von Kokospalmen nichts mehr. Er hatte vier eingeborene Frauen und, wie er einem mit einem gesprungenen Kichern sagte, mehr Kinder, als er zählen konnte. Aber einige waren gestorben, einige in die Welt hinausgezogen, so daß nur mehr eine bei ihm im Hause lebte, und das war Ethel.

»Sie ist ein Prachtstück«, sagte Nelson, der Superkargo der »Moana«. »Ich habe ihr schon ein paarmal Augen gemacht, aber ich glaube, da ist nichts zu wollen.«

»Der alte Brevald ist kein Dummkopf, mein Lieber«, warf ein anderer namens Miller ein. »Was er braucht, ist ein Schwiegersohn, der imstande ist, ihn sein Lebtag lang zu erhalten.«

Lawson empfand es peinigend, daß sie auf solche Art von dem Mädchen sprachen. Er machte eine Bemerkung uber die abgehende Post und lenkte damit das Gespräch auf ein anderes Thema. Aber am nächsten Abend ging er wieder zum Teich. Ethel war da; und das Mysterium des Sonnenunterganges, die tiefe Stille des Wassers, die geschmeidige Grazie der Kokospalmen verliehen ihr als Rahmen für ihre Schönheit einen solchen Zauber, daß sein Herz in unbekannter Erregung heftig schlug. Aus irgendeinem Grund hatte er die Laune, dieses Mal nicht mit ihr zu sprechen. Sie nahm keine Notiz von ihm. Keinen einzigen Blick warf sie in seine Richtung. Sie schwamm durch den grünen Teich, tauchte und ruhte am Ufer, als wäre sie völlig allein. Er hatte das seltsame Gefühl, unsichtbar zu sein. Halbvergessene Gedichtzeilen fluteten ihm ins Gedächtnis und undeutliche Erinnerungen an die Griechen, die er in seiner Schulzeit flüchtig studiert hatte. Nachdem sie das feuchte Kleid mit einem trockenen vertauscht hatte und weggegangen war, fand er eine scharlachrote Hibiskusblüte an der Stelle, wo sie gestanden hatte. Es war die Blume, die sie beim Herkommen im Haar getragen, vor dem Bade abgelegt und nun entweder vergessen hatte oder nicht mehr anstecken wollte. Er hob sie auf, schaute sie mit einer einzigartigen Erregung an und verspürte den Wunsch, sie mitzunehmen. Aber diese Sentimentalität ärgerte ihn, und er warf sie fort. Als er sie stromabwärts verschwinden sah, fühlte er einen kleinen Schmerz.

Er dachte darüber nach, welch seltsamer Zug ihrer Natur es wohl sein mochte, der sie zwang, zu einer Stunde an diesen verborgenen Teich zu kommen, da es unwahrscheinlich war, einer lebenden Seele zu begegnen. Die Eingeborenen der Insel lieben das Wasser; sie baden hier und dort jeden Tag bestimmt einmal, meist auch öfter. Aber sie baden in lachenden, fröhlichen Gruppen, gewöhnlich ganze Familien zusammen. Oft sah man junge Mädchen, gesprenkelt von der Sonne, die durch die Bäume schien, auch Mischlinge darunter, an den seichten Stellen des Flusses planschen. Es war, als berge dieser Teich ein Geheimnis, das Ethel gegen ihren Willen immer wieder anzog.

Nun war es Nacht, alles schwieg wie verzaubert; er ließ sich sanft ins Wasser gleiten, um kein Geräusch zu machen, und schwamm träge in der warmen Dunkelheit. Der Teich schien noch nach ihrem samtenen Körper zu duften. Dann ritt er unter dem ausgestirnten Himmel zur Stadt zurück. Er fühlte sich in Frieden mit der Welt.

Von nun an ging er jeden Abend zum Teich, und jeden Abend sah er Ethel. Nach und nach konnte er ihre Schüchternheit besiegen. Sie wurde heiter und freundlich. Oft saßen sie beisammen auf den Felsen über dem Teich, wo das Wasser rasch dahinfloß, oder sie lagen Seite an Seite auf dem überhängenden Rand und beobachteten, wie die zunehmende Dämmerung den Teich geheimnisvoll umhüllte. Es war unvermeidlich, daß über ihre Zusammenkünfte gesprochen wurde – in der Südsee weiß jeder alles von allen –, und bei den Männern im Hotel wurde er zum Gegenstand vieler rüder

Scherze. Er lächelte dazu und ließ sie reden. Es stand nicht einmal dafür, ihren groben Vermutungen entgegenzutreten. Seine Gefühle waren rein. Er liebte Ethel, wie ein Dichter wohl den Mond liebt. Er dachte an sie nicht wie an eine Frau, sondern wie an etwas, das nicht von dieser Welt ist. Sie war der Geist des Teiches.

Erich Scheurmann: Samoanerin (1914)

ERICH SCHEUERMANN

Vollblut aus edlem Stamme

(1914/1929)

Nun wählte ich mir ein Kind der Inseln, Mauta, Vollblut aus edlem Stamme. Sie sprengte fast den Rahmen meiner Leinewand mit ihrer mächtigen Gestalt und bot vielerlei farbige Reize. Ihre schwarzen offenen Haare lagen wie eine schwere Wolke um ihr Rassegesicht mit den geblähten Nüstern und den moorschwarzen Augen. Gleich einem Lichtgebilde schwebte in dem Gewölke eine handgroße schwefelgelbe Orchidee. Ein dicker Strang taubengrauer Meermuscheln hing herab bis tief auf die festen jungen Brüste.

Anmerkungen und Quellenangaben zu den Texten und Abbildungen

Vorwort

1 Vgl. Emir Rodríguez Monegal (Hrsg.), Die Neue Welt – Chroniken Lateinamerikas von Kolumbus bis zu den Unabhängigkeitskriegen, Frankfurt a. M. 1982, Suhrkamp Verlag, S. 44
2 Vgl. Darcy Ribeiro, Der zivilisatorische Prozeß, Frankfurt a. M. 1983, suhrkamp taschenbuch wissenschaft, S. 205
3 Vgl. Derek Freeman, Margaret Mead and Samoa, Cambridge (Mass.) und London 1983, Harvard University Press
4 Siehe Anm. 1, S. 77
5 Lawrence Marsden Price, Inkle and Yarico album, Berkely 1937, University of California Press, S. 139ff.
6 »Ich habe angefangen, die Geschichte von Inkle und Yariko fürs Theater zu bearbeiten, aber soviel Schwierigkeiten gefunden...« (Goethe 1766). In: Ernst Beutler, Essays um Goethe, Leipzig 1941, Dieterich'sche Verlagsbuchhandlung, Bd. 1, S. 383f.
7 Karl von Eckartshausen, Fernando und Yariko – Ein Singspiel in drey Aufzügen, München 1784, S. 95
8 Johann Jakob Bodmer, Inkel und Yariko. In: Salomon Geßners sämtliche Schriften, 2. Band, Leipzig 1841, Verlag Friedrich Fleischer, S. 139
9 Camillo von Klenze, Die Mythe vom edlen Indianer. In: Deutsche Literaturzeitung, Nr. 30, 26. Juli 1913, Spalte 1891
10 Bartolomé de Las Casas, Kurzgefaßter Bericht von der Verwüstung der Westindischen Länder, Frankfurt a. M. 1981, Insel Verlag, Nachwort H. M. Enzensberger, S. 144
11 Vgl. Martin Steins, Das Bild des Schwarzen in der europäischen Kolonialliteratur 1870–1918. Ein Beitrag zur literarischen Imagologie, Frankfurt a. M. 1972, Thesen Verlag, S. 55
12 Prosper Mérimée, Sämtliche Novellen (»Tamango«; 1829), München 1982, Winkler Verlag, S. 51
13 Basel 1926, Rhein-Verlag, S. 15
14 Vgl. Friedrich Wilhelm Sixel, Die deutsche Vorstellung vom Indianer in der ersten Hälfte des 16. Jahrhunderts. In: Annali del Pontificio Museo Missionario Ethnologico, Bd. 30, Vatikanstadt 1966, S. 209

15 Georg Forster, Sämtliche Schriften, Bd. 2, Reise um die Welt, 1. Teil, Hrsg. G. Steiner, Berlin 1965, Akademie Verlag, S. 226
16 Ebd., S. 278
17 Ebd., S. 277
18 Vgl. Hans Plischke, Insulaner aus der Südsee in Europa am Ende des 18. Jahrhunderts. In: Ethnologica, Bd. 2, Köln 1960, Kommissionsverlag, S. 94
19 George Keate, Nachrichten von den Pelew-Inseln in der Westgegend des Stillen Ozeans. Aus den Tagebüchern und mündlichen Nachrichten des Capitains Heinrich Wilson. Aus dem Englischen übersetzt von Georg Forster, Hamburg 1789, Verlag Benjamin Gottlob Hoffmann, S. 458
20 Ebd., S. 478
21 Leipzig 1792, Gräffsche Buchhandlung (anonym erschienen)
22 John Peareste Hockin, Bericht von den neuesten Reisen nach den Pelew-Inseln, besonders des Kapt. M'Cluers und seiner Gefährten. Als Nachtrag zu Keate's Nachricht von den Pelew-Inseln. Aus dem Englischen. Hrsg. Theophil Friedrich Ehrmann, Weimar 1805, Verlag Landes-Industrie-Comptoir, S.V (Die englische Ausgabe erschien 1803)
23 Ebd., S. 33
24 Tagebuch einer Entdeckungsreise nach der Südsee in den Jahren 1776 bis 1780, unter Anführung der Capitains Cook, Clerke, Gore und King. Eine Übersetzung nebst Anmerkungen von Johann Reinhold Forster, Berlin 1781, Verlag Haude und Spener, S. 236
25 Noch im selben Jahr erschien in Berlin dieser Reisebericht in deutscher Sprache (vgl. Anm. 24). Dem Kupferstecher gelang dabei eine nahezu ununterscheidbare Kopie des englischen Stichs, in: Journal of Captain Cook's Last Voyage to the Pacific Ocean, performed in the Years 1776, 1777, 1778, 1779. London 1781, printed by Newberry (Originaltitel des Frontispiz: Ounalaschkan Chief)

Angaben zu den Texten

Ältere Texte wurden der besseren Lesbarkeit wegen behutsam modernisiert. Neben der Zeichensetzung wurde vor allem die Schreibweise dem heutigen Stand angeglichen. In einigen Fällen wurde auch die Ausdrucksweise geändert (insonderheit = insbesondere, erösen = verwüsten, u. dgl. m.).
Sofern die Überschriften im folgenden Quellenverzeichnis mit einem Sternchen (*) versehen sind, stammen sie vom Herausgeber.

BARTOLOMÉ DES LAS CASAS
Die greuliche Tyrannei der Spanier in den indianischen Ländern* (1552). In: Las Casas: Newe Welt. Warhafftige Anzeigung der Hispa-

nier grewlichen, abscheulichen, und unmenschlichen Tyrannei von ihnen in den Indianischen Ländern, so gegen Nidergang der Sonnen gelegen, unnd die Newe Welt genennet wird, begangen. Ins Hochdeutsch durch einen Liebhaber des Vatterlands übergesetzt. Im Jahr 1599 (ohne Ortsangabe), S. 1-6, 27-31 (Originaltitel: Brevísima relación de la destruyción de las Indias; geschrieben 1542)

MICHEL DE MONTAIGNE

Von den Menschenfressern (1580). In: M. de Montaignes gesammelte Schriften, Hrsg. Otto Flake und Wilhelm Weigand, 2. Band Essays, 1. Buch, 30. Kapitel, S. 56, 61-64, 65f., 68-71, München 1908, Verlag Georg Müller

1) Villegaignon landete in Brasilien

RICHARD LIGON

Yarico* (1657). In: R. Ligon, A True and Exact History of the Island of Barbados, London 1657, S. 55. Übersetzt von Gerd Stein.

RICHARD STEELE

Die Geschichte von Inkle und Yarico* (1711). In: Der Zuschauer. Aus dem Engländischen übersetzet, Erster Theil, Zweyte verbesserte Auflage, Leipzig 1750, Verlag Breitkopf (übersetzt von Johann Christoph Gottsched, Luise Adelgund Victorie Gottsched u. a.), S. 49-54, Das 11. Stück (Original: The Spectator, Nr. 11, 13. März 1711, London, Hrsg. Joseph Addison)

1 »Die Matrone von Ephesus« ist ein Schwank römischen Ursprungs (Petronius), der vor allem im 18. Jahrhundert häufig dramatisiert wurde: Eine trauernde Witwe will absolut nicht mehr vom Grabe ihres gerade gestorbenen Gatten weichen und läßt sich dann doch unverhofft schnell mit einem Soldaten ein, der darüber seine Wächteraufgaben grob vernachlässigt, so daß ihm der zu bewachende Leichnam eines gehängten Räubers entwendet wird. Die Witwe beschafft ihm eine Ersatzleiche, nämlich ihren toten Mann, und rettet damit ihren neuen Liebhaber vor der Todesstrafe.
2 Richard Ligon: A True and Exact History of the Island of Barbados, London 1657, S. 55

CHRISTIAN FÜRCHTEGOTT GELLERT

Inkle und Yariko (1748). In: Gellerts Dichtungen, Hrsg. A. Schullerus, Leipzig, Wien 1891, Bibliographisches Institut, S. 16-18 (Fabeln und Erzählungen, 1. Buch)

1 Gesang der Nachtigall

CHRISTIAN FRIEDRICH DANIEL SCHUBART

Der sterbende Indianer an seinen Sohn (1774). In: Chr. Fr. D. Schubarts Gedichte. Historisch-kritische Ausgabe von Gustav Hauff, Leipzig o. J., Verlag Philipp Reclam jun., S. 361f.

LUDWIG TIECK

Alla-Moddin (1797). Ein Schauspiel in drei Aufzügen. In: Ludwig Tieck's Schriften, Bd. 11, S. 269-289, 358-368, Berlin 1829, Verlag G. Reimer (entstanden 1790/91)

1 Alla-Moddin hatte vor Gericht gegen haltlose Verdächtigungen sich durchsetzen können.

FRIEDRICH SCHILLER

Nadowessische Totenklage (1797). In: Schillers Werke, Band 1, S. 372f., Hrsg. Heinrich Kurz, Leipzig o. J. Bibliographisches Institut

JOHANN GOTTFRIED SEUME

Der Wilde (1800). In: J. G. Seume. Prosaische und poetische Werke, 5. Teil: Sämtliche Gedichte, Berlin o. J., Verlag Gustav Hempel, S. 59ff.

FRANÇOIS-RENÉ DE CHATEAUBRIAND

Atala (1801). Übersetzt von Friedrich Rückert. In: F. de Chateaubriand's ausgewählte Werke (Atala, Renè, Die Abenteuer des letzten Abencerragen), Leipzig o. J. (um 1880), Verlag Philipp Reclam jun., S. 7-33, 55-65, 68f.

1 Der ursprüngliche Name des Mississippi
2 Ein berühmter Würdenträger der katholischen Kirche aus Paris (1651–1715)
3 Die Götter der Indianer
4 Kriegsgott der Indianer
5 Ein indianisches Instrument

ADELBERT VON CHAMISSO

Der Stein der Mutter oder der Guahiba-Indianer (1828). In: Chamissos Werke in zwei Bänden, 1. Band (Gedichte u. a.), Berlin o. J., Globus Verlag, S. 276-279

1 Alexander von Humboldt erwähnt den betreffenden Stein im 7. Band seines Reiseberichts »Voyage aux régions équinoxiales du Nouveau Continent«, Paris 1805ff., S. 286

NIKOLAUS LENAU

Die drei Indianer (1834). In: N. Lenau, Sämtliche Werke in 4 Bänden, Bd. 1, S. 80f., Berlin o. J., Verlag A. Weichert

KARL MAY

Winnetou IV (1910). Auszug aus dem Roman »Winnetous Erben«, der in der ersten Ausgabe von 1910 »Winnetou IV« hieß, Bamberg 1960, Karl-May-Verlag, Karl Mays gesammelte Werke Bd. 33, S. 7-9, 47, 54f., 57-61, 64-67

1 Waldfriedhof

APHRA BEHN

Oroonoko oder die Geschichte des königlichen Sklaven (1688). Übersetzt von Christine Hoeppener, Frankfurt/M., 1966, Insel-Verlag (Originaltitel: The History of Oroonoko, or the Royal Slave; 1. deutsche Übersetzung: 1709) S. 5-17, 49-51, 52f., 55-58, 59f., 77-81, 82-86, 86f., 91f., 92f., 95f., 96f., 98-100.

KARL VON ECKARTSHAUSEN

Isogin und Celia, eine Geschichte von einem unserer schwarzen Brüder in Africa, von einem Mohren (1787). In: Hofrath v. Eckartshausen's Schriften, 5. Band, S. 72ff., Wien 1830, Verlag Haykul (»Isogin und Celia« ist das 2. Stück des Buches »Duldung und Menschenliebe. In rührenden Erzählungen. I. Theil«, München 1787, Verlag Leutner), S. 72-75, 77f., 79-82, 83f., 86-96, 97-99, 102-105, 106, 109

JOHANN GOTTFRIED HERDER

Neger-Idyllen (1797): Die Frucht am Baume, Die rechte Hand, Zimeo. In: Herders Werke, Hrsg. Heinrich Kurz, 4. Bd., S. 488f., 490, 492-495 (Briefe zur Beförderung der Humanität, 10. Sammlung, 114. Brief), Leipzig u. Wien o. J., Bibliographisches Institut

FERDINAND FREILIGRATH

Der Mohrenfürst (1833). In: F. Freiligraths sämtliche Werke. Neue illustrierte Ausgabe in zwei Bänden, Hrsg. R. v. Gottschall und J. Wiese, Band 1, S. 55f., Berlin o. J., Verlag Peter J. Oestergaard

1 Die Trompete der Neger

GOTTFRIED KELLER

Don Correa und Zambo-Maria* (1881). Auszug aus der Erzählung »Don Correa«, dem 11. Kapitel der Rahmenerzählung »Das Sinngedicht«. In: G. Keller, Sämtliche Werke, Bd. VII, S. 602-613, 631f., 632f., Berlin 1958, Aufbau-Verlag

RICHARD HÜLSENBECK

Afrika in Sicht. Ein Reisebericht über fremde Länder und abenteuerliche Menschen, Dresden 1928, Verlag Wolfgang Jess, S. 285f., 114f., 116f.

YVAN GOLL

Johann Ohneland an seinen schwarzen Bruder (1936). In: Y. Goll, Dichtungen, Hrsg. Claire Goll, Darmstadt 1960, Verlag Hermann Luchterhand, S. 622f., übersetzt aus dem Französischen von Lothar Klünner

PHILIBERT COMMERSON

Tahiti*. (Auszug aus einem Brief an den Astronomen Lalande, der 1769 im »Mercure de France«, S. 197ff. veröffentlicht wurde, als Bougainville seinen Bericht »Reise um die Welt« niederzuschreiben begann.) In: Louis-Antoine de Bougainville, Reise um die Welt, Hrsg. Klaus-Georg Popp, Stuttgart 1980, Parkland Verlag, S. 365-369, 371f. Übersetzt von Irene Wardega)

Abdruck mit freundlicher Genehmigung des Verlags Rütten & Loening, Berlin (DDR)

1 Aoturu (vgl. den folgenden Text von Bougainville)

2 Kythera: griechische Insel, auf der der Kult der Liebesgöttin Aphrodite begründet worden sein soll

LOUIS-ANTOINE DE BOUGAINVILLE

Tahiti und Aoturu* (1771). In: Bougainvilles, Reise um die Welt, welche mit der Fregatte la Boudeuse in den Jahren 1766, 1767, 1768 und 1769 gemacht worden. Aus dem Französischen, Leipzig 1772, bey Caspar Fritsch, S. 162-164, 172f., 174-176, 177-181, 183-185, 187-191

1 Aoturu starb auf der Rückreise bei Madagaskar auf dem Schiff »Mascarin« am 6. 11. 1771 an Pocken.

Tagebuch einer Entdeckungsreise

Der häßliche Omai*. In: Tagebuch einer Entdeckungs Reise nach der Südsee in den Jahren 1776 bis 1780, unter Anführung der Capitains Cook, Clerke, Gore und King. Nach der originellen Handschrift getreulich beschrieben. Eine Übersetzung nebst Anmerkungen von Johan Reinhold Forster, Berlin 1781, Verlag Haude und Spener, S. 3, 4f., 6-8

Omais Erzählungen

In: Omais, Freund und Reisegefährte des Kapitain Cook, Erzählungen und Berichte von seinen Reisen, Unternehmungen und Einrichtungen auf den Südseeinseln nebst charakteristischen Schilderungen von den Sitten, Gewohnheiten und Gebräuchen der Bewohner derselben. 3 Bände, Dresden und Leipzig 1792/1793, bey Carl Christian Richter, Bd. 1, S. 1f., 9f., 29f., 31f., 40-44, 46, 47 (Dieser fiktive Bericht erschien anonym.)

1 Ein berauschendes Getränk (Kava)

2 impfen

Interessante und rührende Geschichte des Prinzen Li-Bu, eines Eingebornen der Pelew-Inseln, vom Captain Wilson nach England gebracht. Nebst einer kurzen Erzählung von diesen Inseln und den Sitten der Einwohner. Aus dem Englischen. Mit Kupfern. Ein Weihnachtsgeschenk für die Jugend, Leipzig o. J. (1792), Gräffsche Buchhandlung. Seiten: Vorbericht (ohne Seitenzahlen), 111-116, 117, 118f. (Anonym erschienen)

OSTINDISCHE HANDELSGESELLSCHAFT (London)
Inschrift des Grabsteins für Li-Bu* (1785). In: Wilson's brittischen Schifskapitäns Reise nach den Pelju-Inseln. Ein gedrängter Auszug aus Keate's englichem Werke mit Anmerkungen und Zusätzen, Frankfurt und Leipzig 1793, S. 132

GEORGE KEATE
Nachrichten von den Pelew-Inseln in der Westgegend des Stillen Oceans. Aus den Tagebüchern und mündlichen Nachrichten des Capitains Heinrich (Henry) Wilson (1788). Aus dem Englischen übersetzt von Georg Forster, Hamburg 1789, Verlag Benjamin Gottlob Hoffmann, S. XI-XIII, 433-436, 437f., 440, 443-446. (Original: George Keate, An account of the Pelew-Islands..., London 1788)

FRIEDRICH WILHELM ZACHARIAE
Tayti oder Die glückliche Insel. In: F. W. Zachariae, Poetische Schriften, 4. Teil, S. 137-174, Carlsruhe 1778, Verlag Christian Gottlieb Schmieder
1 Banks und Solander begleiteten James Cook auf dessen erster Südseereise (1769–1771)
2 Zwei Pazifik-Inseln
3 Prinz von Nassau-Siegen begleitete mit königlicher Erlaubnis Bougainville
4 In Bougainvilles Bericht »Reise um die Welt« ist davon nicht die Rede. Es heißt dort nur: »Es befand sich ein junges, artiges Mädchen darunter, der unser Insulaner beim Abschied 3 Perlen, die er in den Ohren hatte, schenkte; er riß sich mit einem Kuß aus den Armen des weinenden Mädchens, seiner Braut oder seiner Liebsten, und stieg an Bord.« (Stuttgart 1980, Parkland Verlag, S. 197)

GEORG FORSTER
Die Tänzerin Teinamai von Raietea* (1784). In: G. Forster, Reise um die Welt, 1. Teil, S. 324f., Berlin 1965, Akademie-Verlag. (Das Werk erschien 1784; die Ausführungen über Teinamai von Raietea sind den Ereignissen des September 1773 zugeordnet.)

HERMAN MELVILLE
Die schöne Nymphe Fayaway* (1846). Auszug aus dem Roman »Taipi«, übersetzt von Ilse Hecht. Benziger Verlag, Zürich/Köln 1978, S. 106-108
Abdruck mit freundlicher Genehmigung der Dieterich'schen Verlagsbuchhandlung, Leipzig

WILLIAM SOMERSET MAUGHAM
Der Teich (1921). In: S. Maugham, Betörende Südsee. Übersetzt von Ilse Krämer, Zürich 1953, Verlag Die Arche, S. 160-165 (Auszug)
Abdruck mit freundlicher Genehmigung des Arche Verlags, Zürich
1 Nymphe

ERICH SCHEURMANN
Vollblut aus edlem Stamme*. In: E. Scheurmann, In Menschenspuren um die Welt. Ein Buch der Sehnsucht und der Erfüllung (Reihe: »Männer der Wildnis«), Berlin 1929, Brunnen-Verlag, Karl Winckler, S. 152
Abdruck mit freundlicher Genehmigung des Tanner + Staehelin Verlags, Waserstr. 16, CH-8029 Zürich

Angaben zu den Abbildungen

Titelbild: Ein Anführer von Unalashka (anonymer Stich, 1781, Aus: Tagebuch einer Entdeckungsreise nach der Südsee in den Jahren 1776 bis 1780, unter Anführung der Capitains Cook, Clerke, Gore und King. Eine Übersetzung nebst Anmerkungen von Johan Reinhold Forster, Berlin 1781, Verlag Haude und Spener. Frontispiz (Unalashka-Inseln: ca 50° nördlicher Breite im Pazifik)
S. 30: Aus: S. Münster, Cosmographiae Universalis Libri IV, Basel 1554, S. 1099
S. 48: Aus: Guillaume-Thomas Raynal, Histoire philosophique et politique des établissements et du commerce des Européens dans les deux Indes, Genf 1780, Verlag J. L. Pellet, 7. Band, Frontispiz
S. 90 u. 105: Aus: François-René Chateaubriand, Atala, Paris 1805, Le Normant, S. 50, 94
S. 123: Aus: Ferdinand Freiligraths sämtliche Werke. Neue illustrierte Ausgabe in zwei Bänden, Berlin o. J., Verlag Peter J. Oestergaard, 2 Bd., S. 345
S. 130: Archiv für Kunst und Geschichte, Berlin
S. 176: Aus: John Gabriel Stedman, Narrative of a Five Year's Expedition against the Revolted Negroes of Surinam in Guiana, London 1796, Bd. 2, Tafel 68. Bildarchiv Preußischer Kulturbesitz, Berlin
S. 196: Aus: A Journal of a Voyage to the South Seas, faithfully transcribed from the Papers of the late Sydney Parkinson, Draughtsman to Joseph Banks, London 1773, S. 91, Tafel XVI. (Originaltitel: The Head of a Chief of New Zealand, the face curiously tatared, or snark'd, according to their Manner)
S. 216: Aus: The Journals of Captain James Cook on his Voyages of Discovery, Cambridge 1969, University Press, S. 224 h
S. 207, 212 u. 251: Aus: A Voyage to the Pacific Ocean, London 1784, Tafel Nr. 29, 63, 64. (Dieser Atlas enthält Abbildungen der »most eminent« Kupferstecher; den Kupferstichen liegen Zeichnungen John Webbers von der dritten Reise des James Cook zugrunde.)
S. 217: Aus: Hans Plischke, Insulaner der Südsee in Europa am Ende des 18. Jahrhunderts, in: Ethnologica, Neue Folge, Bd. 2, Völkerkundliche Forschungen, Köln 1960, Kommissions-Verlag, S. 100 b
S. 220 u. 255: Aus: James Cook, A Voyage towards the South Pole, and round the World, 1772–1775, Bd. 1, London 1777, S. 168 a, 368 a

S. 227 oben u. 236: Aus: George Keate, An Account of the Pelew Islands, Dublin 1788, Verlag Luke White, S. 338 b, 194 a

S. 227 unten: Aus: Interessante und rührende Geschichte des Prinzen Li-Bu, eines Eingeborenen der Pelew-Inseln, vom Capitain Wilson nach England gebracht. Leipzig o. J. (1792), Gräffsche Buchhandlung, Frontispiz

S. 234 u. 237 oben: Aus: George Keate, An Account of the Pelew-Islands, London 1789, Verlag G. Nicol, S. 54 b, 186 b

S. 237 unten: Aus: George Keate: Nachrichten von den Pelew-Inseln in der Westgegend des stillen Ozeans. Aus den Tagebüchern und mündlichen Nachrichten des Capitains Wilson. Aus dem Englischen übersetzt von Georg Forster, Hamburg 1789, Verlag Benjamin Gottlob Hoffmann, S. 248a

S. 262: Aus: M. Jacques Arago, Voyage autour du Monde, Brüssel 1840, S. 234 a

S. 266: Aus: E. Scheurmann, Zweierlei Blut. Ein Südsee-Roman. Mit vier Bildern nach Zeichnungen des Verfassers, München 1936, Ludendorffs Verlag, S. 64 a, Abdruck mit freundlicher Genehmigung des Tanner + Staehelin Verlags, Waserstr. 16, CH-8029 Zürich

Ergänzendes Literaturverzeichnis

JOHANNA AGTHE, Die Abbildungen in Reiseberichten aus Ozeanien als Quellen für die Völkerkunde (16.–18. Jahrhundert), Dissertation Göttingen 1969

Der edle Amerikaner. Eine Novelle in Briefen aus dem Englischen, Quedlinburg 1790, Verlag Ernst

HARRIET BEECHER-STOWE, Onkel Toms Hütte (1852)

ERNST BEUTLER, Inkle und Yariko. In: E. Beutler, Essays um Goethe, Bd. 1, S. 380-388, Leipzig 1941, Dieterich'sche Verlagsbuchhandlung

URS BITTERLI, Die Entdeckung des schwarzen Afrikaners. Versuch einer Geistesgeschichte der europäisch-afrikanischen Beziehungen an der Guineaküste im 17. und 18. Jahrhundert, Zürich 1970, Verlag Atlantis (= Beiträge zur Kolonial- und Überseegeschichte 5)

URS BITTERLI, Die »Wilden« und die »Zivilisierten«. Grundzüge einer Geistes- und Kulturgeschichte der europäisch-überseeischen Begegnung, München 1976, Verlag C. H. Beck

FRIEDRICH BOUTERWEK, Der Genius von Otaheiti. In: Musenalmanach, Göttingen 1792, Verlag J. Chr. Dieterich, S. 40-48

MAXIMILIAN BROSE, Die deutsche Kolonialliteratur von 1884–1906, Berlin 1907

HORST BRUNNER, Die poetische Insel. Inseln und Inselvorstellungen in der deutschen Literatur. Stuttgart 1967, J. B. Metzlersche Verlagsbuchhandlung

ADELBERT VON CHAMISSO Das Mordthal. In: Chamissos Werke in zwei Bänden, 1. Band (Gedichte ...). S. 290-297, Berlin o. J., Globus Verlag

ADELBERT VON CHAMISSO, Rede des alten Kriegers Bunte-Schlange im Rate der Creek-Indianer (1829). In: Chamissos Werke, 1. Band, Hrsg. Heinrich Kurz, Leipzig und Wien o. J., Bibliographisches Institut, S. 257 ff.

THOMAS BLAKE CLARK, Omai, First Polynesian Ambassador to England. The true Story of his voyage there in 1774 with Captain Cook, University of Hawaii Press 1969

MATTHIAS CLAUDIUS, Der Schwarze in der Zuckerplantage (1773). In: Deutsche Nationalliteratur. Historisch kritische Ausgabe, Hrsg. Joseph Kürschner, 50. Band, 2. Abteilung: Der Göttinger Dichterbund (3. Teil: F. L. Stolberg und M. Claudius), Stuttgart o. J., Union Deutsche Verlagsgesellschaft, S. 243f.

JOHN DRYDEN, The Indian Emperour, or The Conquest of Mexico by the Spaniards (1667). In: The Works of John Dryden, Bd. 9, S. 1-112, Berkeley and Los Angeles 1966, University of California Press

KARL VON ECKARTSHAUSEN, Fernando und Yariko, ein Singspiel, München 1784

KASIMIR EDSCHMID, Afrika nackt und angezogen (Reisebericht), Frankfurt 1929, Frankfurter Societäts-Druckerei

CARL EINSTEIN, Negerplastik (1915). In: C. Einstein, Werke Bd. 1, Hrsg. Rolf-Peter Baacke, Berlin 1980, Verlag Medusa, S. 245ff.

HOXIE NEALE FAIRCHILD, The Noble Savage. A Study in Romantic Naturalism, New York 1928, Columbia University Press (New York 1961, Russell & Russell)

FERDINAND FREILIGRATH, Der schlittschuhlaufende Neger (1833). In: F. Freiligraths sämtliche Werke. Neue illustrierte Ausgabe in zwei Bänden, Hrsg. R. v. Gottschall und J. Wiese, 1. Band, S. 48, Berlin o. J., Verlag Peter J. Oestergaard

ELISABETH FRENZEL, Der edle Wilde. In: E. Frenzel, Motive der Weltliteratur. Ein Lexikon dichtungsgeschichtlicher Längsschnitte, Stuttgart 1976, Verlag Alfred Kröner, S. 793ff.

SALOMON GESSNER, Inkel und Yarinko: Zweyter Theil (1756). In: S. Geßners sämtliche Schriften, 2. Band, S. 135-146, Leipzig 1841, Verlag Friedrich Fleischer

CLAIRE GOLL, Der Neger Jupiter raubt Europa. Roman, Basel 1926, Rhein-Verlag

GERHARD ANTON HALEM, Zimeo, Schreiben aus Jamaika 1768 (Nach Saint-Lamberts Erzählung »Zimeo«, 1769). In: G. A. Halem, Schriften, Bd. 3 (Prosaische Aufsätze), S. 94-125, Münster 1805, Verlag Peter Waldek

JOHANN GOTTFRIED HERDER, Der betrogene Unterhändler. In: J. G. Herder, Werke, Hrsg. Heinrich Kurz, 4. Band, S. 517f. (Im 117. der »Briefe zur Beförderung der Humanität«), Leipzig und Wien (o. J.), Bibliographisches Institut

JOHANN GOTTFRIED HERDER, Zum ewigen Frieden. Eine Irokesische Anstalt (Der 118. der »Briefe zur Beförderung der Humanität«). In: J. G. Herder, Werke, Hrsg. Heinrich Kurz, 4. Band, S. 518ff., Leipzig/Wien (o. J.), Bibliographisches Institut

JOHANN GOTTFRIED HERDER, Lieder der Wilden (Lieder der Madagasker). In: J. G. Herder, Werke, Hrsg. Heinrich Kurz, 2. Band, Volkslieder (6. Buch), S. 343-352

JOHN PEARESTE HOCKIN, Bericht von den neuesten Reisen nach den Pelew-Inseln. In: Bibliothek der neuesten und wichtigsten Reisebeschreibungen zur Erweiterung der Erdkunde, Hrsg. M. C. Sprengel und Th. F. Ehrmann, Bd. 23, Weimar 1805, Verlag Landes-Industrie-Comptoir

PETER UWE HOHENDAHL, Von der Rothaut zum Edelmenschen. Karl

Mays Amerikaromane. In: Amerika in der deutschen Literatur. Neue Welt – Nordamerika – USA, Stuttgart 1975, S. 229-245

VICTOR HUGO, Das Mädchen von Otaheiti. Übertragen von Ferdinand Freiligrath (1845). In: F. Freiligraths sämtliche Werke. Neue illustrierte Ausgabe in zwei Bänden, Hrsg. R. v. Gottschall/J. Wiese, 2. Band, S. 16f., Berlin o. J., Verlag Peter J. Oestergaard

TIMOTHY HUSBAND, The Wild Man. Medieval Myth and Symbolism, New York 1980, The Metropolitan Museum of Art

JANHEINZ JAHN, Wir nannten sie Wilde. Begegnungen in Übersee einst und jetzt, München 1964

UWE JAPP, Aufgeklärtes Europa und natürliche Südsee. Georg Forsters »Reise um die Welt«. In: Reise und Utopie. Zur Literatur der Spätaufklärung, Hrsg. Hans Joachim Piechotta, S. 10-57, Frankfurt 1976, Verlag Suhrkamp

CAMILLO VON KLENZE, H. N. Fairchild, The Noble Savage (Rezension). In: Archiv für das Studium der neueren Sprachen und Literatur, 157, 1930, S. 93-98

CAMILLO VON KLENZE, Die Entstehung der Mythe vom edlen Indianer. In: Deutsche Literaturzeitung, Bd. 34, Nr. 30, 26. Juli 1913, S. 1889-1891 (Rubrik »Notizen und Mitteilungen«; ohne Verfasserangabe und ohne Überschrift; Bericht über einen Vortrag des C. v. Klenze), Berlin 1913

KARL-HEINZ KOHL, Entzauberter Blick. Das Bild vom Guten Wilden und die Erfahrung der Zivilisation, Berlin 1981, Verlag Medusa

AUGUST VON KOTZEBUE, Die Indianer in England. Ein Lustspiel in drei Aufzügen (1789). In: A. v. Kotzebue, Theater, 30 Bände, 1. Band, S. 187ff., Leipzig 1840, Verlag E. Kummer.

AUGUST VON KOTZEBUE, Die Sonnenjungfrau. Ein Schauspiel in 5 Aufzügen (1789). In: A. v. Kotzebue, Theater, 30 Bände, 2. Band, S. 3-118, Leipzig 1840, Verlag E. Kummer

AUGUST VON KOTZEBUE, La Peyrouse (1797). In: A. v. Kotzebue, Theater, 30 Bände, 7. Band, S. 3ff., Leipzig/Wien 1840–41, Verlag E. Kummer

FRITZ KRAMER, Verkehrte Welten. Zur imaginären Ethnographie des 19. Jahrhunderts, Frankfurt/M. 1977, Syndikat Autoren- und Verlagsgesellschaft

HEINRICH VON LANGSDORFF, Bemerkungen auf einer Reise um die Welt in den Jahren 1803–1807, Frankfurt a. M. 1812 (Bearbeitete Fassung für die Jugend: Wien 1816; gekürzte Fassung: Eine Reise um die Welt, Leipzig 1952)

BARTOLOMÉ DE LAS CASAS, Kurzgefaßter Bericht von der Verwüstung der Westindischen Länder. Hrsg. Hans Magnus Enzensberger, Frankfurt a. M. 1966, Insel-Verlag

NIKOLAUS LENAU, Der Indianerzug (1834). In: N. Lenau, Sämtliche Werke in vier Bänden, Band 1 (Gedichte, Reisebilder 1), S. 80-83, Berlin o. J., Verlag A. Weichert

PAUL LINDAU, Mayo. Erzählung, Breslau 1884

HELMUT LOISKANDL, Edle Wilde, Heiden und Barbaren. Fremdheit als Bewertungskriterium zwischen Kulturen, Mödling bei Wien 1966, Verlag St. Gabriel (St. Gabrieler Studien, Bd. 21)

MALCOLM X, Der schwarze Tribun. Eine Autobiographie, Frankfurt a. M. 1966, Verlag S. Fischer

FILIPPO TOMASO MARINETTI, Mafarka le futuriste. Roman africain, Paris 1910

KARL MAY, Winnetou, I-III (1876–1893)

JOACHIM MOEBUS, Über die Bestimmung des Wilden und die Entwicklung des Verwertungsstandpunktes bei Kolumbus. In: Das Argument. Zeitschrift für Philosophie und Sozialwissenschaften, 1973, Heft Nr. 79, S. 273-307

HANS NAUMANN, Der Wilde und der edle Heide. Vom Werden des deutschen Geistes. In: Festgabe Gustav Ehrismann zum 8. Oktober 1925 dargebracht von Freunden und Schülern, Berlin u. Leipzig 1925, Verlag Walter de Gruyter & Co., S. 80-101

JOHANN GOTTLIEB BENJAMIN PFEIL, Die glückliche Insel oder Beytrag zu des Capitain Cooks neuesten Entdeckungen in der Südsee aus dem verlohrnen Tagebuch eines Reisenden, Leipzig 1781, Verlag Christian Gottlieb Hertel

HANS PLISCHKE, Von den Barbaren zu den Primitiven, Leipzig 1925

HANS PLISCHKE, Insulaner aus der Südsee in Europa am Ende des 18. Jahrhunderts. In: Ethnologica, Neue Folge, Bd. 2, Völkerkundliche Forschungen, S. 94-104, Köln 1960, Kommissionsverlag

LAWRENCE MARSDEN PRICE, Inkle und Yarico album, Berkeley 1937, University Press

GEORGE SAND, Indiana. Roman (1832), aus dem Französischen übersetzt von A. Seubert, München 1980, Verlag Matthes & Seitz

CHRISTIAN HEINRICH SCHMIDT, Über die Dichter, welche die Geschichte von Inkle und Yariko bearbeitet haben. In: Deutsche Monatsschrift, 1799, Bd. 1, S. 145-161

ALBERT RICHARD SCHMITT, Die »edlen Wilden«. In: A. R. Schmitt: Herder und Amerika, Den Haag/Paris 1967, Verlag Mouton, S. 106-123

GUNTER G. SEHM, Der ethnographische Reise- und Abenteuerroman des neunzehnten Jahrhunderts. Eine Gattungsbestimmung, Hamburg 1974 (Phil. Diss., 3. Band der Reihe »Studien zur Trivialliteratur«, Wien 1972, Lauretum-Verlag)

LÉOPOLD SÉDAR SENGHOR, Négritude und Humanismus, übersetzt von Janheinz Jahn, Düsseldorf und Köln 1967, Eugen Diedrichs Verlag

PHILIPP A. SHELLEY, Crèvecouer's Contribution to Herder's »Neger-Idyllen«. In: Journal of Englisch and Germanic Philology, 37, 1938, S. 48-69

FRIEDRICH WILHELM SIXEL, Die deutsche Vorstellung vom Indianer in der ersten Hälfte des 16. Jahrhunderts. In: Annali del Pontificio Museo Missionario Etnologico già Lateranensi, Bd. 30, S. 9-230, Vatikanstadt 1966, Tipografia Poliglotta Vaticana

BERNARD SMITH, European Vision and the South Pacific 1768–1850. A Study in the History of Art and Ideas, Oxford 1960, University Press

PHILIPPE SOUPAULT, Der Neger. Aus dem Französischen übertragen von Lissy Radermacher, Nachwort von Heinrich Mann, Berlin 1928, Verlag J. M. Spaeth

HANS STADEN, Hans Stadens Wahrhaftige Historia (Warhaftige Historia und beschreibung eyner Landschafft der Wilden, Nacketen, Grimmigen Menschenfresser Leuthen, in der Newenwelt America gelegen), Originaltext von 1556 und Übertragung in die heutige Sprache, Marburg a. d. Lahn 1964, Verlag Trautvetter & Fischer

MARTIN STEINS, Das Bild des Schwarzen in der europäischen Kolonialliteratur 1870–1918, Frankfurt/M. 1972, Thesen Verlag

Versuch über die Insel Otaheiti, in der Südsee, und über den Geist und die Sitten ihrer Einwohner (anonym erschienen), Frankfurt und Leipzig 1783, Verlag Fleischerische Buchhandlung

LOPE DE VEGA, Columbus. Ein Volksschauspiel (um 1600). In: Spanisches Theater, 3. Band: Lope de Vega; Auswahl und Übersetzung von Moriz Rapp, Leipzig o. J., Verlag Bibliographisches Institut, S. 199ff. (Original: »El nuevo mundo, descubierto por Cristoval Colón«)

WINDRIED VOLK, Die Entdeckung Tahitis und das Wunschbild der seligen Insel in der deutschen Literatur, Heidelberg 1934 (Phil. Dissertation)

KLAUS WILLE, Georg Forsters Tahiti-Bild. Utopie und Kritik. In: Doitsu-bungaku-kiyo, Jahrbuch der deutschen Literatur der Toyama Universität, Japan, Toyama 1971, 47, S. 23-32

HANS M. WOLFF, Germanische »Edle Wilde«. In: Worte und Werte. Bruno Markwardt zum 60. Geburtstag, Hrsg. G. Erdmann, Verlag Walter de Gruyter, Berlin 1961, S. 477-482

HEINRICH ZSCHOKKE, Der Creole (1830). In: H. Zschokkes gesammelte Schriften, 8. Band, S. 63-305, Aarau 1865, Verlag Sauerländer

Die Welt der Märchen

Afrikanische Märchen
Band 969

Arabische Märchen aus dem Morgenland
Band 1987

Herbert Boltz
Wie das Kängeruh einen Schwanz bekam
Märchen der australischen Ureinwohner
Band 2846

Chinesische Märchen
Band 1408

Carl Einstein
Der Gaukler der Ebene
und andere afrikanische Legenden
Band 2843

Englische Märchen
Band 1726

Erotische Märchen aus Rußland
Band 1823

Iring Fetscher
Wer hat Dornröschen wachgeküßt?
Das Märchen-Verwirrbuch
Band 1446

Französische Märchen
Band 1153

Josef Guter
Der König der Raben
Zaubermärchen aus elf Ländern
Band 2849

Frederik Hetmann
Die gefiederte Schlange
Indianermärchen aus dem Südwesten Amerikas
Band 2848

Fischer Taschenbuch Verlag

fi 144/2 a

Die Welt der Märchen

Eulenruf und Geistertanz
Märchen der Sioux und Cheyenne
Band 2836

Neue Jüdische Märchen
Band 2016

Niederländische Märchen
Band 2839

Preußische Märchen
Band 2820

Das große Buch der Märchen,
Sagen und Gespenster
Herausgegeben von Franz Rottensteiner
Band 2845

Südamerikanische Märchen
Band 1337

Alexej Tolstoi
Märchen aus Rußland
Band 1631

Türkische Märchen
Band 2840

Paul Zech
Die grüne Flöte vom Rio Beni
Indianische Liebesgeschichten
Band 2844

Jack Zipes
Die Libelle und die Seerose
Naturmärchen von Carl Ewald
Band 2851

Fischer Taschenbuch Verlag

fi 144/2 c

Märchen und Sagen aus aller Welt

Herausgegeben von Frederik Hetmann

Englische Märchen
Band 1726

Indianermärchen aus Kanada
Band 2806

Indianermärchen aus Mexiko
Band 2824

Die gefiederte Schlange
Indianermärchen aus dem Südwesten Amerikas
Band 2848

Indianermärchen aus Nordamerika
Band 1110

Irische Gespenstergeschichten
Band 1716

Irische Märchen
Band 1225

Irischer Zaubergarten
Märchen, Sagen und Geschichten
von der grünen Insel
Band 2854

Keltische Märchen
Band 1593

Eulenruf und Geistertanz
Märchen der Sioux und Cheyenne
Band 2836

Märchen des Schwarzen Amerika
Band 1497

Kindergeschichten aus Irland
Band 1919

Kindergeschichten der Indianer
Band 2818

Fischer Taschenbuch Verlag

fi 143/1

»Einer der besten Autoren, die es heute gibt.«
Newsweek

V. S. NAIPAUL

V(idiahar) S(urajprasad) Naipaul wurde 1932 als Nachfahre von indischen Kontraktarbeitern in Trinidad geboren, übersiedelte 1950 nach Großbritannien und studierte englische Literatur in Oxford, arbeitete als Journalist und Reporter u. a. für die BBC. Zahlreiche Bücher mit den Hauptthemen Rassenfragen und Entwurzelung des modernen Menschen.

An der Biegung des großen Flusses
Roman. Band 5750

Ein Haus für Mr. Biswas
Roman. Band 5324

Meine Tante Goldzahn
Szenen aus der Karibik. Band 5763